한비자 강의

한비자 강의

조덕윤 역해

性惡을 말하고 法治를 논하는 韓非

無常安之國 非恒治之民 得賢則存 失此則危
항상 안온무사한 나라는 있을 수 없고 언제나 백성이 고분고분한 것은 아니다. 법술에
능하고 바르고 어진 사람을 얻으면, 나라는 잘 다스려질 것이나 그렇지 않으면 위태로울
것이다.

머리말

노자는 '인의(仁義)란 난세표호(亂世表號)에 지나지 않는다'라고 하였습니다. 사실 우리 인간은 개인·집단, 동양·서양, 고대·현대를 막론하고 성악(性惡) 속에 살아왔고, 살고 있으며, 또한 살아갈 것입니다. 인의를 강조한 공자, 박애를 말씀한 예수, 자비를 설법한 석가 등 삼성(三聖)께서도 살벌하고 혼란하며, 사악해지기만 하는 인류사회를 어떻게 하면 아름답게 할 수 있을까를 철학 또는 신앙으로 강조해왔습니다. 그러나 노자는 이러한 사상들이 난세의 표호에 지나지 않는다고 갈파하였습니다.

한비는 이러한 인간성을 해부하여 결론적으로 "인간에게는 죄악을 만드는 이기심과 정욕이 있으므로 교만하고 교활하며, 간악할 수밖에 없다"고 말하면서 인간을 다루는 데는 무엇이 필요한 것인가를 잘 말해주었습니다. 중국 전국시대의 유일한 법학 이론가로서 당시 난마(亂麻) 같은 사회를 평등과 기회균등의 입장에서 각자가 법질서를 지키는 것만이 천하를 구제하는 오직 하나의 길이라고 역설하였습니다. 전국시대의 일곱 나라가 진나라의 법학사상의 견지(堅持)로 통일을 이루고, 이어 한실(漢室) 400년의 중국문화가 찬란하게 만발한 것을 보면 우리나라도 사회정의 실현과 정신문화가 아시아를 넘어 세계의 중추가 되기 위해 노력해야 할 것입니다.

필자는 나라의 운명을 짊어진 유위인사(有爲人士)와 청년학도들에게 드리고 싶은 생각에서 인생 황혼의 노력을 기울여왔습니다. 끝으로 이 책자를 마련하기까지 선배 제현(諸賢)의 과분한 찬사와 격려에 충심으로 감사의 말씀을 드립니다.

조덕윤

:: 목 차

해설(解說)

I. 한비(韓非)의 일생

때는 기원전 330년 전국 말기(全國末期) 하(夏)·은(殷)·주(周) 삼대(三代)도 차례로 쇠망하고 중원대륙(中原大陸)은 진(秦)·초(楚)·연(燕)·제(齊)·조(趙)·위(魏)·한(韓)의 칠웅(七雄)과 제환공(齊桓公)·진목공(秦穆公)·송양공(宋襄公)·진문공(晋文公)·초장왕(楚莊王) 등 오패(五霸)의 독무대로 되었다. 천하는 난마(亂麻)의 세(勢)로 변해가는 이때 소진(蘇秦)·장의(張儀)의 유(流)는 횡행(橫行)하여 이른바 합종연횡(合縱連橫)의 설로 진나라 대 육국(秦對六國)의 관계는 한층 복잡해져 혹은 육국동맹(六國同盟)으로 진(秦)에 대항하느냐 그렇지 않으면 사대주의(事大主義)에서 육국은 진을 섬겨 그 앞에 무릎을 꿇느냐의 이대 경향(傾向)의 외교정책(外交政策)에서 군소(群小) 제후(諸侯)들은 그 갈 바를 몰라 우왕좌왕(右往左往)할 뿐이었다. 이와 같이 혼란과 불안과 초조 속에 싸여 있는 각국은 각자의 부국자위책(富國自衛策)에 급급하지 않을 수 없었다.

그중에서도 한(韓)은 비록 칠웅의 하나라고 하지만 주변 강국에 끼어 꼼짝도 못 하는 가장 작은 나라로 연이은 압박과 위협에서 영토의 보장이나 독립자존의 체면이 유지될 수가 없었다. 설상가상으로 역대 군주들은 대개가 영특하지 못하여 국권은 흔히 권신(權臣)의 손아귀에 농락이 되고 문학, 유협(遊俠)의 종배(從輩)들은 제멋대로 날뛰게 되어 국정은 날로 혼란해지고 국력은 더욱 쇠약해져서 사직(社稷)의 위망(危亡)은 나날이 짙어가고 있었다. 이때 신진의 청년지사로 우국정열에 불타는 한비(韓非)는 자연 심각하고도 격렬한 붓끝으로 시국을 통격(痛擊)하지 않을 수 없게 되었다.

전기(傳記)에 한비는 한의 공족(公族)이라 하였으니 아마도 공후가(公侯家)에 태어난 귀공자임은 틀림없는 듯하다. 그때에 한왕(韓王) 안(安)은 진(秦)의 침략을 받아 위급해지자 별안간 한비를 청화사(請和使)로 임명하여 진으로 파견하게 되었다. 진에 가 있는 동안 이사(李斯) 등의 중상(中傷)으로 진옥(秦獄)에 갇혀 있다 얼마 안 가 이성(異城)의 고혼(孤魂)으로 불귀의 한을 품고 옥중자결을 하게 되었다. 그때 한비의 나이는 공명(公明)치 않았으나 그의 시대의 청년학도들이 고명한 학자를 따라 국외 국내로 부급종사(負笈從師)하던 당시 풍습에서 한비도 당대 명사이며 거유(巨儒)인 순경(荀卿)을 따라 초에 가서 수학을 하고 다시 한나라에 돌아온 지 6~7년 뒤에 진나라로 간 것으로 되어 있으니 아마도 30 전후로 추측된다.

한비는 주로 순경을 스승으로 하고 신불해(申不害) 상앙(商鞅) 등 명가의 제설(諸說)을 참고로 널리 배웠으나 가장 깊은 연원(淵源)은 노자학(老子學)에 있음을 본문의 해로(解老), 유로(喩老), 이편(二篇)으로 넉넉히 짐작할 수 있다. 이와 같이 한비는 박학다식한 희세(稀世)의 인재였다. 초에서 돌아온 한비는 내우외환으로 영일(寧日)이 없는 조국의 불안을 깊이 근심하여 한왕 안에게 자주 진언(進言)하였으나 암우(暗愚)한 군주에게는 통할 리 없었다. 여기서 쌓이고 쌓인 우국심사(憂國心思)를 십수만언(十數萬言)의 저술(著述)에 부탁(付託)하게 되었으니 이것이, 즉 『한비자』로 이로정연(理路整然)하고 논지명쾌(論旨明快)한 그 문장과 필치는 당대명작으로 성가(聲價)가 높았다. 그때 누구인가 평하길 '한비'는 사람됨이 입이 우둔하여 말은 그리 잘하지 못하였으나 글은 천하제일이라고 평하였다. 한비자가 진나라에 굴러 들어가 이를 읽게 된 진시황(秦始皇)은 크게 감동하여 "내가 이 사람을 만나보면 간담(肝膽)이 서로 비칠 것만 같다"고 술회(述懷)하자, 마침 시측(侍側)해 있던 승상(丞相) 이사(李斯)가 말하기를 "소신(小臣)은 일찍이 순경문하에서 한비와 동문수학하였습니다. 이 글은 한비 자신의 글이 분명합니다. 만일 그 사람을 만나보시는 것이 소원이거든 오늘이라도 한나라에 출병하시옵소서. 그렇게 하시면 한비는 제 발로 오게 될 줄 아옵니다"라고 하였다. 왕은 그 말을 좇아 즉시 한나라를 칠 것을 명령하였다.

이 위급한 정보를 접수한 한왕 안은 한비를 진에 파견하게 되었던 것이다. 그러나 진왕은 여러 가지의 잡음으로 한비를 등용하지 못하게 되었다. 이 틈을 탄 이사는 한비를 왕에게 모략중상하기를 "꿩 새끼와 오리 새끼를 한 둥지에 길러도 꿩은 커서 산으로, 오리는 커서 물을 찾기 마련입니다. 왕께서 한비에게 아무리 고위대작으로 분외영광(分外榮光)을 주시더라도 만일의 경우에는 저의 조국 한을 위할 것이고 우리 진나라를 도와주지 않을 것입니다. 그동안 국내에 머물게 하시고 우리의 허실만을 알게 되었으니 이대로 보내신다면 이는 후일 걱정이 될까 하오니 어떠한 죄명으로 처단을 내리심이 장래를 위한 선책일까 생각합니다"라고 하였다. 진왕도 그럴듯하게 여겨 즉시 한비를 하옥시킨 후 법리(法吏)로 하여금 치죄(治罪)케 하였다. 이사와 요가(姚賈) 두 사람은 왕의 심경이 변하여 한비를 석방할까 두려워 야음을 타서 한비에게 옥중면회를 청하고 사약을 주어 자결을 촉구하였다. 그때까지도 한비가 생각하기를 진왕은 아마 일시적인 착각에서 자기를 하옥시킨 것이지 머지않아 석방되리라고 자위하고 있었던 것이다. 그런데 뜻하지 않은 인생 종말에 가슴이 찢어지도록 아플 뿐이었다. 진왕에게 면회를 원하였으나 이사, 요가가 쳐놓은 그물 속에서 발버둥 칠수록 감기어질 뿐이었다. 그 뒤 과연 진왕도 뉘우치고 사면을 명하였을 때는 이미 자결이 끝난 뒤였다.

Ⅱ. 한비의 학설(學說)

한비 학설을 한마디로 말해 한비는 형명법술(形名法術)의 학(學)을 좋아한다고 할 수 있다. 형명(形名)이란, 즉 형(形)과 명(名)으로 당시 학자들 일파에서 창도(唱道)한 학설의 일종이다. 한비는 이를 실제정치에 응용하여 인군이 군신(群臣)에게 임무를 주고 이를 감찰하여 조종하는 하나의 법술로 한 것이다. 이에 대하여 신하가 진언하는 의견을 명(名)이라 칭하고 그 의견에 따라 인군이 이에 일을 주고 직책을 맡겨 그 결과에서 얻어진 실공(實功)을 '형'이라 칭하여 의견과 실공, 즉 의론(議論)과 실적이 일치될 때 이를 칭하여 형명상당(形名相當)이라 하고 또는 언대공소(言大功小)하거나 공대언소(功大言小) 하면 이를 칭하여 형명불상당(形名不相當)이라 하였다. 이 형명의 상당 여부에서 후상(厚賞)이 내리고 중벌을 주어 형명일치(形名一致)와 후상중벌(厚賞重罰)을 치국의 요도(要道)로 하였다.

인군은 이를 체득함으로써 신하들의 공허한 변론과 지모(智謀)의 분식(粉飾)을 알아낼 수 있는 것이다. 이렇게 함으로써 군신들은 각기 근신자계(謹愼自戒)하여 법을 지키고 직책에 충실하며 따라서 기강이 서고 국정의 쇄신을 기하게 된다. 이러한 기용(機用)을 형명법술이라 하였다. 생각건대 전국분란(戰國紛亂) 당시 각국은 종래의 사회조직과 전통 풍습상에 일대 동요를 초래하였을 뿐만 아니라 한편에서는 제후들이 각기 자국의 부강을 다투고 사상계에는 청신 자유의 기풍이 황일(潢溢)해오는 기회에 사방의 학자들은 서로 일가견(一家見)을 세우기에 분주하였고 제후들은 이것을 채택하여 부국정책을 수립하려는 풍조가 성대해왔었다. 여기에 있어서 능변(能辯) 교언(巧言)의 종배(從輩)들은 삼촌도설(三寸掉舌, 세 치 되는 혀의 힘으로)로 불시의 예우(禮遇)와 총애와 지위를 확보함으로써 오늘의 포의한사(布衣寒士, 벼슬이 없는 가난한 선비)는 내일의 부귀공신으로 등장하는 실로 정법이 없고 상행(常行)이 없는 엽기적(獵奇的)인 사회현상이었다. 따라서 이 시대의 청년학도들은 청운의 포부를 그 능변연마(能辯鍊磨)에 두고 자연 언론하는 사람들만이 조정에 차고 넘치는 성황을 이뤄 어디를 보나 실공이 없이 경조부박(輕佻浮薄, 행동이 가볍고 천박함을 이름) 빈곤세대로 돼가고 있다. 이러한 시대적 폐단을 직관한 한비는 깊이 개탄(慨嘆)한 나머지 퇴공언 진실공(退空言 進實功)이라는 의도(意圖)에서 형명참험(形名參驗)의 학설을 내세우게 되었던 것이다. 이 형명학설의 내용은 법령을 경(經)으로 상벌을 위(緯)로 하고 법술을 무늬로 하여 짜낸 형명법술의 학(學)인 것이다. 그러면 여기서 말하는 법은 무엇을 말하는 것인가? 정법편(定法篇)에 법은「신지소사(臣之所師)」라고 하였다. 이 말은 일정한 헌령(憲令)을 마련하여 관부(官府)에 선포하고 군신 백관으로 하여금 각각 맡은 바 직위에서 정해진 헌령을 각수(恪守, 정성껏 지킴)하게 함으로써 국무 전체에 실공을 올리게 될 것이다. 그래서 법이란 신하들의 사범(師範)으로 인군에 대한 충성심도 이에서 발로될 수 있음을 지적하였다.

술(術)이란 무엇을 말하는 것인가? 「정법론」에 '군지소집(君之所執)'이라고 하였다. 인군은 상벌, 생살의 실권을 잡고 군신들의 재능에 따라 관직을 주고 형명당부(形名當否)를 감찰(監察)하여 상벌, 생살을 행하게 된다. 그러므로 인군은 이 형명법술을 체득하여 정사를 하게 될 때 국가는 부강하고 군위는 안정하리라 하였다. 당시의 군왕이나 제후들은 각기 자국부강에 급급하면서 각자의 빈약을 면치 못한 것은 인군들이 자기 지능으로 정사를 하려 하므로 군신들은 재빨리 지능(智能)을 꾸미며 이에 영합함을 일삼아 상하는 다투어 지능유희(智能遊戲)를 하게 되고 국가에는 존엄성을 갖춘 정법이 없으므로 자연 상벌생살의 대권이 이를 엿보는 권신의 손에 잡혀서 인군은 권위를 잃고 공가(公家)는 손(損)을 보게 되었다.

대개 술(術)은 한비의 선배인 신불해가 인재등용에 있어서 적재(適材)를 적처(適處)에 배치하고 이를 선(善)히 통어(統御)함으로써 소후를 도와 한을 다스렸으며 법은 상앙(商鞅)이 진에서 여행하여 신상필벌의 정책으로 효공(孝公)을 도와 부강케 하였다.

이상의 신불해와 상앙 두 사람은 술과 법에서 각기 효과를 거두었으나 진일보(進一步) 진·한 두 나라로 하여금 패업완성의 위치에까지는 끌어올리지 못했다. 그 결함(缺陷)은 어디 있었던가? 신자(申子)는 술을 알고 법을 몰랐으며 상자(商子)는 법을 알고 술을 몰랐으므로 실패했던 것이다. 다시 말하면 신자에 있어서 술로 소후를 보좌하고 신하를 통솔하였으나 법령이 상정(常定)되지 못하였으므로 간신들은 탕개가 풀리고 고삐가 늦추어진 틈을 타서 군은(君恩)을 팔고 군위(君威)를 빌려 사(私)를 도모하게 되었다. 상자에 있어서 법으로 단속하여 군하로 하여금 멸사봉공(滅私奉公)의 실공은 올렸으며 백성으로 하여금 미작[末作, 상공(商工)]을 천시하고 본업[本業, 농상(農桑)]을 중시하였으므로 부강의 실력은 거두었으나 술로 신하를 통어하는 데 소루(疎漏)가 생겨서 국가부강은 도리어 권신에게 불손(不遜)한 실력배양의 자원공급처로만 되고 상앙(商鞅) 자신도 자기가 벌인 그물코에 스스로 걸려서 넘어지고 말았던 것이다. 그리고 한비는 이 두 사람에게 그 장단을 배워 법·술 겸수(兼修)의 학을 세우고 이를 실제 사용에 힘썼다. 이러한 한비의 형명법술의 진수(眞髓)는 그 연원을 노자에서 찾을 수 있다.

즉, 노자의 소위 "인군(人君) 된 자는 능히 도를 체득하여 허무염담(虛無恬淡, 마음을 비우고 이익에 탐하는 생각을 버림)함으로 민(民)은 저절로 정(正)해지고 물(物)은 저절로 화(化)해진다"라고 하였다. 이 말은 정해진 법령이 관부에 실시되어 군신 백관이 이에 의하여 그 직책에 충성을 다하게 되면 인군은 지능(智能)을 다하지 않아도 국가는 잘 다스려져서 공을 걷을 수 있으나 만일 인군으로서 조금이라도 자기의 지려(智慮)·호오(好惡)·욕망·감정을 나타내면 군신 백관은 이에 영합하기에만 힘쓰게 될 것이다. 인군이 그 지려를 보이지 않고 그 좋고 나쁨을 나타내지 않으면 군신 백관은 마음을 다해 법에 복종하여 자기 능력을 다하게 될 것이므로 인군은 허정남면(虛靜南面, 조용히 임금의 자리에 있는 것)하고 있기만 하여도 국가는 평안하고 군위(君位)는 자정(自定)되리라는 것이다. 이것이 노자학의 근본사상인 '도(道)'의 체용(體用), 즉 인군은 허정무위(虛靜無爲)하여 현현불가측(玄玄不可測)의 이 도를 체득하고 군신에게 임(臨)하여야 된다. 한비는 이 '도'의 원리를 정치에 응용하여 신하를 통어(統御)하는 요도(要道)로 한 것이다. 이에 대한 요체(要諦)는 본문 주도편(主道篇)에 상세히 밝히고 있다. 그리고 '술(術)'은 인군이 가질 바이고 이를 신하에게 빌려주어서는 안 된다. 이는 노자의 소위 "국지리기(國之利器)는 사람에게 보여서는 안 된다"라고 하였다. 이러한 점에서 한비의 형명법술의 학설은 어디까지나 그 근본이 노자에게 있음을 더 한층 굳게 하였다.

한비는 그 스승인 순자(荀子)의 성악설에 감화된 것은 사실이나 한편 인성을 이기일면(利己一面)에서만 관찰하였다. 순자는 그 성인(聖人)의 도에서 예(禮)를 가장 중시한 바 예의 공용(功用)을 설명하여 성악설을 내세우면서 맹자의 성선설에 반대하였다. 이는 인생을 동물적 본능의 일면에서만 관찰하고, 인성은 본래 악하므로 이를 교화하기 위하여 도덕 예법의 필요가 생긴 것이라고 하였다. 그러나 본래 악한 것이 인성이라면 어떠한 규범에 의하여 선화될 수 있는 이유가 무엇인가의 최후추궁(最後追窮)에 대하여는 순자도 결국 성악(性惡) 중에 성선의 분자가 있음을 인정하였고, 또 예의 기원을 논하여 이 또한 천리인정(天理人情)에 기본한 것으로 인정하고 사람의 예를 밟고 선을 행하는 가능성은 선천적으로 각자가 구유(具有)한 것으로 긍정(肯定)하지 않을 수 없게 되었다. 「가불가 능불능(可不可 能不能)」의 구별(區別)에서 겨우 논리의 파탄을 피하고 자가(自家)의 주장을 살리기에 애썼다. 그러나 한비에 있어서는 인성을 관찰하는 데 선악의 논(論)함에만 의지하지 않고 이기(利己)의 일면에 두었다. 예(禮)로써 교화치민(教化治民)의 요구(要具)로 보지 않는 점에서 순자와는 합치되지 않는 것이었다. 이와 같이 그는 성악의 근원을 이기에서 오는 악으로 보아 법치지상주의를 논하고 중형론(重刑論)을 주장하였다. 여기에 있어서 치도를 논하는 데도, 깊이 인생을 보는 데도, 널리 사회를 바라다보는 데도 인간이 지니고 있는 어둡고 음험(陰險)하고 추악한 방면을 샅샅이 뒤집었다. 인간자연의 따뜻한 맛을 무시하고 부자(父子)의 친(親)도 부부(夫婦)의 사랑도 때에 따라서는 믿을 수 없다는 소은박애(少恩薄愛)의 논은 그 스승인 순자의 성악설에 영향됨이 적지 않은 듯하다.

제1편 오두(五蠹)

　두(蠹), 즉 좀은 벌레로서 나무에 붙으면 그 나무의 고갱이(木髓)를 먹음으로써 나무가 말라 죽고 책장 속에 생겨서는 책장을 좀먹음으로써 책장이 떨어진다. 나라 안에도 이와 같은 부류가 있으니, 즉 1. 유자(儒者), 2. 유세자(遊說者), 3. 유협(遊俠), 4. 상공업자(商工業者), 5. 중인(重人)을 가리켜 다섯 가지 좀이라고 한다. 한비는 중농정책에서 상공업자도 좀으로 말하였다. 진시황제(秦始皇帝)는 이 글을 읽고 한비를 만나기를 원했으며 나아가서 분서갱유(焚書坑儒)의 폭정까지 하게 되었다.

　아득한 옛날에는 인종이 적고 금수충사(禽獸蟲蛇)가 많았다. 인간이 이들 짐승에게 침해를 받고 있을 때 한 성인이 나타나서 나무 위에 둥지 집을 만들어 살게 함으로써 이들의 침해에서 피하게 되었다. 사람들은 크게 기뻐 이를 추대하여 왕으로 삼고 그 이름을 유소씨(有巢氏)라 불렀다.

　또 사람들은 초목의 열매나 바다에서 잡아온 조개나 생선 또는 산과 들에서 잡아온 짐승의 고기를 생으로 먹어 누린내와 비린내를 풍길 뿐만 아니라 위장이 상해 병에 걸리는 자가 많았다. 그때 마침 성인이 나와 나무를 비비고 돌을 때려서 불을 내어 생식(生食)을 화식(火食)으로 변화시켰다. 사람들은 크게 기뻐서 추대하여 왕으로 하고 그 이름을 수인씨(燧人氏)라 불렀다.

　중고시대에 와서 천하에 홍수가 일어났다. 곤(鯀)과 그 아들 우(禹)

는 하천을 만들어 홍수를 바다로 흐르게 했다. 근고시대에는 폭군 걸(桀), 주(紂)가 나와 포학무도한 짓으로 국민들을 못살게 하므로 은 왕탕(殷王湯)이나 주왕무(周王武)는 혁명을 일으켜 걸과 주를 추방하 였다.

그 후로는 사람들의 문화도 발달되고 생활도 향상되었다. 짓고 사는 가옥도 즐비하고 먹고 사는 식물도 풍부한 하후씨(夏后氏)시대에 와서 만일 유소씨시대에 필요했던 둥지 집을 짓거나 수인씨시대에 필요했던 나무나 돌을 쳐서 불을 만들어 생활하는 자가 있었다면 반드시 곤과 우는 웃었을 것이며 홍수가 없는 은·주(殷·周)시대에 와서 하천을 파서 물을 바다로 흐르게 하는 자가 있었다면 반드시 탕과 무도 또한 웃지 않을 수 없었을 것이다. 이 말은 요·순·우·탕·문·무(堯·舜·禹·湯·文·武)시대의 정도(政道)를 지금에 와서도 찬미하는 자가 있다면 후세 성인은 또한 웃지 않을 수 없을 것이다. 그러므로 성인은 먼 옛날을 기약하지 않으며 고래로부터 전해오는 관습이나 제도에도 구애받지 않고 오직 당대(當代)의 일을 논의하고 이에 대한 준비를 한다. 송(宋)에 밭을 가는 한 농부가 있었다.

어느 날 밭을 갈 때 별안간 토끼 한 마리가 산에서 뛰어 내려오다가 밭두둑에 있는 썩은 나무 등걸에 목이 치어 죽었다. 농부는 의외의 횡재에 입맛이 돋아 밭 갈던 쟁기를 집어던지고 날마다 그 썩은 등걸만 지켰다. 하지만 토끼를 다시 얻지 못하고 오직 그때 사람들에게 썩은 등걸에 토끼를 기다리는 어리석은 자로 웃음거리가 되고 말았다. 그래서 후세 사람들은 그 농부의 어리석음을 비웃어 이것을 수주대토(守株待兎)라고 한다. 지금 시대에도 수주대토 하는 사람들이 없지 않다. 요·순·우·탕·문·무(堯·舜·禹·湯·文·武)를 선왕(先王)이라 한다. 인종이 적고 사람들의 마음이 지극히 순진하던 그 시대 그 선왕들이 쓰던 정치를 갖고 이 시대의 국민을 다스려보자는 것은 그 역시 수주대토 하는 송인의 농부와 조금도 다를 것이 없다.

옛적에는 남자들이 애써 밭일을 하지 않아도 산야에 널린 자연의 과실로 먹는 데 넉넉하였으며 여자들이 애써 베를 짜지 않아도 흔한 금수의 털이나 가죽으로 입는 데 또한 넉넉하였다. 말하자면 힘들이지 않고 부모를 봉양하고 자녀를 양육할 수 있었다. 그러므로 사람들은 먹고살기 위하여 싸우거나 다투는 일이 없으므로 다스리는 자가 상을 주어 잘한다고 권면할 필요도 없었으며 벌을 주어 잘못한다고 징계할 필요도 없었다. 해가 뜨면 나가서 일하고 해가 지면 들어와 먹고 자고 우물을 파 마시고 밭을 갈아 먹으면서 얼마든지 자급자족할 수 있었다. 그런데 지금은 어떠한가? 한 사람이 아들과 딸 다섯을 두었다고 그 자녀가 성장하여 각기 한 사람 앞에 또 자녀 다섯씩을 두었다면 그 할아버지는 아직 살아 있는데 손자손녀 스물다섯을 두는 셈이다. 이리하여 먹는 인구는 두 배, 세 배 늘어나고 쓰이는 재화는 그 분량이 그렇게 늘어나지 않아 사람들은 먹고 입고 살기 위하여 피땀을 흘려도 살기 어려워 자연 다투지 않을 수 없게 되었다. 상을 배로 늘리고 벌을 거듭거듭 주어도 세상은 혼란함을 면할 수 없게 되었다.

요(堯)가 천하에 왕 노릇 했다는 것은 궁궐, 즉 그가 살고 있던 집은 그 초라하기가 띠로 이은 지붕은 가지런하지 못하고 참나무 연목은 잘 다듬어지지 않은 채 되는 대로 두드려 맞춘 초가삼간으로 겨우 비바람을 막을 정도였으며 아침저녁의 음식은 수라라기보다 조밥에 명아주나 콩잎 국으로 배를 채웠다. 그리고 입는 옷의 이름은 곤룡포일지 모르나 겨울에는 가죽으로 여름에는 칡이나 삼베옷으로 몸을 가렸다. 그 검박한 생활모습은 오늘날 비록 천한 문지기의 생활도 이보다는 심하지 않았을 것이다. 또 우(禹)가 천하에 왕 노릇했다는 것도 몸소 쟁기나 호미를 잡고 백성들에 앞장섬으로 다리는 터져 성한 곳이 없고 정강이에는 털조차 날 새 없이 육체가 고되었다. 비록 오늘날 남의 집 머슴살이라 하여도 이보다 더 심하지 않았을 것이다.

이렇게 옛사람들이 천자(天子)의 높은 자리를 남에게 쉽사리 넘겨준 것은 문지기의 생활에서 벗어나고 노예의 수고에서 떠나려는 것뿐이라고 생각할 수도 있었다. 그래서 천하를 넘겨준다는 것은 그들로서는 그리 큰일이라고 할 수 없다.

오늘날은 하찮은 조그만 고을의 원일지라도 현직에서 그 몸이 죽는 날에는 자손들의 대를 두고 영광을 누리게 된다. 그래서 사람들은 옛날 천자의 자리를 사양한 것을 가볍게 여기고 오늘 현령(縣令)의 자리에서 떠나는 것을 더 어렵게 여기는 것은 필경 그만큼 그 받는 은혜의 실속이 다르기 때문이다.

대체 산꼭대기에 살면서 골짜기 물을 길어 먹는 사람들은 무엇보다 물이 귀해 2월의 누제(耬祭)나 섣달의 납제(臘祭) 등 축제일에는 서로들 물을 보내어 선사한다. 그런데 이와는 반대로 못가에나 큰 냇가에 사는 사람들은 물이 흔해서 사람을 사서 물길을 터놓는다. 그렇다면 무엇이 사람의 마음을 이렇게까지 지배하는가? 흉년이 든 봄에는 사랑하는 어린 동생에게도 밥을 배불리 주지 못하지만 풍년이 든 가을에는 지나가는 과객에게도 배불리 대접한다. 이는 골육의 형제가 멀고 지나가는 과객이 가까워서가 아니고 그때그때 많고 적은 데 대한 마음씨가 다르기 때문이다. 이로써 옛날 사람들이 재물을 가볍게 여겼다는 것은 마음이 고상하거나 인품이 훌륭해서가 아니고 재화가 많아서 쓰고 남았기 때문이다.

오늘날 사람들이 하찮은 물건에 대해서도 서로 다투고 싸우는 것은 인색하거나 인품이 비루해서 그렇다기보다는 재화가 적어서 쓰는 데 부족하기 때문이다. 그러므로 천자의 지위를 가볍게 던진 것도 그 인품이 고결해서가 아니고 그 세력이 약하였기 때문이며 현령의 지위를 다투는 것도 그 인격이 비루하다기보다 그 권세가 있기 때문이다. 그러므로 성인은 정치를 함에 많고 적음을 따지고, 박하고 후함을 논함에 있어 그 주는 벌이 가볍다 하여 인자한 것이 될 수 없으며 그 가하는 형이 엄하다고 해서 모진 마음이라고 할 수 없다. 오직 그때그때의 인정, 풍속, 민심의 동향에 따라 행할 뿐이다. 그러므로 일은 세상에서 생기고 준비는 일을 보아 적합하게 하는 것이다.

옛적에 주문왕(周文王)은 풍호지간(豊鎬之間) 겨우 지방백리의 좁은 땅을 갖고 인의(仁義)의 정치를 행하여 서융(西戎)을 감화시켜 드디어 천하에 군림하였으며 춘추시대(春秋時代)의 서언왕(徐偃王)은 한수동(漢水東) 지방 소백리의 큰 땅을 차지하고 인의의 정치를 행하여 서국(徐國)에 내조(來朝)하는 나라가 삼십여 개나 되었다. 그러나 초문왕(楚文王)은 생각하기를 서국이 강대해지는 것은, 즉 초에 대한 위협이라 하여 군사를 일으켜 서를 쳐서 드디어 멸망시켰다.

이와 같이 주문왕은 인의를 행하여 왕천하(王天下)하였고 서언왕은 인의를 행하여 기국(其國)은 멸하였다. 다 같은 인의이건만 하나는 왕하고 하나는 망하였으니 웬일인가? 인의를 베푸는 시대가 달랐던 것이다.

이로써 인의는 사람들의 마음이 순진한 옛날에는 쓸 수 있었으나 사람들의 마음이 간악해진 오늘날에는 쓸 수 없다는 것을 가히 알 수 있다. 그래서 세상이 달라지면 사태도 또한 달라진다는 것이다.

순 임금 때 유묘씨(有苗氏)라고 하는 부족(部族)들이 왕화(王化)에 불복하므로 우(禹)는 무력을 써서 이를 정복하려고 하였다. 순 임금이 우에게 말하기를 내가 덕이 부족하여 유묘씨들이 불복하는 것이라며 무력사용을 제지하고 덕정(德政)을 행한 지 삼 년이 못 되어 창과 방패를 들고 탈춤을 췄더니 유묘씨 부족들은 땅을 걷어 가지고 순 임금에게 조회해왔다. 그런데 그 뒤 공공(共工)이라는 부족을 칠 때에는 창과 방패의 간척(干戚)의 탈춤은 고사하고 날카로운 창칼이 길지 않으면 적에게 당하고 쇠비늘의 갑옷투구가 굳지 못하면 몸을 상하였다. 그러므로 간척의 탈춤은 순 임금의 초기에는 효과가 있었지만 말기에는 소용없었다. 말하자면 날이 가고 달이 가서 세상사정이 달라지면 이에 대한 준비도 변하지 않을 수 없다는 것이다.

순박한 상고시대에는 도덕과 인의로 사람을 달랠 수 있었고 중고시대에는 지모(智謀)로 꾀일 수 있었고 현대에 와서는 힘찬 기력으로 다투지 않으면 안 되게 되었다.

제(齊)가 노(魯)를 장차 치려 하는데 노나라에서는 공자의 제자인 자공(子貢)을 제나라에 보내어 말로 제인(齊人)을 달래보려 하였다. 그런데 제인이 자공에게 말하길 그대는 말을 대단히 잘한다. 그러나 우리가 바라는 것은 그대의 언변이 아니고 그대 나라의 땅이 좀 필요한 것이다. 그대는 돌아가서 그대 나라의 인군에게 이 말을 전해

달라 하고 마침내 군사를 일으켜 노를 쳐서 노의 성문 밖의 십 리를 제노양국(齊魯兩國)의 국경으로 하였다.

이것으로 볼 때 언왕은 인의로써 서국을 망쳤고 자공은 변지(辯智)로써 노지(魯地)를 삭감케 하였다. 그렇다면 인의라든가 변지라든가 어느 것이나 나라를 유지할 수 있는 방법은 되지 못하는 것 같다. 만일 언왕이 인의를 버리고 자공이 변지를 쉬었던들 그와 같이 되지 않았을 것이다. 그때, 서와 노는 공허(空虛)한 인의와 변지를 일삼지 말고 실질적인 힘을 길러 만승대국이라도 해낼 수 있었다면 제·초(齊楚)의 야욕도 감히 이 두 나라에 가해오지 못하였을 것이다.

예와 지금은 풍속이 다르고 새것과 낡은 것으로 군비 또한 같지 않다. 순진하고 소박한 옛사람에게 씌어먹든 너그럽고 느린 이른바 관완정치(寬緩政治)로 각박해지고 야비하기만 한 오늘날의 백성을 다스려보자는 것은 마치 고삐도 채찍도 없이 자갈도 굴레도 갈지 않고 사나운 말을 다루어보자는 것밖에 안 되는 것이다.

지금 공자의 학통(學統)을 받은 유가(儒家)에서나 묵자의 학설을 이은 묵가(墨家)에서는 다들 요·순·우·탕·문·무의 선왕들이 인의로써 평등하게 천하 만민을 사랑해왔다는 도덕설(道德說), 겸애설(兼愛說)을 말하고 있다. 그분들은 다들 인군이 백성 보기를 마치 부모가 자녀를 사랑하듯이 하라고 한다. 무엇으로 그렇다는 것을 밝힐 수 있느냐? 가령 법을 맡은 관리가 죄인에게 형을 집행할 때 인군은 슬퍼서 음악(音樂)을 정지하며 만일 사형의 논고라도 내리게 되면 인군은 죄인의 가엾음을 슬퍼하여 눈물을 흘렸다. 이것은 선황들이 군신지간이라도 부자지간과 같이 하면 반드시 천하는 다스려질 것이라고 행한 그 예인 것이다. 이렇게 추리해볼 때 가정에는 어지러운 부모나 자녀는 있을 수 없다. 왜냐하면 사람의 일반성정(一般性情)에서 볼 때 그 따뜻하기가 부모가 자녀에 대한 사랑에 넘을 자가 없기 때문이다. 그러나 실제는 어떤가? 아무리 부모가 자녀에게 깊은 사랑을 베풀어도 그 자녀는 반드시 그 부모에게 순종한다고 말할 수 없다. 부모와 자녀의 관계도 이렇거늘 인군이 아무리 그 백성을 사랑한다고 해서 그 백성이 갑자기 잘 다스려지리라고는 말할 수 없다. 왜냐하면 인군의 사랑은 부모의 사랑에 미칠 수 없기 때문이다.

또 생각할 것은 법으로써 형을 집행하고 인군이 눈물짓는 것은 그 어진 마음을 나타낸 것뿐이고 다스린 것은 아니다. 눈물을 흘려 차마 못 하는 마음은 어짊을 보여준 것이고 그러나 행하지 않을 수 없는 것은 법이다. 선왕들도 눈물로 법과 인의 한계를 보여준 것이고 눈물로써 받아준 것은 아니다. 이로써 어진 마음으로는 가히 다스릴 수 없음을 알 수 있다. 그리고 사람이란 원래 세력에는 복종하지만 인의에 순종하는 일은 매우 드물다. 무엇으로 이를 증언할 수 있느냐 하면 중니(仲尼)는 천하의 성인이었다. 인의의 행실을 닦고 인의의 도를 밝혀 이를 천하 사람과 함께 나누고자 해내각국을 주유(周遊)하였다. 그러나 해내(海內) 사람들도 그 인을 즐기고 그 의를 찬미했으나 참으로 인의를 몸소 배우려고 하는 자는 겨우 칠십여 인에 지나지 않았다. 진실로 인을 귀히 여기는 자는 적고 의를 실천하기는 어려운 것을 말해준 것이다. 천하의 크기로도 그 인의를 따르려고 한 자는 겨우 칠십여 인이었고 몸소 실천한 자는 오직 공자 한 사람뿐이었다.

노나라 인군 애공(哀公)은 평범하여 보잘것없는 인군이었다. 그러나 남면(南面, 임금이 앉는 자리 방향)하고 앉아서 인군이 되어 호령을 하게 되자 국내의 사람들은 누구 한 사람 신민이 되지 않은 자가 감히 없었다. 그렇다면 백성들은 애공의 인격이나 덕망에 복종한 것은 아니고 오직 그 권력과 세력에 복종하였던 것이다. 세(勢)라는 것은 참으로 사람을 지배하며 굴복시키기 쉬운 도구인 것이다. 그러므로 중니가 신하로 되고 못난 애공은 도리어 인군이 되어 명령하게 되었다는 것은 중니는 애공의 인이나 의를 좇은 것이 아니고 그 세력에 복종한 것뿐이다. 만일 인이나 의로써 한다면 중니는 애공에게 신하로 복종하지 않았을 것이며 세가 있기에 애공도 대성(大聖) 중니를 감히 신하로 부리게 되었던 것이다.

그런데 지금 학자들이 인군에게 말하기를 세는 힘이다. 사람은 힘에 복종한다는 이치를 잘 모르고 인군에 대하여 반드시 이길 수 있는 세를 타라고 하지 않고 인의만을 행하면 가히 천하의 왕이 될 수 있다고 하는 것은 인군에게 반드시 중니가 되고 세상의 평범한 많은 사람은 다들 공문칠십제자(孔門七十弟子)가 되라는 셈이다. 이는 참으로 어처구니없는 요구로 실로 얻어질 수 없는 일이다.

여기에 부모에게 불효한 자식이 있다고 하자. 그 부모가 꾸짖고 나무라도 고쳐지지 않으며 이웃사람들이 말해도 듣지 않으며 선생이나 어른들이 가르쳐도 옮겨지지 않는다. 부모의 사랑, 이웃의 친절, 사장(師長)의 교훈, 이 세 가지는 인간에게 있어서 가장 아름다운 지도력이 될 것이다. 그러나 그 아들은 조금도 달라지거나 정강이 털 하나 고쳐지지 않았다. 하지만 주부(州部)의 검찰이나 경찰의 관리가 관졸을 대동하고 공법을 내세우고 부모에게 불효하는 패륜아(悖倫兒), 사람에게 행패를 부리는 불량배, 나라의 법금을 속이면서 죄악을 저지르고 있는 절도강력범 등은 모조리 검거하여 준엄한 법으로 용서하지 않는다고 호통을 치면 그 자식도 공포를 느끼고 마음을 고치려고 애쓴다.

이와 같이 인자한 부모의 사랑으로도 아들을 선도할 수 없지만 주부의 엄형호령에는 벌벌 떨면서 그 행실의 잘못을 고치려고 애쓴다. 본래 인간이란 사랑에는 교만하고 위엄과 권위에는 순종하는 심정을 가지고 있다.

십인(十囚)의 성벽은 가파르고 높은 성벽일 것이다. 날래기로 이름난 옛날 누계(樓季)일지라도 뛰어넘을 수 없는 것은 그 성벽이 높고 가파르기 때문이다. 그러나 경사(傾斜)가 완만하다면 비록 다리 저는 암염소라도 놓아먹일 수 있게 된다. 나라를 잘 다스리는 명주(明主)는 이 이치를 알고 그 법을 만들되 높아서 타고 넘을 수 없게 하고 그 형을 엄중하게 한다.

길가에 떨어진 한 필의 삼베나 무명은 하찮은 물품이지만 마음이 어둡지 않은 선량한 사람일지라도 반드시 그냥 지나치지 않을 것이며 반대로 황금백일(黃金百鎰: 1鎰은 24兩重)은 큰돈이지만 아무리 큰 도둑인 도척(盜跖)일지라도 많은 사람들이 보는 앞에서는 감히 집으려 하지 않을 것이다. 왜냐하면 이것이 죄가 되지 않는다면 하찮은 물건일지라도 그냥 지나지 않겠지만 법에 걸린다면 막중한 재물일지라도 줍지 않을 것이다. 이것이 일반적인 사람들의 심리일 것이다. 그러므로 명주는 그 벌을 반드시 집행한다. 또한 상은 후하게 하여 백성으로 하여금 사람들이 이롭게 여기도록 하며 벌은 무겁게 하여 온 사람들이 두렵게 여기도록 하며 법은 일정하되 확고해서 온 사람으로 하여금 이를 알게 해야 한다. 이렇게 하여 임금이 상을 베풀되 때를 놓치지 않으며 벌을 행하되 용서하지 않으며 칭찬하면 그 대가로 상을 주며 비난을 하면 그 벌을 더한다. 여기서 비로소 현지자, 불초자 할 것 없이 각기 맡은바 위치에서 그 힘을 다하여 충성을 하게 되었다. 그런데 지금은 그렇지 못하다. 인군이 그 유공한 자에게 작(爵)을 주어 표창을 하건만 사람들은 그 벼슬을 낮추어 보며 부지런히 일하여 생산에 힘쓴 자에게 상을 주어 권면하건만 사람들은 그 가업(稼業, 농사짓는 일)을 하찮게 여기며 배정된 부역과 부과된 세금을 내지 않는 자를 제외하건만 사람들은 세상을 등지고 숨어 사는 것을 고상하다고 하며 나라에서 정한 법을 범하거나 나라에서 금하는 일에 걸린 자에게는 죄를 주건만 사람들은 그 용기 있음을 장하다고 한다. 이것은 비난하고 칭찬하고 상주고 벌주는 그 질서가 서로 어긋나서 잘되었다고는 할 수 없다. 이리하여 법금이 해이해지고 백성들은 더욱 어지럽게 된다.

여기 형제가 있다. 다른 사람에게 박해를 당하고 있다고 하자. 형제는 서로 도와서 그 원수를 갚는다면 세상에서는 그 형제를 가리켜 모나고 모진 사람, 즉 염우지사(廉隅之士)라고 칭찬한다. 여기 친한 벗이 있다. 어떤 자에게 욕을 당하고 있다고 하자. 욕한 자를 원수로 대한다면 세상에서는 그 친구를 가리켜 곧고 믿음직한 사람, 즉 정신지사(貞信之士)라고 한다. 그렇다면 세상에서는 염우정신, 즉 염정(廉貞)의 행실을 높이 칭찬하는 반면 인군의 법을 범해가는 일은 늘어날 것이다. 인군은 염정의 행실을 아름답게 여기고 국법을 범한 죄를 묻지 않음으로 사람들은 사사로운 싸움에 용기를 날리건만 관리는 이를 능히 말리지 못한다. 또 몸소 일을 능히 하지 않고도 잘먹고 잘 입고 잘 지내는 사람을 능사(能士)라고 칭찬하며 전장에 나가서 싸운 공은 없지만 존귀해지면 이를 현사(賢士)라고 칭찬한다.

능사현사, 즉 현능의 행실을 높이 칭찬하는 반면 군대는 약해지고 국토는 거칠어간다. 인군은 현능의 행실을 좋아하고 군대는 약해지고 국토가 황폐해가는 화근을 잊고 있다. 이렇게 하여 사람들이 오직 자기만의 개인적 이익을 보며 살겠다는 사리적인 행위는 날로 늘어나고 국가 또는 인군을 위한다는 공공의 복리는 없어져가게 된다.

유자(儒者)는 문학으로써 법을 어지럽히며 협자(俠者)는 무력으로써 금령을 범하건만 인군은 다 같이 이들을 높이 대우해 주고 있다. 이것이 또한 난세의 원인이 된다. 대체 법을 떠나는 자에게 죄를 주면서도 유가의 선생은 도리어 문학으로써 인군에게 취해지고 있으며 금령을 범한 자는 목이 베이면서도 그들 군협(群俠)들은 도리어 사검(私劍)으로써 인군에게 안기우고 있다. 이와 같이 법을 어긴 자를 인군이 받아주고 관리가 벌한 자를 인군이 걷어 길러주게 된다. 말하자면 법을 세운 자, 법을 해석하는 자 그리고 인군과 관리는 서로 반대되어 있다. 법질서가 이렇게도 어수선하여 틀이 잡히지 못하고 있다면 비록 십황제(十黃帝)가 오더라도 능히 다스려내지 못할 것이다. 그러므로 나는 서슴지 않고 말하니 인의를 행하는 자는 칭찬할 수 없다. 만일 칭찬하게 된다면 공(公)을 해치게 될 것이다. 문학에 교묘한 재주를 부리는 자는 쓸 수가 없다. 만일 쓰게 된다면 법이 어지러워질 것이대(이 구절은 다소 지나친 것 같으나 그 시대의 문협(文俠)들의 행태를 가히 짐작할 수 있다].

초(楚)에 직궁(直躬)이라고 불리는 정직한 자가 있었다. 그 아비가 다른 사람의 염소를 훔쳐왔다. 아들 직궁은 이를 관청에 고발했다. 그런데 초의 재상은 도리어 직궁을 처형시켰다. 생각건대 직궁은 국법을 받들어 그 인군에 대하여 충직하다고 할 수 있으나 사정을 무시하고 그 아비를 고발한 것은 인륜의 패역자다. 그래서 도리어 그 죄를 묻게 된 것이다. 이로써 인군의 직신(直臣)은 아비의 패자(悖子)가 된 것이다.

또 노인(魯人)에 일찍이 인군을 따라 전장에 나가서 싸운 사람이 있었다. 세 번 출전하여 세 번 다 패귀했다. 중니가 그 자를 보고 패귀한 이유를 물었다. 그 사람이 대답하기를 "저에게는 집에 칠십 노모가 있습니다. 만일 제가 전사라도 하게 되면 노모를 걷어줄 사람이 없습니다"라고 하였다. 중니는 이 자를 효자라고 해서 인군에게 주천하여 벼슬을 올려주었다. 이것은 무엇을 말한 것인가? 어머니의 효자는 인군에 대해서는 배신(背臣)이 된다. 이와 같이 초나라 재상은 직궁의 목을 베어 초국의 간사(奸邪)는 인군의 귀에 들리지 않았으며 중니는 노나라 사람에게 상을 줌으로써 노나라 사람들은 적에게 쉽사리 항복하게 되었다. 상하의 이해관계는 이렇게도 다르다. 그런데 인군은 한결같이 필부(匹夫)의 행실을 등용하여 국가사직의 안녕을 이룩하고자 하나 그 소망은 거의 이루지 못할 것이다.

옛날 황제 세상에 창힐(蒼頡)이 처음으로 문자를 만들어 자기를 위하는 것을 사(私)라 하고 사의 반대됨을 공(公)이라 하였다. 공과 사가 서로 반대됨은 창힐은 벌써 알고 있었다. 만일 공과 사를 같은 이익으로 한다면 이는 그 근본을 살피지 못하는 환자일 것이다. 필부의 장계로는 행실을 닦고 문학을 배움만 같지 못하다. 행실을 닦으면 인군에게 믿음을 받을 것이며 믿어지면 일을 받게 되며 문학을 배우면 명사(明師)가 될 것이다. 명사가 되면 일신은 영화롭게 되고 일가는 부유해질 것이다. 이것은 필부로서는 최고최대의 아름다움이 될 것이다. 아무런 공로 없이 일을 받게 되며 아무런 벼슬이 없이도 일신은 영화롭게 된다. 정치에 있어서 이렇게 상벌의 원칙이 없다면 나라는 반드시 어지러워질 것이고 인군은 반드시 위험하게 될 것이다. 대체 서로 용납이 안 되는 일은 양립될 수 없다. 적을 죽인 자를 상을 주면서 한쪽으로는 자혜(慈惠)의 행실을 고상타 하며 성을 쳐서 빼앗은 자에게 작록(爵祿)을 주면서 한쪽으로는 묵자의 겸애설을 믿으며 또 견갑이병(堅甲利兵)으로 국난에 대비하면서 한쪽으로 금관조복(金冠朝服)의 정장(正裝)을 아름답게 여기며 나라는 농업을 대본(大本)으로 삼고 싸움은 병사(兵士)에게 부탁하면서 한편으로는 문학의 선비를 귀하게 여긴다.

이러한 전도된 정치는 결과적으로 어떻게 될 것인가? 인군을 두려워 존경하고 법을 지키는 사람은 버리고 유협사검(儒俠私劍)의 도배(徒輩)만 기르게 되고 만다. 행하는 일이 거개가 다 이러한데 어찌 나라의 치강(治强)을 바랄 수 있겠는가. 나라가 평온하여 유자(儒者)와 협기(俠氣) 있는 자들이 득세하고 갑옷과 투구를 쓴 사람이 필요하게 되니 참으로 국가에 필요한 인물들은 평시에는 쓸데없고 상시에 쓰이는 자들은 유사시에는 먼저 도망칠 불필요한 인간들이다. 이러므로 국사에 복무하는 자들이 임무를 소홀히 하게 되고 놀고먹는 자들은 날로 늘어만 갈 뿐이다. 이것이 세상의 혼란을 초래하는 원인이 된다. 세인이 말하는 이른바 현자는 정신(貞信)의 행실을 가진 사람이며 지자(智者)는 일반 민중이 알아들을 수 없는 미묘하고 기인한 말들을 하는 자들이다. 이런 기괴하고 궁벽한 말투는 참으로 유식한 사람이 아니고서는 통하지 않는다. 지금 하려고 하는 일은 이러한 유식한 사람을 상대로 하자는 것이 아니고 무식한 서민대중을 위해 쓰일 법을 만들면서 상지자(上智者)도 얼른 알아들을 수 없는 것을 만들어놓는다면 일반대중은 어떻게 알 수 있겠는가? 완전히 세상은 어두워질 뿐이다. 그러므로 조박비강(糟粕秕糠), 즉 지게미나 등겨조차 배불리 얻어먹지 못하는 자들에게는 양미미육(良米味肉), 즉 좋은 쌀밥과 기름진 고기반찬을 바라지 않을 것이다. 조복모의(粗服毛衣), 즉 무명 삼베옷도 온전함을 얻지 못하는 자들에게는 능라금수(綾羅錦繡), 즉 양단 혹은 공단과 같은 값진 비단을 감히 바라지 못할 것이다. 이와 마찬가지로 눈앞에 급한 일도 할 수 없는 경우에 어찌 급하지 않고 필요하지 않은 일을 할 수 있겠는가?

지금 상대는 민간의 서민대중이 비록 어리석은 사내이나 미련한 부녀자들이라도 얼른 알 수 있는 일로 하지 않고서 자기들의 유식을 자랑하는 그런 짓으로 한다면 정치는 제대로 이루어지지 못할 것이다. 그러므로 미묘하고 궁벽한 말은 일반대중이 할 일이 못 되고 학자들이 현량한 체 점잔을 빼는 행실도 일반대중이 본받을 수 없는 행실이다. 그런데 세상 인군들은 현량이니 정신이니 하면서 이런 자들만 찾고 있다. 다시 말하면 점잖고 진실한 사람을 귀히 여긴다는 것은 바꾸어 말하면 내게 유능한 인재를 다루어 쓸 수 있는 술법, 즉 속지 않을 재주가 없다는 증명일 것이다. 여기서 생각해볼 것은 포의무관(布衣無冠)한 자끼리 서로 상종한다면 부귀로 서로 이롭게 할 수도 없을 것이며 위세로 서로 도와줄 수 없으므로 서로 속지 않고 속이지 않는 친구들만을 사귀려고 할지 모르나 인군은 그것이 아니다. 얼마든지 사람을 제압할 수 있는 강한 세력을 잡고 있으며 또는 얼마든지 사람을 부릴 수 있는 엄청난 부를 갖고 있다.

이러한 중세중부를 지니고 후상엄벌이란 절대권을 갖고 명술(明術)로써 정사를 처리한다면 비록 제나라의 전상(田常)이나 송의 자한

(子罕)과 같은 간악한 신하가 있더라도 감히 인군을 속이지 못할 것이다. 어느 시대 어느 국가를 막론하고 마음에 드는 쓸 만한 인물이란 그리 흔한 것이 아니다. 어찌하여 속이지 않는 사람만을 기다릴까? 지금 인군들이 바라고 있는 마음이 곧고 믿음직한 사람은 세어서 열 손가락에도 차지 않지만 국가에 필요한 인물은 백으로도 부족한 형편이다. 그런데 반드시 정신(貞信)한 사람만을 구하여 그 자리를 채우려고 하면 그 자리에 채울 수 없게 된다. 사람을 그 자리에 채울 수 없게 된다면 다스려지는 일은 적고 어지러운 일은 많아질 것이다. 그러므로 명주(明主)의 도(道)는 이 결함을 지양하고 법으로써 얼마든지 그 자리에 적합한 인물을 만드는 것이다. 인군에게 필요한 것은 사람에게 술(術)이 있느냐 없느냐가 문제이지 반드시 바르고 의리 있는 인물을 구하여 속이지 않을 것을 경계하며 다짐할 필요는 없는 것이다. 다시 말하면 법술로 필요한 인재를 양성해서 쓸 것이고 본래부터 필요한 자연인재가 있기를 바라지 않는다. 이렇게 하므로 법은 해이해지지 않고 관리들에게 간사함이 없을 것이다.

지금 인군들은 남의 말을 들을 적에 잘하는 말솜씨만 좋아하고 그 말이 사실과 부합되는지 어떤지를 구하는 것 같지 않으며 사람의 행실을 보고 쓰며 그 명성만을 듣고 실지 여하를 따지지 않는다. 이러므로 천하에 많은 사람들은 말솜씨만을 힘쓰고 실용의 가치에 힘쓰지 않는다. 그런고로 말끝마다 선왕을 추켜들고 인의를 부르짖는 자가 조정에 가득하지만 나랏일은 하나도 제대로 되지 않는다. 웬일일까? 말할 것 없이 사실 여부를 채근하지 않고 행신(行身)하는 자들은 허명(虛名)을 얻기만 다투고 국가사회에 도움이 되고 가치 있는 말들은 하지 않기 때문이다. 이러한 말쟁이들만이 세를 올리고 판을 치고 있으니 뜻있는 선비들은 세상을 비관하고 바위틈에 몰래 숨어 녹을 주어도 받지 않는다.

말하는 대로만 하면 당장에 부국강병의 만승대국이 될 듯싶지만 사실은 그렇지 못하여 병력은 약해지고 정치는 혼란해지기만 하니 그 까닭이 어디 있는가? 그것은 다름 아닌 백성들이 덮어놓고 좋다고 하면 인군은 따라서 그자를 대우해주니 이것이 나라를 난장판으로 이끌고 있는 하나의 잘못된 일 같다.

지금 국내에 있는 사람들은 전부가 정치학을 공부하여 옛날 정치가로 유명했던 상앙(商鞅)과 관중(管仲)의 부국론(富國論)을 읽는 자는 집집마다 있지만 나라는 도리어 빈곤에 허덕이고 있으며 국내에 있는 사람들 전부가 병서를 공부하여 옛날 전략가로 유명했던 손무(孫武)와 오기(吳起)의 전술론을 읽는 자는 또한 집집마다 있지만 나라는 도리어 허약에 지치고 있다. 그 까닭이 어디 있을까? 하나는 입으로 농사짓는 자는 많지만 실제로 손에 쟁기를 잡는 자는 적기 때문이며, 다음은 입으로 전쟁하는 자는 많지만 실제로 몸에 갑옷을 입는 자는 적기 때문이다. 그러므로 명주는 그 힘을 쓰고 그 말을 듣지 않으며 그 공을 상주고 반드시 그 무용(無用)을 자른다. 이렇게 해야만 사람들은 죽을 둥 살 둥 있는 힘을 다하여 위에 순종하게 되는 것이다.

대체로 밭을 가는 자의 이마에 피땀을 흘리면서 수고하는 것은 이렇게 하면 먹고살 수 있고 가산도 부해질 수 있기 때문이며 싸우는 자가 생명의 위협을 받지만 그래도 위험을 돌보지 않고 싸우는 것은 이렇게 함으로써 적을 물리치고 공명을 세울 수 있고 일신의 영광도 얻어지기 때문이다.

그런데 지금 문학을 닦고 언변을 익히면 밭을 가는 수고 없이도 부유의 실속을 가질 수 있으니 싸움의 위험 없이도 고귀한 영광을 얻을 수 있다면 사람은 누구나 이 길을 택할 것이며 과연 어느 누구가 피땀을 흘리며 경작이나 생명의 위험을 무릅쓰고 전투를 하겠는가? 만일 있다면 백에 한 사람 정도일 것이다. 그러므로 세상은 백 사람이 지혜로 일하고 한 사람만이 힘으로 일하게 될 것이다. 그 결과 지혜로 일하는 자가 많으면 법이 해이해질 것이며 힘으로 일하는 자가 적으면 나라는 가난해질 것이다. 이것은 틀림없이 세상이 어지러워지는 근본이 될 것이다. 그러므로 명주의 나라에는 서간(書簡)의 글이 없고 법으로써 가르침을 삼으며 선생의 말이 없고 사법 관리로새 사범(師範)을 삼으며 사검(私劍)의 무사가 없고 참수(斬首)로써 용사를 삼는다. 이렇게 하여 국내의 사람으로 언담(言談)하는 자는 반드시 그 표준을 법의 테두리 안에 두며 행동하는 자는 그 결과를 공에 돌려 용기가 있는 자는 그 힘을 군사에 바치게 한다. 이것이 치국강병의 원리인 것이다.

이리하여 일이 없으면 나라는 부(富)해질 것이며 일이 있으면 병력은 강해진다. 이것을 말하여 왕의 자본(王資)이라고 한다. 이와 같이 왕패(王覇)의 공업(功業)을 이룰 수 있는 왕자를 안으로 축적하고 적국의 약점을 틈타면 능히 오제(五帝)를 초월하고 삼왕(三王)에 이를 수 있다는 것은, 즉 이 법을 가르친 것이다[이 대목은 한비가 문학언담(文學言談)을 매우 배척한바 그 시대적 폐단이 얼마나 컸는지 가히 짐작할 수 있으며 이 일로 고민했던 진시황은 이 오두편에 크게 자극을 받고 분시서갱유생(焚詩書坑儒生)이란 만고의 폭거로 나오게 된 것이다. 한비의 비판과 진시황의 행동은 너무나 현대 생리에 맞지 않아 저자로서 주석하는바 당시 합종연횡(合縱連橫)의 횡설수설이 얼마나 매국매족(賣國賣族) 하였던가. 한비의 통분도 여기서 폭발되어 오두로 공격한 것이 짐작된다].

그러나 지금 세상은 그렇지가 않아서 사민(士民)은 안에서 날뛰고 언담하는 도배(徒輩)들은 세력을 밖에 펴서 내외가 다 적으로 어찌 위험하지 않겠는가. 말하자면 안팎곱사등이의 격인 것이다. 불행하게도 이러한 약세를 갖고 강적을 대하게 된다면 큰일이 아닐 수 없다. 그런데 군신(群臣)들의 동향을 볼 때 내사로 흔히 외사(外事)를 말하는바 합종(合縱)에 가담한 자가 아니면 연횡(連橫)에 가담한 자이며 이것도 저것도 아니면 개인적으로 구수적(仇讐的)인 관계가 있어 그것을 보복하기 위하여 외세의 힘을 빌려고 하는 자인 듯싶다.

합종에 가담한 자들은 선전하기를 약한 육국이 합하여 강한 진(秦)에 대항하자는 것이다. 말하자면 자주 독립을 내세우는 외교설이다. 그와는 반대로 연횡에 가담한 자들은 또한 선전하기를 강한 진(秦)을 섬겨서 약한 나라를 치자고 하는 것이다. 말하자면 사대주의를 내세우는 외교정책이다. 그러나 합종이건 연횡이건 어느 것이나 참으로 국가를 유지할 수 있는 건전하고 견실한 외교정책은 아니다. 지금 연횡을 주장하는 자들은 다들 말하기를 약한 나라로서 강한 진을 섬기지 않으면 적이 되어 화를 받는다고 한다. 말하자면 사대주의의 외교정책인 것이다. 그러나 진나라에 순종한다는 것은 말로만 되는 것이 아니고 반드시 실행이 있어야 한다. 즉, 연횡에 가담한다면 국가의 판도(版圖)를 올리고 위임통치를 부탁해야 하며 국새(國璽), 즉 임금의 도장을 바쳐 대소 관리의 임면을 청하게 된다. 판도를 올리면 국토는 삭탈당하고 국새를 바치면 속국으로 명예는 오욕된다. 땅이 깎이면 나라가 깎이고 이름이 오욕되면 정치가 어지럽게 된다.

사대주의에 좇아 연횡에 가담했건만 가담한 이익은 얻기도 전에 땅은 없어지고 국정은 혼란해질 뿐이다. 인신(人臣)으로서 합종을 말하는 자들은 다들 말하기를 약한 나라끼리 서로 약자동맹을 하여 강한 진에 대항하지 않으면 천하의 지지를 잃을 것이며 천하의 지지를 잃으면 따라서 나라가 위험해질 것이고 나라가 위험하면 인군도 그 위세가 약화된다. 그러나 동맹은 말로만 되는 것은 아니다. 즉, 병력을 동원하여 적에 대비해야 한다. 또 동맹했다 하여 당장 존립되는 것도 아니다. 강국에 대적하면서 동맹국끼리 분열이 되어서는 안 된다. 분열이 생기면 강국에 제재를 당하여 싸우면 지고 지키면 뽑혀 동맹으로 합종에 가담한들 이익을 보기도 전에 나라는 망하고 군사는 패한다.

이런고로 연횡에 가담하면 그자들은 강한 진을 등에 업고 안에 벼슬을 구할 것이며 합종에 가담하면 국내의 무게를 팔아 밖에 이익을 구하게 된다. 이렇게 하여 국가의 이익은 얻기도 전에 벌써 그자들은 봉토(封土)와 후록(厚祿)을 타게 된다. 이렇게 되면 인군은 날로 그 권위와 명분이 떨어지나 인신은 도리어 지위가 높아지고 권력이 무거워지며 국토는 깎이고 그자들의 집은 살찌고 있다. 횡설(橫說)이건 수설(竪說)이건 성공을 하면 그 권세 당대에 무겁고 실패하더라도 부자는 되어 조용한 곳에서 인생을 즐길 수 있다. 대체 성불성간 땅을 짚고 헤엄치기라 무슨 이유로 그렇게 될 수 있느냐? 세상인군들이 그자들의 말을 들을 때 일은 아직 이루지 못하였건만 벌써 작록은 보태어 존귀해지며 만일 일이 잘못되었더라도 그 결과를 죄에 묻지 않게 된다. 이러한 특권적 혜택이 주어지고 있으므로 유세하는 자는 누구인들 마치 줄살로 나는 새를 낚듯이 될 말 안 될 말을 부산하게 떠들어대고 당장의 이익은 망태에 걷어 담고 성사 후에 한몫은 요행으로 하는 것이다.

대개 망국망신의 인군치고 이런 자들의 허황한 말엔 귀를 솔깃하고 잘 들어준다. 웬 까닭일까? 이것은 인군들이 너무나 흐려 공과 사의 이해관계를 잘 모르고 있으며 그 말의 진실여하를 살피지 못하며 일의 결과를 반드시 사후에 캐지 않고 있는 까닭이다. 그자들은 다들 말하되 인군으로서 외국과 관계되는 일만 잘할 줄 알면 크게 천하에 호령할 수 있고 잘못되어도 나라만은 굳게 지킬 수 있다고 한다.

대체로 왕은 정벌(征伐)을 좋아한다. 그러나 안정되어 있으면 정벌할 수 없다. 강자는 억압을 좋아한다. 그러나 나에게 실력이 있으면 제왕의 야망이나 강자의 폭력도 행사할 수 없다. 이러한 안정과 치강(治强)의 술(術)은 밖에서 얻어지는 것이 아니고 오로지 안에서 실력을 기르는 데 있다. 그런데 지금 인군들은 부국강병의 기본이 되는 법술을 안에서 행하지 않고 합종연횡의 지혜만을 밖에서 일삼고 있으니 아무래도 그 나라는 치강해질 수 없는 노릇이다.

속담에 장수선무(長袖善舞), 다전선고(多錢善賈)라고 한다. 춤을 잘 추지 못하는 자일지라도 소매가 길면 잘 추는 것같이 보이고 돈이 많은 자는 이것저것 살 수 있으므로 장사를 잘할 수 있다. 이 말은 자본이 많아야 무슨 일이든 공작하기 쉽다는 말이다. 나라도 다스려 강해지면 일하기가 쉽고 어지러워 약해지면 계책(計策)을 수행하기 어렵다. 강한 진(秦)에 쓰이고 있는 자는 열 번 묘책을 변동해도 좀처럼 실패하지 않고 약한 연(燕)에 쓰이고 있는 자는 한 번 모책(謀

策)을 성공하기 어렵다. 그렇다면 진에 쓰이고 있는 자는 반드시 지자이며 연에 쓰이고 있는 자는 반드시 우자라고 할 수 없다. 아마 치란(治亂)이란 자본의 크기가 다르기 때문일 것이다. 일찍이 주(周)는 진(秦)을 버리고 합종을 해서 일 년 만에 사직을 진에 바쳤으며 위(衛)는 위(魏)를 떠나 연횡을 해서 반년 만에 망하였다. 즉, 위는 횡설에서 거덜 나고 주는 수설에서 망해버린 것이다. 이 두 나라라도 허황한 횡설수설에 귀를 기울이지 않고 법술로써 국내를 엄하게 단속하였다면 말로가 그렇게까지 비참하지 않았을 것이다.

법금을 밝게 하고 상벌을 꼭 행하고 지력(地力)을 다하여 생산을 올리고 민력(民力)을 다하여 방비를 굳게 한다면 침략의 야망을 품은 천하제후들도 계산하여 그 땅을 얻어도 수지가 맞지 않으며 그 나라를 빼앗아도 병력 손상이 크다면 아무리 만승대국이라도 이러한 방비가 튼튼한 성벽에 자신 없이 부딪혔다가 도리어 강적으로 하여금 피폐를 틈타게 하는 섣부른 짓을 하지 않을 것이다. 이것은 필불망(必不亡)의 길인 것이다. 이러한 필불망의 길을 가지 않고 필멸(必滅)의 일을 한다면 이는 치국하는 자의 잘못이다. 즉, 지혜는 나라 안에 빈곤하고 정치는 나라 밖에 어지러우니 망한들 어찌할 수 없는 노릇이다.

일반대중이 항상 생각하는 것은 어떻게 하면 편하게 살 수 있을까? 어떻게 하면 이익을 얻을 수 있을까? 어떻게 하면 위험에 빠지지 않을 수 있을까? 어떻게 하면 궁액(窮厄)을 면할 수 있을까? 즉, 취안리(就安利)와 피위궁(避危窮) 아마 이것이 전부일 것이다.

지금 국가와 민족을 위하여 전장에 나가 싸우는 사람이 있다. 앞으로 나가면 적에게 죽고 뒤로 물러서면 죄목으로 죽게 된다. 나가도 죽고 들어와도 죽는다. 실로 위험한 일이다. 그리고 투구갑옷으로 피와 땀을 흘리면서 싸우건만 후방에 버려둔 부모와 처자는 돌봐주는 사람이 없다. 궁액이 막다른 골목으로 닿았다. 이러한 막다른 골목에서 그 사람은 어찌 그 골목을 피하지 않을 수 있겠는가? 오직 피하는 길은 이리저리 청탁하여 병력을 기피하거나 제대운동을 할 수밖에 없다. 뇌물을 썼더니 기피도 되고 제대도 되었다. 기피도 되고 제대도 되니 싸움하고는 아주 멀어졌다. 싸움하고 멀어지니 내 몸도 안전할 것이고 내 집도 무사하다. 이렇게 된 것은 돈을 써서 당로자(當路者, 권력 있는 자)에게 청탁해서 소망이 이루어진 것이다. 소망이 이루어지면 집안이 안전하게 되어 이익을 얻을 수 있게 된다. 이와 같이 길이 환히 보이는데 백성들이 어찌 이 길로 가지 않을 수 있겠는가?

이러한 결과로 공민(公民)이 적어지고 사민(私民)이 많아지게 된다. 그러므로 명주는 놀고먹는 사람의 수를 줄이고 농경에 힘쓰고 전공에 힘쓴 사람은 포상(襃賞)과 작록으로 신분을 높여주며 그 생활을 보장하였다. 그리고 상공의 수를 줄이기 위해 신분을 낮추고 농경본업을 크게 권면하였다.

지금 세상은 어떤가? 인군의 곁에 있는 자들에게 청탁하면 벼슬을 살 수 있고 벼슬을 사면 상공하는 사람들도 신분이 높아진다. 돈으로 벼슬도 사고 신분도 살 수 있는 길이 트이면 간악한 수단으로 모인 돈은 얼마든지 있다. 또는 상공을 하여 민간을 수탈한 축재로 무진장 낼 수 있으므로 상공도 천한 말작(末作)이 아니다. 또한 그 수도 날로 늘어나고 있다.

세금부과 같은 추렴은 농민이 배로 물고 이름은 상공자만 높아진다. 뜻 있고 지조를 지키는 경개(耿介)의 선비는 줄어들고 간악과 부패를 조장하는 무리들만 많아진다. 이것이 난국이며 난장판인 것이다. 소위 유자(儒者)들은 옛것을 좋아하며 따르려는 풍속에서 입을 열면 요·순·우·탕의 도를 칭찬하고 공자와 맹자의 인의를 가장하여 용모는 단정한 체하고 변설(辯說)은 점잖은 체하면서 때로는 법도를 비평하고 인군을 미혹게 한다.

소위 언담하는 자들은 등을 외국에 대고 횡설수설하면서 사리를 꾀하며 소위 협자(俠者)들은 도당을 만들어 위세도 부리고 무슨 큰 포부나 지조나 힘이나 입는 옷이 어깨를 으쓱대면서 오관(五官)의 금(司徒, 司馬, 司空, 司士, 司寇)을 제멋대로 범하고 다니며 소위 근시내관에 있는 자들은 재화를 쌓고 중인(重人)들에게 뇌물로 간접청탁도 하며 일선에서 수고하는 선비들의 진출을 물리치기도 한다. 소위 상공인들은 대중생활에 아무런 소용도 되지 않는 사치품 또는 무용한 물품을 만들기도 하고 헐값으로 사놓았다가 때를 기다려 농민에게 판다. 이런 자들은 다들 국가를 좀먹는 좀인 것이다. 이것을 오두(五蠹)라고 한다. 인군으로서의 이 오두를 제거하고 바르고 현능한 선비를 기르지 않고 천하에 망해간 나라나 멸한 조정이 있다고 해서 조금도 괴이하게 여길 것은 없다.

제2편 세난(說難)

말에는 순역(順逆)이 있다. 상대방의 비위를 잘 맞추는 웃음이 있고 복이 오며 그와는 반대로 거슬리면 노여움과 화를 얻을 뿐이다. 그렇게 되는 출발은 눈에도 보이지 않는 털끝이지만 그 벌어지는 차이는 천 리로 멀어진다. 이 편(篇)은 인간이 지니고 있는 심기(心機), 즉 마음의 기미를 가까스로 살피면서 말을 폈다.

이 세난의 원문은 한비자 전편 중에서 가장 어려운 것 같다(역자의 말). 실례로 든 것은 후인의 주석으로 오해 없기를 바란다.

대체 유세에 말하기 어렵다는 것은 무엇일까? 내가 지식이 부족하니 말하려는 사리를 분명히 설명할 수가 없는가, 또는 구변이 없으니 그 취지를 충분히 밝힐 수 없는가, 또는 나에게는 아깝게도 유창한 말솜씨가 없으니 종횡무진으로 말을 엮어나갈 수가 없는가, 그런 것은 아닌 듯싶다. 그렇다면 말하기가 어렵다는 것은 무엇일까. 내가 상대해서 말하는 상대가, 즉 인군이나 귀인들의 마음속을 환히 들여다보면서 그 마음 움직임을 따라 나의 부르짖음이 딱 들어맞아 메아리쳐 다시 나의 귀에 들려오느냐가 가장 어려운 점이 된다.

가령 인군은 마음에 성현의 도덕을 그리고 인의(仁義)를 지키는 인간으로 높고 거룩한 명성을 천하에 널리 날리기를 생각하고 있다. 그런데 말하는 자는 그 마음을 잘 모르고 국부(國富)와 국리(國利)를 꾀하는 데 있다면 이를 듣는 인군은 말하는 자를 지절(志節)이 비열

해서 자기와 같은 고상한 사람을 상대해본 일이 없다고 멀리할 것이다. 그 실례로 이극(李克)이 중산국을 다스리고 있을 때 고형령(苦陘令)이 일 년간 자기 임기의 성적을 상신하여 세입을 올린 것을 자랑하자 이극이 나무라면서 말하기를 세입의 근거가 없이 세입을 많이 올린 것은 필연코 조화(窕貨), 즉 부정 세입이라고 하였다(難二篇).

또한 인군은 마음에 국부병강으로 패업완수(霸業完遂)를 생각하고 있는데 말하는 자는 요순우탕(堯舜禹湯)의 덕치(德治)를 토대로 하는 왕도(王道)정치를 말하게 되면 인군은 생각하기를 그자는 고답주의(高踏主義)자라 하여 써주지 않는다. 그 실례로 상앙(商鞅)이 진효공을 처음으로 보았을 때 상앙은 요순우탕을 말하고 왕도정치를 해가 지도록 말하여 효공은 졸린다 하고 내전으로 들어갔다. 다음 날에는 법치주의를 토대로 하는 부국강병의 패도정치(霸道政治)를 말하자 효공은 크게 만족하였다.

또 인군은 마음속으로 부국강병의 재리(財利)만을 생각하고 있지만 겉으로는 명성이 높은 인의를 숭배하는 듯 가장하고 있다. 말하는 자 그 겉만을 보고 말하게 되면 인군은 겉으로는 매우 환영하는 체하지만 사실은 그렇지 않다. 실례로 제성왕(齊盛王)은 불원천리 하고 찾아온 맹자를 첫 번 대하면서 무엇으로 우리나라를 이롭게 하겠소 하였다. 그러나 인의를 내세운 맹자에게는 집을 주고 녹(祿)도 주었지만 그 말은 써주지 않았다. 그렇다고 해서 이번에는 부국강병의 실리적인 말만을 하게 되면 속으로는 환영하지만 겉으로는 버리는 듯하다. 그 실례로 진문공(晉文公)은 전쟁을 시작하려고 할 때 먼저 대신 호언(狐偃)을 불러 이길 수 있는 전술을 물었다. 호언은 일시적으로 속이는 권도(權道)를 써야만 이길 수 있다고 하였다. 다음에는 대신 옹계(雍季)를 불러 똑같은 말로 물었다. 옹계는 적을 속이면 한때는 이길지 모르나 뒷날의 소득이 없으니 속이지 않고 이길 수 있는 상도(常道)를 써야 한다고 말하여 문공은 호언의 말을 대폭 마음속으로 채택하여 싸움에 이기고 제일 큰 공을 옹계에게 주었다 (難一篇).

상대방의 이러한 심리적인 기미를 잘 살피지 않고서는 아무리 열심히 말해도 성공하기는 어려울 것이다. 대체 만사는 비밀에서 성사되고 이것이 새는 데서 실패가 많다.

만일 인군이나 귀인이 깊이 감추고 있고 아직 발설하지 않았건만 말하는 자가 경솔하게 그 감추고 숨기고 있는 일에 대하여 아는 척 하는 날에는 그 몸이 위험하게 된다. 그 실례는 정대부관기사(鄭大夫關其思)는 임금 무공(武公)이 어느 나라를 치는 것이 좋으냐고 군신들에게 묻자 관기사는 너무나 솔직해서 호국(胡國)을 치는 것이 좋다고 대답하므로 그 몸이 죽게 되었다.

또 인군이나 귀인이 어떤 일을 하라고 명령을 하거나 암시를 주었으나 진정이 아니고 목적이 딴 데 있을 때 그것을 그대로 받아주지 않고 영리한 체하고 그 속에 숨기고 있는 것을 캐어낸다면 그 몸은 매우 위험하게 될 것이다. 그 실례로 전성자(田成子)의 방문을 받은 습사미(濕斯彌)는 전성자가 속으로는 그 나무를 베었으면 하는 생각을 하고 있었지만 겉으로 말하지 않은 것을 눈치 채고는 사람을 시켜 그 나무를 베라고 하였다가 세 번째 도끼소리가 나자 급히 그것을 중지시키면서 그 나무를 베어 환심을 사는 것보다 그 비밀을 아는 척한 그 죄가 더 크리라 생각하였다.

또 인군과 비밀한 가운데서 어떤 희귀한 사업을 꾀하였는데 인군이나 같이 작정한 본인은 발설 안 했건만 어떤 국외자(局外者)인 제 삼자가 이것을 눈치 채고 떠들어서 알게 되면 인군은 같이 모의한 그 사람을 의심하게 되므로 그 몸은 위험하게 된다. 그 실례로 진소왕(秦昭王)은 공손연(公孫淵)을 가만히 불러 앞으로는 그대를 정승으로 쓸 것이며 오는 가을에는 초국을 치자고 말하였다. 그런데 저리질(樗里疾)이란 국외의 사람이 그 눈치를 채고 정내(廷內) 또는 도내(都內)에 공손연이 정승이 되고 올가을에는 초국과 싸운다고 퍼뜨리게 되어 민심이 매우 소란하게 되자 자신이 발설한 것은 아니었지만 꼭 자신이 한 것처럼 의심을 받게 된 공손연은 위험을 느끼고 도망하였다(外儲說).

또 인군과는 아직 교제도 두텁지 못하여 그리 신임을 받지 못하고 있건만 자기의 처지와 입장을 생각지 않고 성실한 자인 듯이 지능을 기울여 말하게 되면 가령 그 말이 공이 있다고 하더라도 인군은 그다지 탐탁하게 덕으로 생각지 않을 것이며 만일 그 말로 인해 무슨 실패라도 있게 되었다면 도리어 의심을 받고 그 몸은 위험하게 될 것이다. 그 실례로 무너진 담장을 고치라고 충고한 이웃 할아버지는 도리어 도둑의 혐의를 받게 되었다.

또 인군이나 귀인에게 어떤 과실이 있을 때 말하는 자가 주책없이 그 잘못을 도덕과 예의에 빗대어 이러쿵저러쿵 주제넘게 말하게 되면 그 몸은 위험할 것이다.

또 귀인이 어떤 일에 훌륭한 계책을 얻어 이것을 자기 공으로 하려고 하는 일에 대하여 말하는 자는 이것을 알고 참여를 하게 되면 도리어 위험하다.

또 귀인에게 말하되 귀인이 해낼 수 없는 일을 하라고 하거나 그

만둘 수 없는 일을 말라고 하면 쓸데없이 노여움만 사게 되고 그 말을 받아주지 않게 되므로 도리어 그 몸은 위험하게 된다. 실례로 항우(項羽)가 패하여 동으로 자기 고국인 오(吳)로 돌아갈 수밖에 없이 되었는데 서(西)쪽 관중(關中)으로 들어갈 것을 말한다면 이는 해낼 수 없는 일이다. 또 한경제(漢景帝)로서는 불가불 율태자(栗太子)를 폐지시켜야 할 터인데 주아부(周亞夫)가 그것을 적극 말린 일은 될 수 없는 말이었다.

또 인군과 함께 앉아 어떤 대신의 장단을 말하게 되면 인군은 속으로 생각하기를 저자는 나의 심경을 떠보는 자라 하게 되며 또는 어떤 소신(小臣)의 장점을 말하게 되면 인군은 생각하되 저자는 나의 권세를 얻어 그자에게 팔려고 하는 자로 오해를 받게 되며 또 인군이 사랑하는 자를 평하여 귀한 자라고 칭찬하여 말하면 인군은 나의 사랑을 이용하려는 것이 아닌가 오해하게 되고, 인군이 미워하는 자를 평하여 그자를 괘씸한 놈이라 말하면 내가 얼마나 그자를 미워하고 있는가 하는 함노(含怒)의 심천(深淺)을 시험해보려고 하는 자로 오해하게 될 것이다. 또 말을 생략해서 간추려 진술하면 인군이 생각하기를 아는 것이 없어서 말이 서툴다고 여길 것이며, 이번에는 쌀값 소금값과 같은 세세한 것까지도 늘어놓으면 인군은 수다하고 지루해서 염증이 난다고 말할 것이며 그렇다고 해서 거두절미하고 가운데 토막인 대의(大意)만을 말하면 겁을 먹고 떠느라고 할 말도 다 못 하는 자라고 인정하게 될 것이다. 또 사실을 들어 앞뒤를 가리지 않고 이것저것 거리낌 없이 생각하는 일을 늘어놓으면 인군이 생각하기를 그자는 시골 촌구석에서 교양 없이 되는 대로 자란 시정잡배(市井雜輩)라고 업신여기게 될 것이다. 이렇게도 말하기가 매우 어

46

렵다는 것을 가히 알아두지 않으면 안 될 것이다. 이것이 한비가 말하는 유세(遊說)의 어려움이다.

대체 유세하는 자로서 반드시 힘써야 할 가장 필요한 점은 첫째, 상대방이 자기 자랑을 하려고 하는 것은 받아들여 요령 있게 자랑해 줄 줄 알아야 하며 또 그와는 반대로 상대방이 부끄러워서 숨기고 있는 일에 대해서는 잘 숨기어줄 줄 또한 알아야 한다. 둘째, 이 말은 해주었으면 하는 많은 사람의 생각은 기회를 놓치지 말고 해줄 줄 알아야 할 것이며 이런 말은 하지 않았으면 하는 한 사람의 생각일지라도 막지 않을 줄 알아야 한다. 이것이 말하는 자로서 가져야 할 가장 긴요한 자세인 것이다.

인군이 겉으로는 말하지 않으나 마음으로는 꼭 이 일을 했으면 하는 생각이 있는 것을 알게 되면 세자(說者)는 공의(公義)와 정도(正道)를 들어 보임으로써 그 실행에 대한 신념과 용기를 도와주며 또 인군이 어떤 일을 하려고 하는 생각을 갖고 있으나 얼른 용단을 내지 못하고 이모저모의 생각으로 실천이 늦어질 때는 세자는 인군에게 그 생각의 신중함을 칭찬하고 이것을 빨리 행하지 않음은 도리어 잘 못이라고 말하고 그 일의 실행과 관철을 권면하고, 또 인군이 마음으로는 고상한 생각을 갖고 있으나 그 인품이나 재질이 그것을 따라갈 수 없는 형편이거든 세자는 그 일의 결함과 그 일을 행함으로 생길 수 있는 악폐를 들어 위험하고 비열한 그런 일은 차라리 행하지 않는 것이 현명하다고 말해야 한다. 또 인군이 자기의 지능을 자랑하여 말하려고 하거든 세자는 그 자랑을 살펴주는 방향으로 이끌어 주기 위하여 일은 다르지만 같은 내용의 비유를 많이 들어 인군으로 하여금 말할 수 있는 자신을 주되 세자는 모르는 체하는 것이 좋을 것이다. 또 인군이 서로 돕고 서로 살아가자는 말을 하게 될 때는 세자는 그 아름다운 명성이 얻어질 것을 반드시 밝히고 그것은 인군의 사적 이익에도 합치된다고 말해야 하며 그와는 달리 위험하고 해로운 말을 인군이 하거든 세자는 그 일에는 헐뜯고 비난하는 자가 없지 않으므로 인군에게 염려되는 바를 말해야 할 것이다.

인군과 행장(行狀)을 같이한 자가 있으면 이를 칭찬하며, 인군과 계획을 같이한 자가 있으면 도와서 칭찬하는 것이 좋으며, 인군과 오욕(汚辱)을 같이한 자가 있으면 반드시 그것이 그다지 상심할 일이 아니라고 크게 선전해주며, 인군과 실패를 같이한 자가 있으면 반드시 그 실패는 그 사람의 잘못에서 생긴 것이 아니라고 꾸며서 말해준다. 또 인군이 능히 자기의 힘으로 해낼 수 있다고 자신하는 일에 대하여 동조는 해줄지언정 하기 어려울 것이란 난개(難芥)한 말을 해서는 안 된다. 또 인군이 어떤 일에 대하여 자기의 용단을 뽐내고 있을 때 그와 반대되는 말로서 성을 내게 해서는 안 된다. 또 인군이 어떤 일에 대하여 자신의 계획을 지혜롭게 말하고 있다면 그것을 같이 칭찬할지언정 언젠가 실패했던 일을 끄집어내어 궁하게 해서는 안 된다. 이상 말한 내용을 생각해보면 그 비위를 맞춰주는 하나의 아첨인 것 같지만 말하는 자는 상대방의 그 단처(短處)를 꿰매주고 그 날카로움을 길러줘야만 말에 상처가 생기지 않는 것이다. 다시 말하면 인군의 건강을 같이 부러워하고 그 상처를 말하거나 드러내서는 안 된다.

이와 같이 대의(大意)에 거슬림이 없고 언사에 있어 인군의 뜻에 배치되는 일이 없이 완전히 준비를 갖춘 뒤에 그 유창하고 화려하고 지혜로운 재변 또는 웅변으로 현하(懸河)가 내려 쏟아지듯이 한다면 유세의 도(道)는 소득이 커서 인군에게 친근해지므로 어떤 말을 해도 의심하지 않을 것이며 무슨 무리한 말을 해도 다 들어주게 될 것이다. 이것이 유세의 가장 좋은 방법이다.

장자(莊子)는 말하였다. 개는 잘 짖는 것만으로는 양견(良犬)이라 할 수 없으며 사람도 잘 말하는 것만으로는 지혜 있는 자라 말할 수 없다. 말은 그 많기를 힘쓰지 말고 말하려는 상대의 마음을 먼저 알아야 한다.

이윤(伊尹)은 요리인(料理人), 즉 재인(宰人)이 되고 백리해(百里奚)가 노예가 된 것은 모두 인군에게 접근하고 간구하기 위함이었다. 이 두 사람은 성인의 슬기를 가진 성지자(聖智者)였다. 그러나 그때의 사정이 이윤은 천한 재인이 되지 않고서는 탕왕(湯王)에게 가까이 갈 수 없었으며 백리해는 낮은 노예가 되어 팔려 와서 진목공(秦穆公)을 보게 된 것이다. 지금 내가 말하는 것이 재인이 되고 비천한 노예가 될지라도 인군에게 청용(聽用)되어 나라를 돕고 사람을 구원하게만 된다면 이는 능사(能士)로서 조금도 부끄러울 것이 없는 일이다. 벌써 날도 가고 달도 지나 구원(久遠)한 시간에 군신 간의 교제도 깊었다. 어수상수(魚水相須), 매염상화(梅塩相和)로 군신 간 상호의 화합과 조화는 지극히 아름답게 될 것이다. 이렇게 되면 무슨 말인들 못하며 무슨 일인들 행치 못하겠는가. 깊은 계책에 의심이 없고 직간(直諫)에도 죄가 없다. 이해(利害)를 현명하게 판단하여 공을 이룩하고 시비를 직지(直指)하여 몸을 빛나게 한다. 이와 같이 되면 성공인 것이다.

옛적에 정무공(鄭武公)이 장차 호국(胡國)을 치려 할 때 먼저 사랑하는 공주를 호국인군에게 주어 그 마음을 샀다. 어느 날 무공은 조정군신을 모아놓고 말하기를 짐(朕)은 장차 군사(軍事)를 일으켜 국토를 넓히려고 생각하는바, 어느 나라에 손을 대는 것이 마땅할까 경들은 좋은 의견을 말해보라 하였다. 이 말에 대부관기사(大夫關其思)는 일어나서 말하기를 호국을 치는 것이 마땅할 줄 안다 하였다. 이 말을 들은 무공이 크게 노하여 호국은 우리나라와는 인척관계를 갖고 서로 돕기를 굳게 맹세한 형제국이며 우방이다. 너는 우방의 친선을 방해하려는 자로 그 불충한 죄를 용서할 수 없다 하고 혹형에 처하였다. 호군은 이 말을 듣고 정국에 대한 방비와 경계를 소홀히 한바 정국에게 망하고 말았다.

송(宋)에 큰 부자가 있었다. 오랜 장마에 담장이 무너졌다. 그 집 아들이 무너진 담장을 빨리 고치지 않으면 도둑이 들 염려가 있다고 하였다. 또 그 이웃에 사는 노인도 똑같은 말로 충고하였다. 그런데 그날 밤 도둑이 들어서 많은 재물을 도둑맞았다. 식구들은 담장을 고치자고 말한 그 아들이 매우 슬기롭다고 칭찬하고 이웃집 노인이 그날 밤 침입한 도둑이 아닌가하고 의심하였다. 이와 같이 관기사나 이웃집 노인 두 사람의 말은 다 맞았지만 그들은 심하게는 목이 잘리고 가볍게는 도둑의 혐의를 받게 되었다. 그 이유는 어디에 있는가? 관기사나 이웃 노인은 지혜를 냈지만 지혜를 내기가 어려운 것이 아니고 지혜를 어떤 곳에 써야 하는지 잘 몰랐던 것이다. 쓰는 곳은 알기가 어렵다는 것이다.

옛날 요조(繞朝)의 말이 맞았다. 그때 진(晋)은 계략을 써서 진(秦)에 가 있는 사회(士會)를 진(秦)으로부터 유인하여 본국으로 돌아오게 하였다. 진대부요조(秦大夫繞朝)는 그 계책을 알고 사회를 돌려보내지 말자고 하였다. 그러나 그 말은 받아들여지지 못하고 사회는 돌아가게 되었다. 사회가 떠나는 날에 요조는 사회에게 채찍을 선사하면서 말하기를 그대는 진(秦)에 사람이 없다고 말하지 말라. 오직 나의 계책이 받아들여지지 못하여 그대가 돌아가게 된 것이라고 하였다. 그런데 요조의 이 말은 진(晋)에서는 참으로 성인의 슬기를 가진 자라고 칭찬을 받았으나 진(秦)에서는 그것 때문에 사형을 당했다. 그 이유는 또한 어디에 있는가? 요조도 알기는 알았지만 말할 장소와 시의(時宜)가 과연 적합했던가를 몰랐던 것이다.

옛적에 위령공(衛靈公)을 모시고 있던 미자하(彌子瑕)는 인군에게 총애를 받고 있었다. 어느 날 미자하는 자기 어머니가 급한 병이라는 기별을 궁중에서 받았다. 때마침 야밤중으로 인군에게 미처 알리지 못하고 인군이 사용하는 수레를 타고 군명(君命)이라 속이고 문을 열고 집으로 갔다. 그런데 위나라 법에 허락 없이 인군의 수레를 사용한 자는 그 죄가 월(刖)이라 하여 발을 끊게 되었다. 다음 날 위령공은 미자하가 인군의 수레를 타고 어머니 병을 찾아갔다는 소문을 듣고 칭찬하여 말하기를 "참으로 미자하는 기특하고 얼마나 효성이 지극했으면 월죄를 범하면서 인군의 수레를 사용했을까" 하였다.

또 어느 날 위령공은 미자하와 함께 과원으로 올라갔다. 미자하는 복숭아를 한 개 따서 먹다가 그 절반을 위령공의 입에 넣어주었다. 위령공은 기뻐 칭찬하면서 "얼마나 나를 사랑하고 있으면 제 입에 넣었던 복숭아까지 나를 먹여주었겠느냐" 하였다. 그 뒤 미자하는 나이가 들어 인군의 총애가 멀어져갔다. 어느 날 인군이 미자하에게 죄를 주어 문초했다. 그리고 미자하에게 말하기를 "너는 무엄하게도 나의 허락도 없이 군명이라 속이고 군의 수레를 사용했으며 또 먹다 남은 복숭아를 내 입에 넣어주었다. 이는 인군을 기만한 것이며 인군을 우롱한 것이니 그 죄로 마땅히 죽어야 된다" 하며 사형에 치하였다.

　여기서 생각할 문제는 사랑을 받으면 모든 것이 슬기롭고 아름답게 보여서 친해지며, 미움을 받으면 슬기로움도 미련하게 보이며 아름다움도 추물로 여겨져 멀어진다. 미자하의 행실이 처음이나 지금이나 인군에 대하여 달라진 것은 아니나 전날에는 착하다고 칭찬받은 일이 오늘에는 죽을죄로 된 것은 명공(名公)이 미자하에 대한 애증의 감정이 달라진 것뿐이다. 그러므로 인군에 대하여 충간하고 유세하고 담론하는 사람은 인군이 지니고 있는 애증감정이 어떤가를 잘 살피지 않으면 안 된다.

　대체 용(龍)이란 짐승은 유순한 때는 사람들이 길들여서 타고 다닐 수 있다. 그런데 용의 목구멍 밑에 직경이 한 자나 되는 역린(逆鱗)이라 하여 거슬리는 비늘이 있다. 만일 그 비늘에 걸리는 날에는 용서 없다. 인군에게는 또한 역린이 있다. 만일 사람이 이 역린에 걸리지 않는다면 그 사람은 거의 유세의 도를 체득한 자라고 말할 수 있다.

　마사(馬史)에 말하기를 첫째, 촉인비밀(觸人秘密, 남의 비밀을 건드린다), 둘째, 훼인명예(毁人名譽, 남의 명예를 헐뜯는다)이며 이 두 가지가 가장 세난(說難)이 된다고 하였다.

제3편 주도(主道)

인군이 신하를 부리는 법, 즉 인군이 된 자는 도를 체득하여 허정무위(虛靜無爲)하면 신하는 각각 그 직에 힘을 다하고 감히 권력을 제 마음대로 처단하여 인군을 옹폐(壅蔽)하지 못할 것이다. 한비가 노자의 도덕사상을 받고 있다는 것은 이 3편에서 더욱 인증할 수 있다.

도(道)는 천지간 만물의 시초이며 인륜강기(人倫綱紀)의 표준이다. 명군은 도를 닦음으로써 만물의 근원을 체득하여 기강을 다스림으로 만사의 잘잘못을 안다. 이것을 알기 위해서는 마음의 잡념이나 망상이 없이 조용한 몸가짐이 필요하다. 이것을 허정(虛靜)이라 하며, 허정한 심사로 신하를 대하면 신하들은 절로 와서 말을 할 것이며 신하는 절로 와서 일을 할 것이다. 마음을 비우면 상대자의 참과 거짓을 알 수 있으며 몸을 고요히 하면 상대자의 움직임을 알 수 있다. 이리하여 말이 있는 자는 스스로 표방할 것이며 일이 있는 자는 스스로 행하게 될 것이다. 이 언행을 참고하고 징험(徵驗)하여 나타난 그대로 상벌을 실행하면 되는 것이다.

옛사람이 말하기를 "인군은 하고 싶은 것, 즉 소욕(所欲)을 신하들에게 보이지 말라. 만일 인군이 그것을 신하에게 보이면 신하는 인군의 기욕(嗜慾)에 투합(投合)시키려고 다듬어 꾸미기에 애를 쓰며 또 인군은 마음먹은 뜻을 함부로 신하에게 보이지 말라." 만일 인군이 그것을 보이면 신하는 그것을 꾸며 인군의 의향에 영합(迎合)하기 위하여 특이한 재주를 부리게 될 것이다. 그러므로 인군은 좋고 싫음을 보이지 말아야 신하들의 본심을 알 수 있으며 나의 어진 것을 감추고 슬기로운 지혜도 버려야만 신하는 스스로 조심하며 경계하여 일에 주의를 하게 될 것이다. 인군은 지혜가 있더라도 그것을 쓰려 하지 않아야 신하로 하여금 자기의 할 일을 알게 할 것이며, 인군은 현능현재(賢能賢才)가 있어도 스스로 행치 않아야 신하의 기풍을 볼 수가 있다.

또 용맹이 있어도 인군은 함부로 뽐내지 말고 군신들로 하여금 그 무용을 다하게 할 수 있다. 이리하여 인군은 자신의 지혜를 버림으로 신하의 지혜가 스스로 밝아지며 자신의 현능을 버림으로 신하는 자기의 공에 더욱 일하게 되며 인군은 용맹을 버림으로 신하들은 스스로 강해지기에 힘쓸 것이다. 이리하여 군신들은 모두 그 자리에 충성하며 백관은 항상 정해진 일에 더욱 힘쓰게 된다. 이것은 사람을 적재적소로 쓰는 인군의 술법인 것이다. 이것은 사람을 부리되 하등의 무리나 고통이 없이 그 일터를 안심하고 지킬 수 있도록 하는 것으로 습상(習常)이라고 하며 칠술(七術)이 있어서 귀중한 절차인 것이다.

인군은 항상 고요해서 빈 것같이 조용해 신하들은 있는 곳을 파악 못 한다. 이와 같이 명군은 허정한 도법으로 위에서 아무것도 하지 않는 것같이 하고 있지만 신하들은 아래에서 조심하고 두려워하게 된다. 이와 같이 하여 명군은 지혜자의 지혜를 인군의 지혜로 하여 만기를 처리 결정함으로 인군의 지혜에는 항상 궁색함이 없으며 유능한 인재를 뽑아서 일을 시킴으로 인군의 유능에는 궁색함이 없다. 따라서 신하가 공을 세우면 인군은 인재를 선택했다는 칭찬을 얻을 것이며 만일 그 신하에게 어떤 잘못이 있으면 책임은 신하가 지고 죄를 묻게 될 것이다. 이리하여 인군의 이름에도 아무런 궁색이 없게 된다. 이리하여 인군이 그다지 현능하지 못해도 오히려 현능자의 사표가 될 수 있으며 그리 지혜롭지 못해도 오히려 지혜자의 선구가 될 수 있다. 말하자면 사람을 잘 쓰면 수고는 신하에게 있고 성공은 인군이 차지한다. 이것을 이르되 현군의 상법(常法)이라고 한다.

모든 사람으로 하여금 보지 못하게 하는데 귀하고, 도의 작용은 반드시 신하들로 하여금 모르게 하는데 값어치가 있다. 인군은 신하를 부릴 때에 허정의 본체와 작용을 몸에 지니고 고요한 어둠 속에서 밝은 자의 흠집을 보는 것이다. 이것은 비록 내가 어둠 속에 내 몸을 감추고 있지만 밝은 곳에 있는 자들의 흠집을 잡아내는 허정의 도술인 것이다. 이러한 허정의 도술을 인군이 잃게 되면 도리어 신하가 인군의 흠집을 어둠 속에서 보게 될 것이다. 그리하여 그 흠집을 보고도 못 본 체하며 알고도 모르는 체하면서 듣고도 못 들은 체하면서 신하들이 전날에 한 말을 증거로 잡고 신하에 대해서 마음이 흔들리지 않으며 변경되지 않고 말의 전후와 일의 시말을 잘 살피는 것이다. 이렇게 어둠 속에서 밝은 곳에 있는 자들의 일동일정을 보고 듣기 위해서는 관마다 나의 심복을 한 사람씩 심어두는 것이다.

이렇게 함으로써 사람들은 사악한 일을 꾀하여 서로 교통하지 못하게 되고 신하의 동태는 인군의 가슴속에 감추어 있게 될 것이다. 이리하여 인군은 빨리 그 자취를 가리고 그 심정을 감추게 되면 신하들은 능히 인군의 속을 탐지하지 못하게 되며 인군은 그 지혜를 버리고 현능을 끊는다면 신하는 감히 추측을 못 하게 될 것이다. 이렇게 하여 이왕에 얻은 신하에 대한 지식을 참고로 하고 상벌의 칼자루를 꽉 잡고 신하들의 불순한 소망을 끊고 불온한 생각을 싹트기 전에 파헤친다면 신하들은 감히 인군의 지위를 탐내지 못하게 될 것이다. 그러나 인군이 그 문을 굳게 닫지 못하고 바라지를 잘 단속하지 않으면 범이 집안으로 뛰어 들어오게 된다. 그 문 그 바라지는 귀와 눈을 말하는 것이며 그 범은 인군의 뒤를 밟으면서 기회를 보아 잡아먹으려고 하는 권신을 말하는 것이다. 그리고 인군의 옆에는 쥐가 있다. 인군이 일을 잘못 처리하거나 속의 실정을 가리지 못하면 쥐는 인군의 태도와 인군의 주위를 살펴서 하나하나 범에게 연락한다. 간신의 무리들은 쥐도둑이 되어 인군의 곁을 지키고 있는 것이다.

범이 인군을 죽이고 그 자리를 대신하면 사람이 무서워 거기에 가담하지 않을 수 없게 된다. 간신은 인군의 옆에서 인군이 틀리는 것에 기뻐하므로 이를 적이라고 한다.

인군은 그 도당을 쳐서 흩어버리고 도당에 가담하지 않은 사람들을 수용하고 간신들의 공격의 목표로 되어 있는 문, 즉 인군의 귀와 눈을 굳게 닫고 권신을 도와주는 간신의 힘을 빼앗으면 나라 안에는 범이 없어진다. 즉, 뒤를 쫓는 범도 잡아먹을 기회를 단념하고 자기가 갈 곳을 가거나 그렇지 않으면 인군을 따라오게 됨으로 나라 안에 범은 없어지고 만다. 인군의 도량은 커서 짐작할 수 없고 인군의 심사는 깊어서 측량할 수 없다. 형명(刑名)에 상당한가를 따지고 법식에 틀림없는가를 살펴 되지 않은 군자들을 제거하면 나라 안에 도적은 꼬리를 감추게 될 것이다.

이러한 범의 불순한 생각과 쥐의 간사한 소행을 막을 수 있는 예비조치는 무엇인가? 틈을 주는데 다섯의 막힌 곳이 있다. 이것을 오옹(五壅)이라 한다. 신하가 인군의 마음을 막아 민정(民情)을 통하지 못하게 하는 것을 옹이라 하고, 신하가 재리(財利)를 지배하여 사은(私恩)을 파는 것을 옹이라 하고, 신하가 명령을 제멋대로 함을 옹이라 하고, 신하가 사명(私名)으로 공의(公義)를 행하여 명분을 얻음을 옹이라 하고, 신하가 사람을 심어 세력을 확장하여 인군이 고립무원(孤立無援)하게 됨을 옹이라 한다. 신하가 인군을 닫으면 인군은 권위를 잃게 되며 신하가 재리를 지배하면 인군은 덕을 잃게 되며, 신하가 명령을 제멋대로 하면 인군은 통제력을 잃게 되며 신하가 의(義)를 행하여 명분을 갖게 되면 인군은 이름을 잃게 되고, 신하가 자기 사람을 심어 세력을 키우면 인군은 고립해질 것이다. 이 다섯은 마땅히 인군의 대권으로 신하에게 양도할 수 없는 절대 권력인 것이다.

인군의 도는 마음의 잡념이나 망상이 없는 평정 상태인 허정으로서 중보(重寶)로 삼는다. 인군 스스로 일을 잡지 않고서 신하에게 시키면 신하의 솜씨가 있는지 서툰지를 알 수 있으며 인군 스스로 계획하지 않고 신하를 시킨다면 일의 화복(禍福)을 알 수 있다. 이는 말하지 않아도 잘 응하며 약속이 없이도 잘 모이는 것이 된다. 말이 일과 일치하면 상을 주고, 일치하지 않으면 벌을 준다. 이와 같이 명실(名實)이 합치는 곳에 반드시 상예(賞譽)가 소생하게 된다. 그러므로 군신들이 말로 표시하면 인군은 그 말에 응하여 일을 주고 일에서 그 공죄를 따지게 된다. 공이 그 일에 상당하거나 일이 그 말에 상당하면 상이 내리고 공이 그 일에 상당하지 않거나 일이 그 말에 상당하지 않으면 벌이 내리는 것이다. 명군의 도는 신하가 말을 하여 맞지 않는 것이 없다. 그러므로 명군이 상을 내리면 그 은혜로움이 대한(大旱)에 단비가 내리는 것 같아서 백성들은 그 은택에 젖게 되며 명군이 벌을 내리면 무섭기가 천둥번개와 같아서 아무리 신성한 자일지라도 능히 풀지 못하는 것이다.

명군에게는 한때를 기쁘게 하기 위하여 일시적인 방편으로 구차한 상을 내리거나 섣불리 죄를 용서해주지 않는다. 구차한 상에는 공신도 그 일을 게을리하게 되며 섣부른 용서를 하면 간신은 감히 비행을 하게 된다. 그러므로 진실로 공이 있으면 비록 천한 자일지라도 반드시 상이 있을 것이며 진실로 잘못이 있다면 비록 가깝고 사랑하는 자일지라도 반드시 벌이 있을 것이다. 가깝고 사랑하는 자일지라도 죄가 있으면 반드시 벌이 가해져 교만하지 못할 것이며, 멀고 천한 자도 법을 게을리하지 않을 것이다. 그리고 가깝고 사랑하는 자도 교만하지 않을 것이다. 이것이 인치주의(人治主義)의 가장 중요한 요도(要道)이다.

제4편 정법(定法)

신불해(한나라 재상)의 술(術)과 공손앙(진나라 재상)의 법에 대해서 이해 득실을 계교(計較)하고 각기 장점을 취함으로써 자가법술(自家法術)의 본뜻을 밝힌다.

어떤 사람이 묻기를 한(韓)의 신불해(申不害)와 진(秦)의 공손앙(公孫鞅) 이 두 사람이 각기 내세운 주의주장을 들건대 한 사람은 그 술(術)을 주장하고 한 사람은 그 법(法)을 말한 바 어느 것이 현하시국에 가장 적합하다고 보는가? 이 물음에 대답하는 자가 있어 말하기를 이 두 사람이 제창하는 학설에 대하여 좋다거나 나쁘다거나 그 우열을 간단히 평하기는 매우 어렵다. 왜냐하면 사람은 누구든 넉넉히 열흘쯤 먹지 못하고 마시지 않으면 굶어 죽을 것이며 얼어붙는 설한풍에 옷을 몸에 걸치지 못하면 또한 추위에 얼어 죽을 것이다. 이러한 경우에 입는 것과 먹는 것 이 두 가지 중에 어느 것이 그 사람에게 긴급한 것이 되느냐고 묻는다면 양자 간에는 그 선후와 경중을 따질 수 없게 될 것이다. 왜냐하면 먹는 것과 입는 것 이 두 가지는 그 사람의 생명체를 이어가는 데 어느 것 하나 없어서는 안 되기 때문이다. 지금 신불해는 그 재주를 논의하고 공손앙은 그 법을 말하는바 그것이 대체 무엇인가를 생각해본다면 술은 인군이 신하를 부리기를 그 실력을 따져 일을 주며 말과 실천이 어떤가를 채근할 때 생살지권(生殺之權), 무거운 자루를 잡고 신하들로 하여금 제각기 가진바 능력과 충심을 나에게 쏟게 하는 재주인바 이는 인군으로 갖추어야 할 귀중한 도구인 것이다. 또 법은 그 존엄함을 관부(官府)에 밝히고 상은 법을 지키는 자에게 벌은 명령을 어기는 자에게 틀림없이 주어진다는 신상필벌의 정신을 백성으로 하여금 갖게 하는 것으로 이는 신하들의 사범(師範)이 되는 것이다. 만일 인군으로서 술이 없다면 그 총명(聰明)이 위에서 가려지며 신하로서 법을 모른다면 시정(市井)의 질서를 어지럽게 할 것이다. 그러니 이 또한 어느 것이나 없어서는 안 될 제왕(帝王)의 기구(器具)인 것이다. 이 말을 들은 묻는 자는 다시 말하기를 한갓 술만으로 법이 없다거나 또는 법만으로 술이 없다면 불가하다고 하니 그 이유를 말해보라.

대답하는 자가 이 질문을 받고 하는 말이 신불해는 그때 한나라 임금인 소후(昭侯)를 보좌(輔佐)하였다. 원래 한이란 나라는 진(晋)에서 갈라진 독립된 국가였다. 진의 구법이 아직 남아 있는데 한의 새로운 법령이 발포되며 선군(先君)의 금령이 아직 철회되지 않았는데 새 인군의 법령이 포고되는 실로 어수선한 과도기적인 상태였다. 이때 신불해는 그 법을 단행하지 못하고 그 법령을 한결같이 못한 데서 법을 어기는 무리들이 많이 생기게 되었던 것이다. 백관들은 그 이익이 구법(旧法)과 전령(前令)이 보장해줄 때는 그것을 강조하고 이와는 반대로 그 이익이 신법(新法)과 후령(後令)이 보장해줄 때는 이것에 의탁하였다. 이와 같이 신구가 상반되거나 전후가 또한 혼란하여 신불해는 끊임없이 소후로 하여금 술을 부리게 하였으나 간악한 무리들은 꾀대로 그 말을 꾸며 법을 그들 형편대로 해석하게 되었던 것이다. 이러한 악조건에서 신불해는 그 몸을 비록 만승대국이란 강한 한(韓)나라에 부탁하고 재상으로 십칠 년간 있었으나 그 임금 소후로 하여금 패왕의 지위에까지 이끌어 올리지 못한 것은 그 술은 위에 잘 잡혀 있었지만 그 법이 아래에 갖춰져 잘 행해지지 못한 데 그 잘못이 있었던 것이다.

공손앙은 법으로 진을 다스리고 국민을 조직하여 다섯 세대를 한 반으로 하는 오가일반(五家一班) 또는 열반을 한통으로 하는 십가일통(十家一統)의 통반제를 실시하여 그 반 그 통에 죄를 범한 자가 있을 때 다른 반 다른 통에 있는 사람으로 하여금 이를 고발케 한다. 고발을 받은 그 반 그 통에 있는 자들은 공동책임의 동일범행으로 벌을 받게 한다. 이것은 고발연좌(告發連坐)의 법으로 통반제의 국민 조직이었던 것이다. 좀 가혹한 듯하였으나 공손앙은 법의 수호를 위해 잘한 자에게는 아낌없이 상을 많이 주고 잘못한 자에 대해 용서 없이 반드시 벌을 주었다. 엄격한 법치에 생활하는 백성들은 아무리 고되어도 상을 바라고 노동에 매진했으며 아무리 위태로워도 공을 세우려고 싸움에서 물러설 줄을 몰랐다. 그 결과 진효공(秦孝公) 당년에는 참으로 나라는 부강해졌던 것이다.

그러나 술로써 사람들의 간악함을 미리 알지 못한 데서 그 부강한 자력은 인군의 소유로 되지 못하고 도리어 권신들이 그 권력을 잡는 데 자본이 되고 만 것이다. 그 뒤 효공도 가고 상군도 죽고 혜공(惠公)이 왕위에 올랐다. 공손앙이 만들어놓은 진나라 법은 폐기되었거나 풀린 것은 아니었지만 공허한 입으로 천하에 판을 치는 장의(張儀)의 무리들이 진나라의 부강한 세력을 등에 업고 그때의 한·위(韓·魏) 두 나라를 자신들의 세력권으로 경영했으며 혜왕이 죽고 무왕(武王)이 왕위에 오르자 지략과 무공으로 군벌의 세를 잡은 감무(甘茂)는 또한 진국부강을 발판으로 천자국인 주(周)를 다스렸으며 무왕이 죽고 소양왕이 왕위에 오르자 권신 양후[穰侯, 名은 위염(魏冉)]는 한·위를 거쳐 동쪽으로 제(齊)를 공격하여 5년이라는 긴 병역(兵役)을 치렀지만 나라에는 척촌(尺寸)의 땅도 보태지지 않고 도리어 양후의 사봉(私封)인 도읍(陶邑)이란 땅에 국력으로 성을 쌓는 공사만이 일어났다. 또 권신 응후[應侯, 名은 범수(范雎)]는 한을 공격하여 8년 만에 역시 자신의 사봉인 여남(汝南)에 성을 쌓아 많은 국고를 소모시킬 뿐이었다.

그 뒤 진나라에 쓰이는 자들은 거개가 양후와 응후의 부류로 국력을 다하여 싸워서 이기면 대신만이 높아지고 땅이 늘면 사봉만이 불어 국가 자체에는 아무런 보탬이 없이 된 것은 인군으로서 간사한 무리들을 적발할 만한 술이 없었기 때문이었다. 상군(商君), 즉 공손앙은 애써 법을 정비하였으나 신하들은 도리어 자력을 이용하여 사복을 채웠다. 그러므로 상군은 부강한 진나라의 자본을 갖고도 제왕의 업을 이루지 못한 것은 그 법뿐이고 술이 인군에게 잡히지 못한 데 그 실패의 원인이 있었던 것이다. 이 말에 묻는 자가 또 말하기를 "그렇다면 인군은 신불해의 술을 잡고 인신(人臣)은 공손앙의 법을 행한다면 족할 것인가?" 대답하는 자가 이에 말하길 "신자(申子)는 아직도 그 술을 다하지 못했으며 상군 역시 그 법을 다했다고 할 수 없다." 그때 신자가 말하길 "일을 하되 관직을 넘지 말 것이며 잘못을 알아도 말하지 말라" 하였다. 관직을 타고 넘지 말라는 것은 이른바 자기 직분만을 충실히 지키라는 것으로 매우 좋았다. 그러나 알아도 말하지 말라는 것은 큰 잘못이라고 하지 않을 수 없다. 대체 인군은 일국(一國)의 눈으로 보고 일국의 귀로 듣는다. 그러므로 보는 것이 이보다 더 잘 볼 수 없으며 듣는 것이 이보다 더 잘 들을 수 없는 것이다. 그런데 지금 인신이 된 자는 알더라도 말하지 않는 다면 인군이 된 자는 어디서 이목(耳目)의 힘을 얻어 간교와 사곡(邪曲)을 막는 데 보고 들을 수 있겠는가.

또 상군의 법에서 적과 싸워 일급(一級)의 머리를 벤 자에겐 벼슬도 일급을 내려줄 것이며 이급의 머리를 벤 자에겐 벼슬도 이급을 내려준다. 또한 관리가 되기를 원한다면 녹(祿) 오십 석 또는 백 석의 관리로 임명할 것이라 하였다. 그렇다면 관작(官爵)의 승진이나 관직의 수여는 오직 머리를 베어 얻은 무공에 있을 뿐이고 그자의 재능에 따른 것은 아니다. 만일 법으로 적의 머리를 벤 자에게 그 상으로 의사(醫師)의 직을 주며 기사(技師)로 한다고 하면 병든 자는 낫지 않고 집들은 세워지지 않을 것이다. 왜냐하면 기사는 기술을 직업으로 삼을 것이며 의사는 침약(針藥)으로 행사할 것이기 때문이다. 그런데 참수(斬首)의 공으로 기사도 되고 의사도 될 수 있다면 이 어찌 그 사람의 재능과 기술에 적당하다고 할 수 있겠는가. 마찬가지로 논법으로 관직을 다스림은 그 사람의 지능이 말하는 것이고 머리를 벰은 그 사람의 용력을 표시하는 것이다. 이와 같이 용기가 있다고 하여 머리를 쓰는 지능의 관직을 준다면 이는 머리를 벤 공으로 의사나 기술의 직을 주는 것과 같이 부당한 조치라 할 것이다. 그러므로 신불해와 공손앙의 술과 법에는 어느 것이나 아직 그 참과 선을 다했다고 말할 수 없다.

제5편 난세(難勢)

신자(愼子)가 다만 세(勢)만을 말하는 것을 힐난하여 세위현재(勢位賢才)는 믿고서 정치를 할 수 없고 믿을 것은 법치에 있음을 논한다.

조(趙)나라의 형명학도신도(形名學徒愼倒)가 말하되 비룡(飛龍)은 구름을 타고 등사(螣蛇)는 안개에 논다. 그러나 구름이 흩어지고 안개가 개면 지금까지 기세를 날리든 그 비룡 등사도 맥을 못 추고 보잘것없는 인의(蚓蟻), 즉 지렁이나 개미에게 놀림을 당한다. 이는 운무(雲霧)의 세를 잃었기 때문이다.

현명하고 슬기로운 현지자(賢知者)일지라도 때로는 못난 자에게 지배를 받게 된다. 이는 무거운 권세와 높은 지위를 얻지 못하고 있기 때문이다. 이와 반대로 못난 자도 현지자를 지배할 수 있는 것은 그자가 잘라서 그렇다기보다 지니고 있는 무거운 권세와 지위가 높기 때문이다. 요·순(堯·舜)은 성군이다. 그러나 그때 보잘것없는 필부의 한 사람으로 있었다면 겨우 한 촌락의 마음 좋은 늙은이로 평생은 흐려지고 말았을 것이다. 하왕걸(夏王桀)과 은왕주(殷王紂)는 폭군이다. 그러나 천자의 자리에 있었기 때문에 능히 천하를 소란케 한 것이다. 이러한 사실로 보아 나는 서슴지 않고 권세와 지위를 능히 자랑하고 현지(賢智)는 감히 내세울 수 없다. 보라. 쇠뇌[노궁(弩弓)]라는 활은 당기기만 해도 그 화살은 바람을 헤치고 하늘 높이 오른다. 이는 그 속에 장치된 교묘한 탄기(彈機)에 힘을 얻었기 때문이다. 비록 불초한 자일지라도 그 호령이 천하에 잘 행해지는 것은 그 도움을 권세에 얻고 있기 때문이다. 요·순도 그때에 지위가 낮고 권세가 크지 못해 하찮은 예속(隸屬)에게 명령할 정도였다면 백성들은 그리 대단치 않게 여겼을 것이나 남면(南面)하여 권세의 보좌(寶座)인 왕의 자리에 앉게 되어 명령하면 행해지고 금하면 그치어서 천하를 잘 다스렸던 것이다. 슬기로운 지혜만으로는 대중을 쉽사리 복종시킬 수 없으나 권세가 있으면 능히 현자도 굴종시킬 수 있다.

이와 같이 슬기로운 지혜보다 권세가 우선한다는 신도의 주장에 세를 반박하는 사람이 있어 말하기를 비룡은 구름을 타고 등사는 안개에 논다. 나도 비룡등사가 운무의 세를 타지 않는다고는 말하지 않는다. 그러나 신자(愼子)가 말하듯이 지를 버리고 전적으로 권세에 의존하면 능히 천하는 잘 다스려지리라 생각되는가? 나는 그렇게 보지 않는다. 운무의 세가 있어 이것을 탈 수 있으며 여기에 놀 수 있다는 것은 그만큼 비룡등사의 재질(材質)이 아름답기 때문이다. 아무리 구름이 뭉게뭉게 일더라도 지렁이는 능히 타지 못하며 아무리 안개가 자욱이 흘러도 개미는 능히 놀지 못할 것이다. 이는 지렁이나 개미의 재질이 너무나 약하기 때문이다. 걸·주가 남면하여 천하에 왕이 돼 주어진 권세와 지위는 비룡등사의 운무의 세에 비할 바가 아니었지만 천하는 크게 어지러웠다. 결국 걸·주는 탕무(湯武)에 쫓겨나고 말았다. 이는 걸·주의 재질이 너무 허약했기 때문이었다. 그때 그 나라 그 사람이 요·순에게 주어졌다면 천하는 크게 다스려졌을 것이다. 그렇다면 요·순은 세를 얻어 천하를 다스리고 걸·주는 세를 얻어 어지럽힌다. 그러나 그 세에 있어서 요·순의 것이나 걸·주의 것이나 다를 리가 없다. 그리고 세라는 것은 현자만이 쓰고 불초자는 쓸 수 없는 것도 아니다. 다만 현자가 쓰면 천하는 다스려지고 불초자가 쓰면 어지러워질 뿐이다.

이처럼 세는 치(治)에도 도움이 될 수 있고 난(亂)에도 편리할 것이다. 여기서 생각하지 않을 수 없는 가장 중요한 문제는 인간이 지니고 있는 타고난 천부성정(天賦性情)에서 보아 어느 시대 어느 국가할 것 없이 현자가 적고 불초한 자는 많다는 점이다. 그렇다면 이 위세(威勢)의 이기(利器)를 난세의 불초인으로 하여금 쓰게 한다면 이것으로 천하를 어지럽게 하는 자는 많고 이것으로 천하를 다스리는 자는 적을 것이다. 대체 권세란 치국에 편리하고 나라가 혼란할 때에는 이로운 것이다. 그러므로 『주서(周書)』에서 말하기를 "범을 위하여 날개를 붙이지 말라. 만일 범에게 날개를 붙이면 고을에 범이 날아들어 사람을 골라 잡아먹게 될 것이다"라고 하였다. 이 말은 불초한 자에게 권세를 준다는 것은 마치 범에게 날개를 붙이는 것이다. 걸·주는 고대(高臺)와 심지(深池)를 만들어 민력(民力)을 고갈시키고 포락(炮烙)의 형(刑)을 설정하여 민성(民性)을 손상시켰다. 걸·주가 이런 짓을 할 수 있게 된 것은 천자의 위엄과 권력이 걸·주에게 주어진 범의 날개로 되었던 것이다. 그때 걸·주는 보잘것없는 하나의 필부로 있었다면 감히 이러한 행동을 하기에 앞서 무서운 형벌로 천참육시(千斬戮屍)를 면치 못하였을 것이다.

그러므로 권세라는 것은 사람에게 호랑이나 이리의 마음을 길러난폭한 짓을 저지르게 할 뿐이다. 과연 천하의 근심은 될지언정 치란(治亂)에 어떠한 힘이나 분위(分位)가 있다고 볼 수 없다. 그런데 신자(慎子)는 권세만을 가지면 족히 천하도 다스릴 수 있다고 주장하니그 지혜나 견해가 매우 천박하다고 하지 않을 수 없다. 여기 천리마에 화사하고 튼튼한 수레를 메였다 하여도 이것을 부릴 줄 모르는 종이나 마당쇠 장확(臧穫)에게 맡기면 말은 가지 않고 수레는 전복되어 사람의 웃음거리만 될 것이다. 그러나 옛날 어자(御者)로 이름난 왕량(王良)에게 맡기면 하루에 천 리 길은 무난히 돌파할 것이다. 같은 말, 같은 수레를 마당쇠는 사람을 웃기고 왕량은 천 리를 갔다. 이는 무엇을 말한 것인가? 장확과 왕량, 이 두 사람의 기술에 차이가 크기 때문이다. 지금 국가를 수레라 하고 세력을 말이라 하고 호령은 고삐로 형벌을 채찍으로 하여 이것을 요·순에게 준다면 천하는 잘 다스려질 것이며 이것을 걸·주에게 준다면 천하는 크게 어지러워질 것이다. 이 역시 요·순과 걸·주 두 양자의 인품의 차이가 크기 때문이다. 대체 말을 부려 빨리 달리고 멀리 가려고 하면서도 왕량에게 부탁하지 않는다거나 천하를 이롭게 하고 백성을 복되게 하려고 하면서도 현능한 치자(治者)에게 맡길 줄 모른다면 이는 사물에 대해서 그 유(類)를 알지 못하는 부족한 자라고 하지 않을 수 없다. 여기에서 말한 요·순은 나라와 백성을 다스리는 왕량인 것이다.

이와 같이 신도(愼到)는 권세를 앞세우고 혹객(或客)은 현능을 말하였다. 국가와 백성을 잘 다루는데 과연 권세나 그렇지 않으면 현능이야만 될 것인가? 이 두 사람의 토론을 재미있게 듣고 있던 또 한 사람이 말하되 신자는 세만을 믿을 것이라고 주장하고 객(客)은 반드시 현자여야만 된다고 하나 나는 그렇지 않다고 생각한다. 대체 세라는 것은 무엇인가? 그 이름은 하나이나 변화는 수없이 많다. 이것을 크게 둘로 나눠 말한다면 천지자연의 조화로 되는 자연의 세와 사람의 힘으로 만들어지는 인위의 세가 있다고 본다. 천지자연의 위력은 사람의 힘으로는 어찌할 수 없으므로 말하지 않거니와 여기서 말하고자 하는 것은 사람이 만들어서 얻을 수 있는 인위의 세, 즉 예의법도(禮儀法度)인 것이다. 지금 그대 객(客)이 말하기를 요·순은 세를 얻어 다스려졌고 걸·주는 세를 잡고 어지러워졌다고 하였다. 나도 그것을 부인하는 것은 아니다. 하지만 손이 말한 세는 사람이 만들어서 얻을 수 있는 세를 말한 것 같지 않다.

요·순이 나면서부터 윗자리에 있었다면 비록 열 사람의 걸·주의 작난(作難)이라도 어지럽게 할 수 없다. 왜냐하면 이미 다스려져 있기 때문이며 걸·주도 나면서부터 윗자리에 있었다면 비록 열 사람의 요·순이 돕더라도 다스리지 못할 것이다. 왜냐하면 세는 이미 어지러워져 있기 때문이다. 이는 자연적으로 된 불가항력의 세일 것이다. 세란 사람이 만들 수 있고 만들어서 잘 다룰 수 있는 것이다. 이것을 다루는 데는 반드시 현자만이 필요한 것은 아닌 것 같다. 그렇다면 그 논리의 근거가 어디 있는가? 비유를 들어 설명한다. 어떤 곳에 창(矛)과 방패(盾)를 파는 장사꾼이 있었다. 그 창을 자랑하면서 이 창은 날카롭기가 어떤 방패든지 깨뜨리지 못할 것이 없다고 하였다. 다음은 그 방패를 들고 자랑하기를 이 방패는 굳기가 어떤 창이나 철퇴도 감히 이 방패 앞에서는 어찌할 수 없을 것이라고 하였다. 청중 속에 어떤 사람이 그 장사치에게 과연 그대의 말과 같이 그 창이 그렇게 날카롭고 그 방패가 또한 그렇게 굳다면 그대의 창으로 그대의 방패를 친다거나 그대의 방패로 그대의 창을 막는다면 어찌될 것인가? 하자 그 사람은 대답이 궁해져서 어디론가 사라지고 말았다. 말하자면 깨뜨릴 수 없는 방패와 깨뜨리지 않을 수 없는 창을 동시에 내세우는 것은 모순(矛盾)인 것이다. 금할 수 없는 현(賢)과 금하지 못할 것이 없는 세(勢)는 또한 양립시킬 수 없는 모순설인 것이다. 왜냐하면 서로 용납될 수 없기 때문이다. 그리고 여기서 곰곰이 생각할 것은 요·순과 같이 지극한 성군이란 천세(千歲)에 한 번 올까 말까 한 것이다. 걸·주와 같이 지독한 악군도 천 년에 하나 있을까 말까 하다.

이렇게 희한할 성군이나 폭군을 마치 어깨를 겨누고 발꿈치를 따라 생길 듯이 말할 수 없다. 세상에 흔해빠진 것은 위로는 요·순에 미치지 못하고 아래로는 걸·주까지 갈 수 없는 그 중간의 인군이 많은 것이다. 이 중간의 인군들은 세를 잡고 법을 안고 다루면 잘 다스릴 것이고 법을 등지고 세를 버리면 또한 어지러워지는 것이다. 그런데 지금 세를 버리고 법을 등지고 요·순이 오기만을 기다린다면 이는 요·순과 같은 성군이 와야만 다스려질 것이다. 그렇다면 천세는 어지럽고 일세만은 다스려질 것이며 그와 반대로 세에 처하고 법을 안고 걸·주 오기를 기다린다면 걸·주가 와야만 비로소 어지러워질 것이니 그렇다면 천세는 다스려지고 일세만은 어지러워질 것이다. 대체 천세치일세난(千歲治一世亂)과 일세치천세난(一歲治千世亂)은 마치 천리 준마를 타고 동서로 갈라져 달리는 것과 같아서 그 상거(相距)가 아득한 것이다. 목재를 다루어 먹줄을 쳐서 곧고 굳은 것을 바로잡는 은괄법(隱栝法)을 버린다거나 척도를 세어 길고 짧음을 알 수 있는 도량(度量)의 수를 쓰지 않는다면 비록 유명한 명공 해중(奚仲)일지라도 일 년에 수레바퀴 하나도 만들기 어려울 것이다.

법을 조심하여 잘하는 자에게 상을 주고 법을 속여 죄를 지은 자에게 벌을 주지 않고 세를 버리고 등진다면 요·순이 집집마다 훈계하고 사람마다 설교해도 서너 집 대여섯 사람도 다스려지기 어려울 것이니 세는 과연 천하를 주름잡아 다스리는 데 필요한 기구임이 명백하다. 반드시 현자만을 기다린다는 것은 말이 될 수 없는 것이 또한 분명하다. 백날 뒤에 있을 생일잔치에 잘 먹으려고 지금부터 굶는다면 생일잔치 먹기 전에 굶는 자의 생명은 있지 못할 것이다. 요·순이 성군을 기다려 당세의 난민을 다스려보자는 것은 마치 백일 뒤에 오는 생일잔치를 기다리는 것과 같아서 나라는 말이 안 될 것이다. 또 객(客)의 주장에 양마고차(良馬固車)를 마당쇠로 하여금 부리게 하면 사람들의 웃음거리만 될 것이나 이름 있는 맹어자 왕량에게 준다면 하루에 천릿길도 갈 수 있다고 말하나 나는 그렇게 보지 않는다. 대체 월인(越人)들은 물에 익어 헤엄을 잘 친다는 것이다. 그러나 천리로 먼 중원에 빠진 사람을 구원하려고 월남 사람 오기만을 기다린다면 그 사람 오기 전에 중국에 빠진 사람은 이미 생명이 끊어졌을 것이다.

옛날에만 있던 왕량 오기를 기다려 오늘의 말을 부탁하려고 하는 것은 이 또한 월인으로 하여금 중국에 빠진 자를 구원하려는 것과 같다. 그럴 것 없이 일은 그때그때 있는 것을 써서 편법을 취해야 한다. 오천 리 또는 백리지리에 머물 만한 집을 설정하고 중간 정도의 마부를 부리게 한다면 빨리 갈 수 있고 멀리 가게 될 것이다. 이와 같이 가능한 방법이 있는데도 하필 없는 왕량을 기다릴 필요가 있을까? 또 생각해보라. 말은 반드시 왕량에게 부탁하지 못하면 마당쇠에게 맡겨 실패케 할 것인가? 나라를 다스리는 데 있어서도 요·순에게 부탁하지 못하면 걸·주에게 맡겨 어지럽게 할 것인가? 만일 그렇게 고집한다면 이는 음식에 맛은 단 엿이나 꿀이 아니면 쓴 나물이나 쓴 미나리만을 맛이라고 하는 것과 같다. 이러한 주장은 수다하고 말을 좋아하는 다변자(多辯者)에 불과한 것이다. 이론이 서지 않고 사리를 잃은 두 사람의 주장이니 어찌하여 도리(道理)를 토론하는 말이라고 할 수 있을까?

제6편 설림(說林) 上

이 글은 평범하면서도 진리를 말했다. 그 무성하기가 마치 숲 속과 같다 하여 설림이라 한 것이다.

    은왕 탕(湯)은 하왕 걸(桀)을 죽이고 왕위를 차지했다. 포악무도를 제거한 것은 쾌한 일이나 신하로서 인군을 죽였다는 세인들의 평판이 두려워서 탕은 꾀를 내어 자기가 거사한 것은 단순히 세상의 불행을 덜자는 것이었고 천하나 왕위에 욕심낸 것은 아니라는 것을 널리 알리기 위하여 말을 퍼뜨리되 나는 천하를 무광(務光)에게 주겠다고 하였다. 그때 무광은 청고(淸高)한 선비로서 탐욕과 권력을 다투어 아귀 싸움하는 세상이 더러워 멀리 도피하여 산속에 숨어 사는 은사(隱士)였다. 탕의 생각에는 비록 천하를 준다 해도 무광은 받지 않을 것이다. 그래도 사람의 마음을 몰라 혹시나 탕은 사람을 뒤로 보내 무광에게 세상에서 떠들기를 탕은 천하를 그대에게 준다고 하는데 그대는 그 이유를 아는가? 그것은 다름이 아니고 신하로서 인군을 죽였다는 그 악평과 천하를 욕심냈다는 그 누명을 그대에게 둘러씌우고 자기는 아닌 체하려는 속셈일세. 만일 그대가 솔직하게 받는 날에는 이 두 가지 누명을 다 받게 되는 것이니 잘 생각해서 받든지 말든지 하라 하였다. 무광이 이 말을 듣고 말하기를 이 무도한 세상에 살면서 그 흙조차 밟기가 싫은데 하물며 천하를 나에게 주려고 하다니? 나는 이런 오명을 듣고 사느니 차라리 죽는 것만 같지 못하고 죽은 뒤 나의 시체라도 이 더러운 세상에 나올까 두렵다 하고 돌을 안고 노수(盧水)에 잠기고 말았다. 그래서 탕은 부득이 천하를 받는 체를 가장하고 은왕(殷王)이 되었다.

진무왕(秦武王)이 감무(甘茂)에게 말하길 그대는 복야(僕射)라고 하는 시종무관(侍從武官)이 되겠는가? 그렇지 않으면 행(行)이라고 하는 외교관이 되겠는가? 이 둘 중에 하나를 택하라고 하였다. 감무는 친구 맹묘(孟卯)를 찾아가 어느 것을 갖는 것이 좋으냐며 의견을 물어보았다. 맹묘는 감무를 보고 그대는 복야를 달라고 하게. 그대의 장점은 외교방면이지만 시종무관으로 있으면 왕은 필요한 때 그대를 외교관계에도 쓰게 될 것이다. 그렇게 되면 그대는 복야라는 사령을 가지고 행이라는 외교관의 일도 하게 될 것이니 그것은 일인겸관(一人兼官)으로 일거양득(一擧兩得)이 될 것이라고 하였다.

자어(子圉)라고 하는 송나라 임금의 측근자가 공자(孔子)를 송태재(宋太宰)에게 안내하여 면회시켰다. 공자가 나간 뒤 자어가 들어가 태재를 보고 공자를 본 감상이 어떤가 물었더니 태재의 대답이 글쎄 무엇이라 하면 좋을까? 한마디로 표현한다면 공자를 만나고 그대를 보니 마치 용을 보고 벼룩이나 이를 보는 것 같다고 하면서 이 위인(偉人)을 왕에게도 소개하겠다고 말하였다. 태재의 말을 들은 자어는 속으로 인군이 공자를 보시면 나보다 공자를 더 존귀하게 여길까 두려워 태재를 보고 말하기를 인군께서도 공자를 보신 뒤에는 반드시 당신도 벼룩이나 이와 같이 보실는지 모르겠다고 하였다. 태재는 그 뒤 공자를 인군에게 소개하지 않았다.

위혜왕(魏惠王)이 구리회맹(九里會盟)에서 다시 주천자(周天子)를 옹립(擁立)할 것을 제안하였다. 그때 팽희(彭喜)는 자기 인군에게 위혜

왕이 제안하는 주천자 옹립에 반대하라고 하였다. 대국에는 천자를 두는 것이 좋을 것 없고 소국에서 필요할 것이다. 인군이 대국에 참여하여 반대한다면 위국이 어찌하여 소국과 함께 주천자를 세울 수 있겠는가라고 하였다.

진인(晉人)이 은초국을 치고 있었다. 사태가 급박해진 초왕은 제환공에게 구원을 청하였다. 환공은 신하 포숙(鮑叔)에게 구원 여부를 물었다. 포숙이 말하기를 "구원해주시기는 하되 시기를 잘 가려야 합니다. 지금은 시기가 너무 이르니 초도 지치지 않을 것이며 진이 지치지 않고서는 우리 제국(齊國)이 무거워질 수가 없습니다. 또 일방 초를 도와서 그 은공을 길이 느끼게 하는 것도 위급존망지추(危急存亡之秋)에 구원해주어야 하며 천하에 미명도 높아질 줄 아오"라고 하였다. 그래서 환공은 진이 지칠 때까지 좀처럼 초를 구원하지 않았다.

오자서(伍子胥)의 아버지 오사(伍奢)는 초평왕(楚平王)에게 피살되었다. 오자서가 밤에 도망하여 나올 때 관문을 지키는 후리(候吏)에게 잡히었다. 자서는 꾀를 내어 후리에게 말하기를 "초왕이 나를 잡으려고 하는 것은 나에게 무슨 큰 죄가 있어서 그런 것이 아니고 내가 보배인 구슬을 갖고 있기 때문이다. 그 구슬이 탐나서 그러는 것이다. 그런데 이번에 도망쳐 나오다가 그것을 잃어버렸다. 지금 내게는 구슬이 없다. 내가 잡혀 초왕에게 끌려 나가면 할 수 없이 구슬은 나를 잡아간 자가 삼켰다고 할 것이다. 그렇게 되면 아마 모르긴 해도 나를 잡은 자의 배는 갈라질 것이다" 하니 그자는 겁이 나서 슬그머니 자서를 놓아주었다.

경봉(慶封)이 제(齊)에서 반란을 일으킬 마음을 품고 잠시 도피하여 월(越)로 달아나려고 하자 그 친족이 말하기를 "진(晋)이 가까운데 왜 진으로 가지 않고 먼 월로 가려 하는가?" 경봉이 대답하기를 "월은 멀어서 피신에 도움이 될 줄 안다"고 하였다. 친족은 이 말에 "반심(叛心)의 의지가 없다면 진나라도 좋고 반심이 변치 않는다면 비록 먼 월에 가 있더라도 어찌 안심을 얻을 수 있겠는가?" 하였다.

지백(智伯)이 땅을 위선자(魏宣子)에게 요구해왔다. 위선자가 주지 않으려고 하자 신하 임장(任章)은 주는 것이 후일을 위해 좋을 것이라 하였다. 위선자는 턱없이 땅을 달라고 하니 어찌 응할 수 있냐고 하였다. 임장이 다시 "까닭 없이 땅을 달라고 하니 이웃나라에서는 반드시 두려워할 것이며, 지백이 간 곳마다 거듭 청구하게 될 것이므로 반드시 두려워할 것입니다. 군께서 주시면 지백은 반드시 교만하여 적을 경솔히 여길 것이며 반대로 이웃나라끼리는 두려워서 반드시 서로 친해질 것입니다. 서로 친한 병사들 사이에 무섭지 않은 가벼운 적의 나라로 기다리고 있다면 지백의 운명도 길지 못할 것입니다. 주서(周書)에서 말하기를 장차 파하려 하거든 먼저 도와주며 장차 취하려거든 먼저 주라 하였습니다. 인군께서 주지 않으시면 지백은 교만해질 것입니다. 그렇게 되면 인군께서는 어찌해서 천하로 지백을 도모할 수 있는 기회를 놓치고 우리나라만으로 지백의 적이 되려고 합니까?" 하자 위선자는 그렇다 하고 만호읍을 떼어주었다. 지백은 크게 기뻐하면서 같은 수법으로 땅을 또 조(趙)씨에게 요구해오자 한·위(韓·魏) 양국을 거느리고 조씨를 진양(晋陽)에 에워쌌다. 그런데 도리어 한·위 양국은 밖에서 지백을 배반하고 조는 안에서 호응하여 지백은 안팎으로 적을 받아 드디어 망하고 말았다.

진강공(秦康公)은 삼 년이란 세월과 막대한 국비를 소모하면서 축대(築臺) 토목공사를 하였다. 그래서 국민들 대부분이 매우 지쳐 있었다. 그때 초인(楚人)들은 진인(秦人)의 피곤해진 약점을 틈타 장차 군사를 일으켜 제(齊)를 치려 하였다. 그리하여 국내외 정세가 매우 소란해졌다. 진나라 왕의 신하 임망(任妄)이 강공에게 "대체 적국이 노리는 기회는 첫째, 흉년이 들어 백성이 굶주리는 때[기소병(饑召兵)], 둘째, 괴질이 돌아 백성이 불안한 때[질소병(疾召兵)], 셋째, 노역으로 백성들이 피곤한 때[노소병(勞召兵)], 넷째, 내란이 일어 백성들의 마음이 흉흉한 때[난소병(乱召兵)]이다. 이러한 때일수록 적국이 노리는 가장 좋은 기회가 됩니다. 우리 백성들은 삼 년 축대로 매우 지쳐 있습니다. 초인이 제를 친다는 것은 벌제위명(伐齊爲名)의 가세(假勢)이고 기실인즉 진의 약점을 노리고 있습니다. 방비해야 할 것입니다." 강공은 임망의 헌책을 들어 군사를 이동하여 동방국경을 지키게 하고 초인은 이 정보를 탐지한 다음 군사행동을 중지하고 걸어 제에서 돌아갔다.

제(齊)나라가 송(宋)나라에 쳐들어갔다. 송에서는 장손자(臧孫子)를 사신으로 보내 초에 구원을 청하였다. 초왕은 크게 기뻐하면서 구원해줄 것을 승낙했다. 장손자는 그 승낙이 어쩐지 개운치 않아 근심하는 빛으로 돌아갈 준비를 하자 시종인들이 말하기를 "구원을 구하여 목적을 얻고 돌아가게 되는데 당신은 어째서 도리어 근심하는 빛으로 있습니까?" 장손자가 말하기를 "송은 작고 제는 큰 나라다. 작은 송을 도와주기 위하여 큰 제나라와 틈새가 벌어질 일은 초인에게 환영될 수 없는 일이다. 그런데 초왕이 선뜻 승낙해주고 기뻐하니 그 속을 의심하지 않을 수 없다. 이는 반드시 우리 송으로 하여금 제와의 싸움에 굳히고, 제는 오랜 싸움으로 피곤해진다면 오직 초국의 실리가 될 뿐이다" 하였다. 과연 장손자가 돌아간 뒤 제인들이 송의 오성(五城)을 뽑을 동안 초의 구원병은 오지 않았다.

위무후(魏武侯)가 조(趙)나라에 중산국(中山國)을 치려고 한다며 조왕에게 가도(假道)를 청원해왔다. 조왕이었던 숙후(肅侯)는 위무후의 청원을 들어주지 않으려고 하자 신하 조각(趙刻)이 조왕에게 말하길 "위무후의 가도 소청을 들어주시는 것이 좋을 것입니다. 왜냐하면 위나라가 중산국을 쳐서 만일 이기지 못한다면 위나라는 반드시 지칠 것입니다. 위나라가 지친다는 것은 우리 조나라가 그만큼 무거워지는 것을 의미하는 것입니다. 만일 위나라가 중산국을 쳐서 이겼다고 합시다. 지리상 우리 조국을 거치지 않고서 중산국을 경영할 도리가 없습니다. 그렇다면 군사를 쓴 자는 위나라 사람이고 땅을 얻는 자는 우리 조나라입니다. 이렇게 환히 내다보이는 이익을 인군께서는 왜 거부하십니까? 다만 위인의 소청을 들어주시되 만부득이 들어주시는 양 하십시오. 위인들이 우리들의 이익계산을 눈치 채게 되면 군사를 걷어 돌아갈 우려도 없지 않습니다" 하였다.

치이자피(鴟夷子皮)는 전성자(田成子)를 섬기었다. 전성자가 죄를 지어 제(齊)에서 연(燕)으로 도망하게 되었다. 치이자피는 통행권을 등에 지고 따랐다. 망읍(望邑)이라고 하는 곳에 와서 치이자피가 전성자에게 말하기를 "당신은 고택(涸澤)에 살던 뱀들이 다른 곳으로 옮겨갈 때의 이야기를 들으신 적이 있습니까? 고택이 장차 메워져서 불가불 이사는 해야 할 터인데 이사를 하려면 큰길을 지나가야 합니다. 사람들이 수없이 오가는 큰길로 매우 위험합니다. 그래서 고택의 뱀들로부터 꾀를 냈습니다. '새끼들이 어미에게 말하기를 어미가 앞서고 새끼가 뒤따라 나간다면 보는 사람들은 반드시 우리 일행을 고택에서 다른 곳으로 옮겨 나가는 뱀들이라 하고 죽이게 될 것입니다. 그러나 서로서로 꼬리를 물고 어미 등에 업혀 나간다면 사람들은 우리를 보고 고택의 신군(神君)이 다른 곳으로 이사하는 행렬이라 하고 무서워 피할 것입니다' 하고 서로서로 꼬리를 물고 큰길에 나갔다고 합니다. 사람들은 과연 이사 가는 신군이라 다들 피해주었고 무사히 큰길을 지나갔다는 이야기가 있습니다. 지금 당신은 풍채가 늠름한 높은 귀인이라고 보지 않을 수 없습니다. 저는 얼굴이 못난 추남입니다. 그런데 당신을 나의 상전으로 모시고 간다면 사람들은 우리를 겨우 천승(千乘)의 인군으로밖에 안 보지만 당신을 나의 하인으로 통행권을 들고 나간다면 보는 사람들이 '하인도 저렇게 훌륭한 인물이거늘 못생긴 상전은 아마도 만승지경(萬乘之卿)은 될 것이다' 하고 우리를 우대해주거나 또는 무사하게 될 것입니다."

이렇게 하여 전성자는 하인으로 치이자피는 상전으로 가장하고 나가자 과연 가는 곳마다 주인은 술과 고기로 좋은 대접을 하고 의심도 받지 않고 무사하였다.

온(溫)이라고 하는 나라에 사는 사람이 통행권 없이 천자국인 주(周)나라로 들어갔다. 국경에서 검문하는 후리(候吏)는 온인을 보고 당신은 외국인이 아니냐고 하자 온인이 대답하기를 나는 외국인이 아니고 주나라 사람이라고 하였다. 후리가 그 근처 사람들에게 이 사람을 아느냐고 물었지만 한 사람도 안다고 하지 않았기에 후리는 의심이 나서 그를 억류(抑留)하였다. 주나라 인군이 이 말을 듣고 사람을 보내어 묻기를 너는 주나라 사람이 아닌 것이 분명한데 어째서 외국인이 아니고 주나라 사람이라고 하느냐? 온인이 대답하기를 나는 어려서 시전(詩傳)에서 보천지하 막비왕토 솔토지빈 막비왕신(普天之下

莫非王土 率土之濱 莫非王臣)이란 글을 읽었다. 아마 이 글의 뜻인즉 이 하늘 아래엔 어디인들 천자국의 땅 아닌 데가 없고 어디서 사는 사람이든 천자의 신민이 아닌 사람이 없다는 의미인 줄 안다. 내가 사는 온나라도 주천자국의 땅인데 내 어찌 주천자의 신이 아니고 객이 될 수 있느냐? 하였다. 주왕은 이 말을 듣고 놓아주게 하였다.

한선왕(韓宣王)이 신하 규유(樛留)에게 말하기를 "내가 이번에 공손숙(公孫叔)과 공중숙(公仲淑) 두 사람을 한꺼번에 등용하려고 하는데 그대는 어떻게 생각하는가?" 하였다. 규유는 불가함을 다음과 같이 말했다.

"진(晋)은 육경(六卿)을 모두 한 번에 기용(起用)하여 나라는 여섯으로 분할되었으며 제간공(齊簡公)은 전성(田成)과 감지(闞止) 두 사람을 동시에 기용하여 간공은 해를 당했으며 위왕(魏王)은 서수(犀首)와 장의(張儀) 두 사람을 이런 식으로 등용하여 서하(西河) 외의 영토를 잃었습니다. 지금 왕께서 공중과 공숙 두 사람을 동시에 쓰신다면 힘이 많은 자는 조정에 도당을 만들어 더욱 세력을 확대해갈 것이며 힘이 적은 자는 외국의 세력을 빌려 권세를 잡을 것입니다. 그렇게 되면 군신(群臣) 가운데 혹자는 붕당(朋黨)을 만들어 인군에게 교만할 것이며 혹자는 외교(外交)로 국토를 할여(割與)하여 왕의 나라는 위험하게 될 것입니다."

소적매(紹績昧)라고 하는 사람이 술에 취해 입었던 가죽 옷을 잃었다. 송나라 왕이 소적매를 보고 "아무리 술에 취한들 자기가 입고 있는 옷을 벗겨가도 모를 수 있나?" 하자, 소적매가 대답하여 "임금께서는 모르시는 말씀입니다. 옛날 하왕걸(夏王桀)이 술에 취해 천하까지도 잃었습니다. 그까짓 옷쯤은 문제도 되지 않습니다. 그래서

서전 강고편(康誥篇)에서 무이주(毋彝酒)라고 하였습니다. 이주(彝酒)
란 쉴 새 없이 술을 마시는 것으로, 즉 술에 빠지면 천자는 천하를
잃게 될 것이며 필부는 그 몸을 잃고 패가하게 된다고 하였습니다."

관중(管仲)과 습붕(隰朋) 두 사람이 제환공을 따라 고죽국(孤竹國)을
정벌하였다. 봄에 나갔다가 가을에 돌아올 때 길을 잃어 무인광야(無
人曠野)에서 헤매게 되었다. 그때 관중이 말하기를 이러한 경우에는
노마(老馬)의 지혜를 빌리는 것이라 하여 늙은 말을 앞세우고 그 뒤
를 따랐더니 과연 길을 찾게 되었다. 또 산속에서 음료수를 얻지 못
하여 군사들의 고통이 많았다. 그때 습붕이 말하기를 개미는 여름에
산의 북쪽에 겨울에는 산의 남쪽에 집을 만들기 때문에 개미집의 팔
척 아래에는 반드시 물이 난다 하였다. 과연 습붕의 말대로 개미집
을 찾아 물을 얻었다. 관중과 습붕 같은 성인의 지혜를 가진 스승도
자기가 모르는 것은 늙은 말과 개미의 지혜까지도 빌렸거늘 하물며
우인이야 더 말할 필요가 있겠는가? 그런데 지금 사람들은 자신의
미련함을 모르고 성지자(聖智者)의 지혜까지도 좇지 않는다. 너무나
미련하다고 하지 않을 수 없다.

불사약이라 해서 초왕(楚王)에게 바친 자가 있었다. 시종관 중사
(中射)가 그자에게 이것이 먹는 것이냐고 묻자 그자는 먹는 것이라고
대답하였다. 이 말을 듣고 중사는 서슴지 않고 먹었다. 그 뒤 왕이
이 말을 듣고 크게 노하여 중사를 죽이려 하였다. 중사는 매우 걱정
이 되어 사람을 보내어 왕에게 애원하기를 "약을 가지고 온 자에게
먹는 것이냐고 묻자 먹어도 좋다 하기에 신은 먹어보았을 뿐입니다.
만일 죄가 있다면 그자가 말을 잘못한 죄는 있을지 모르오나 신에게
는 아무런 죄도 없습니다. 그리고 불사약이라고 해서 먹은 것이 죄

가 되어서 신은 먹고 왕께서는 신을 죽이신다면 이것은 불사약이 아니고 즉사약이 될 것입니다. 무죄한 신을 죽이시고 임금께서는 어리석게도 약장사에게 속으신 것을 천하에 알리시느니 차라리 신을 용서하시고 덮어두시는 것이 좋으리라 생각됩니다"라고 하자 왕은 그 뒤 다시 중사의 죄를 묻지 않았다.

전사(田駟)라고 하는 사람이 있어 추군(鄒君)을 속인 일이 있었다. 추군이 노하여 전사를 장차 없애 버리려 하였다. 전사는 크게 겁을 먹고 친구 혜자(惠子)를 찾아보고 인군께 말해서 용서를 받아달라고 부탁하였다. 혜자가 추군을 찾아가 "어떤 사람이 임금을 배알(拜謁) 때마다 한쪽 눈을 감고 있으면 어찌하시렵니까?" 하고 묻자 추군은 "그런 자가 있다면 그것은 인군을 우롱하는 놈이니 나는 반드시 죽일 것이다" 하였다. 혜자가 "장님은 두 눈을 다 감고 있습니다. 어찌하시렵니까?" 하고 묻자 추군이 말하기를 "장님이 두 눈을 감는 것은 천성적이니 어찌할 수 없지 않느냐" 하고 대답하였다. 혜자가 또 말하기를 "그렇습니다. 장님은 천성적이므로 눈을 감았다 해서 아무런 죄 될 것이 없습니다. 마찬가지로 전사라는 자는 일찍이 동으로 제왕을 속였고 남으로 초왕을 속인 일도 있지만 전사가 사람을 속인다는 것은 하나의 두 눈 감은 장님과도 같아 타고난 성품이라고 볼 수 있습니다. 그자에게 속으셨다고 해서 새삼스럽게 생각하실 것이 없으신데 인군께서는 어찌하여 그자를 원망하십니까?" 하자 추군은 전사를 용서하고 죽이지 않았다.

노목공(魯穆公)이 귀한 가문의 어린 자제들인 공자(公子)들을 진(晋)나라와 초(楚)나라에 보내어 벼슬하게 하였다. 이것은 서로 친선을 도모했다가 만일의 경우 도움을 얻으려는 외교정책인 것이다. 신하

이서(梨鉏)가 말하기를 "물에 빠진 사람이 있다고 합시다. 월인(越人)은 물 헤엄을 잘칩니다만 빠진 사람은 살리지 못할 것입니다. 집에 불이 났습니다. 바닷물을 길어 그 불을 끄려 한다면 바닷물은 아무리 많아도 가까운 불은 구해내지 못할 것입니다. 왜냐하면 월인도 멀고 바닷물도 멀기 때문입니다. 지금 진과 초가 비록 강할지라도 거리가 멀고 제(齊)는 가까워서 노(魯)에 어떤 환난이 있더라도 진과 초의 도움을 받아 구원할 수 없다고 생각되오"라고 하였다.

엄수(嚴遂)라고 하는 사람과 주군(周君)과의 사이가 좋지 않았다. 주군이 항상 근심하고 있어 풍저(馮沮)라고 하는 사람이 주군을 위해 꾀를 내어 "엄수는 한(韓)의 정승이며, 한괴(韓傀)는 한군(韓君)에게 사랑을 받고 있습니다. 사람을 시켜 한괴를 죽이면 권세싸움으로 냉전(冷戰)을 해오던 엄수의 짓이라고 한군은 단정하고 엄수를 처단할 것입니다" 하였다.

장견(張譴)은 한(韓)나라의 재상이었다. 병상에 누워 오랫동안 출입을 못 하고 병세가 날로 위독하게 되자 공승무정(公乘無正)이라는 장견의 부하가 삼십금(三十金)을 싸가지고 문병하였다. 며칠이 지나 한군이 친히 병문안을 와서 장견에게 "경의 병이 얼른 쾌차하지 못하고 만일의 불행이라도 있게 되면 누구를 경의 후임으로 대신해야 할 것인가?" 하자, 장견은 "글쎄올시다. 주상께서 잘 아시고 정하실 줄은 압니다만 신이 참고로 한 말씀 드린다면 공승무정은 국법을 존중하고 인군을 경외합니다만 공자이아(公子食我)가 민심을 얻고 있는 데는 따라갈 수 없습니다" 하였다. 법을 중히 여기고 인군을 두려워한다면 인군은 좋아하며 민심을 얻었다면 인군은 이를 꺼리는 것이다. 장견은 자기 후임으로서 겉으로는 공자이아를 애써 추천하는 양하였지만 속으로는 공승무정을 강력히 추천한 것이다.

악양(樂羊)이 위장(魏將)이 되어 중산국을 치고 있었다. 그때 악양의 아들이 중산군에게서 벼슬을 하고 있었다. 중산군은 노하여 악양의 아들을 잡아 만둣국을 만들어 악양에게 보내면서 그대는 중산(中山)을 먹기 전에 먼저 그대의 아들을 먹어라 하였다. 악양은 그것을 받아들고 중산군의 사자(使者)가 보는 앞에서 맛있게 먹었다. 그리고 복수에 대한 굳은 결심을 보여주었다. 이 말을 들은 인군 위문후(魏文侯)는 악양의 충성과 그 결심에 크게 감동하여 도사찬(堵師贊)에게 "악양이 나를 위하여 그 아들의 고기까지도 먹었다. 참으로 믿음직한 충성이다" 하였다. 도사찬이 옆에서 이 말을 듣고 "자기 아들까지 먹을 수 있다면 장차 누구인들 못 먹으리오" 하였다. 그 뒤 악양이 중산을 정복하고 의기양양한 개선장군으로 돌아왔다. 위문후는 그 공에 대하여 상을 주면서도 한편 그 마음을 의심하였다.

일찍이 노대부(魯大夫) 맹손(孟孫)이 사냥을 나가 사슴새끼를 산 채로 잡았다. 이것을 기르려고 가신(家臣)이었던 진서파(秦西巴)에게 주어 집으로 가지고 돌아가라 하였다. 그런데 그 어미사슴이 수레 뒤를 따라오면서 애절하게 울부짖어 진서파는 차마 보지 못하여 새끼사슴을 놓아주었다. 맹손씨가 집에 와서 그 새끼사슴을 가져오라고 하였다. 진서파는 놓아준 사정을 말하고 매우 죄송하여 어쩔 줄 모르는 태도를 보였다. 맹손씨는 괘씸하게 여겨 진서파를 내쫓았다. 그 뒤 몇 달이 지나 다시 진서파를 불러 아들의 스승으로 부육(傅育)이란 중요한 임무를 맡겼다. 맹손씨의 측근들이 그것을 보고 맹손씨에 대하여 내쫓을 때는 무슨 마음이었으며 다시 부른 때는 무슨 마음인가 하고 묻자 진서파는 "사슴의 새끼까지에도 측은한 마음을 이기지 못하여 놓아준 것으로 보아 내 아들을 정말 사랑할 것"이라고 말했다. 그러므로 옛사람 말에 교사(巧詐)는 불여졸성(不如拙誠)이라 하여 간교한 재주를 부리는 것은 도리어 서툰 성실 같지 못하다고 하였다. 악양은 공이 있으면서도 도리어 의심을 샀고 진서파는 죄가 있으면서도 도리어 믿음을 받았다.

증종자(曾從子)는 도검(刀劍)을 잘 감정하는 기술이 있었다. 그런데 그때 위군(衛君)이 오군(吳君)과 서로 원수로 지내고 있었다. 그것을 안 증종자가 위군에게 말하기를 "오군은 칼을 좋아합니다. 제가 오군에게 가서 칼을 보여준다고 빙자하고 칼을 뽑을 때 그 자리에서 죽일 수 있다고 하자 위군은 그대가 그렇게까지 하겠다는 것은 어떤 의리가 있어서가 아니고 오직 이익을 위해서 그런 것이 아니냐? 오나라는 강하고 부유하며 우리 위나라는 약하고 빈곤하다. 너는 오에 가면 반드시 오왕에게 팔리어 그 수법을 나에게 쓰게 될 것이 아니냐?" 하고 내쫓았다.

주(紂)가 상아로 젓가락을 만들자 그 삼촌 기자(箕子)가 그것을 두려워했다. 하찮은 상아 젓가락의 시작은 장차 천하라도 부족할 사치가 극에 이를 것을 짐작한 기자는 두려워했다. 성인은 가늘고 작은 것을 보고 앞날의 싹을 알며 동작의 시초를 보고 종말이 어찌 될 것인가를 짐작한다. 상아 젓가락을 보고 아홉 겹의 비단옷에 아방궁 같은 집으로 천하라도 부족할 것을 두려워했던 것이다.

은왕주(殷王紂)가 매희(妹喜)라는 요희(妖姬)를 데리고 향락을 좋아하였다. 장야지연(長夜之宴)이라 하여 궁전을 암막(暗幕)으로 둘러치고 낮도 밤으로 야연과 야유를 계속하는 것이다. 오늘이 며칠인지 날수가 가는 것도 잊어버렸다. 좌우에 있는 자들에게 물어도 다들 취해 모른다는 것이다. 그래서 숙부인 기자(箕子)에게 사람을 보내어 물어보았다. 기자는 신하들에게 말하길 "천하의 인군으로 날을 잊었고 일국의 신하들로서 또한 날을 잊고 있다면 천하가 어찌 위험하지 않을 수 있겠는가. 일국이 다들 이렇게 취해 모르고 있는 이 판국에 나 홀로 깨어 있다면 내 몸 또한 위험할 것이다" 하고, 사자를 보고 "기자도 역시 취해서 세상을 모르더라"라고 일러서 돌려보냈다.

노국사람으로 남자가 신을 잘 삼고 아내는 머리에 쓰는 관을 만드는 비단에 수를 잘 놓는 기술을 갖고 있었다. 그런데 이 부부 두 사람이 월(越)나라로 이사를 가게 되었다. 그래서 친구 한 사람이 찾아와 그들 부부에게 말하기를 그대들은 앞으로 가난할 것이다. 왜냐하면 신은 발에 신는 것인데 월인은 맨발로 다니며 비단은 관을 만드는 것으로 월인은 맨머리로 출입한다. 그대들은 좋은 기술을 가지고도 그 기술이 쓸데없는 곳으로 가니 궁하지 않으려 하지만 어찌 얻을 수 있겠는가 하였다.

진진(陳軫)은 위왕(魏王)에게 잘 보였다. 혜자(惠子)가 진진에게 말하기를 그대는 무엇보다 인군의 좌우에 있는 신하들 눈에 들게 하라. 버들은 나무 중에서 잘 사는 나무다. 가로 심으나 거꾸로 심으나 끊어서 심으나 아무렇게나 심어도 잘 산다. 그러나 열 사람이 애써 심은 것을 심술궂은 한 사람이 뽑아버리면 다 말라 죽고 만다. 즉, 열 사람이란 많은 사람이 살기 쉬운 버들을 심었지만 한 사람의 방해자를 이기지 못하는 것은 무슨 까닭일까? 즉, 심기는 어렵고 뽑기는 쉽기 때문이다. 그대는 지금 인군에게 잘 심어져 있지만 그대를 뽑으려고 하는 사람도 없지 않을 것이다. 좌우에 있는 신하들에게 잘해야 한다고 말하였다.

노(魯)의 계손(季孫)이 인군을 죽이고 새로운 인군을 세웠다. 그때 오기(吳起)가 그 조정에서 벼슬을 하였다. 어떤 친구가 오기에게 말하기를 대체 죽은 자는 죽은 직후에 혈색이 좀 있지만 그 혈색은 바로 검어지며 검어진 피부는 잿빛으로 변하고 잿빛은 흙으로 된다. 그 흙으로 된 이상에는 아무런 영험도 없을 터이다. 지금 계손은 죽은 직후의 혈색이다. 곧 잿빛으로 될 것도 알 만하다. 그대는 조심하라 하자 오기는 이내 노를 떠나 진(晉)으로 갔다.

제(齊)나라의 대부(大夫) 습사미(隰析彌)가 전성자(田成子)와 함께 동산에 올랐다. 그때 습사미는 전성자와 같이 한 조정에서 벼슬을 하였다. 권신 전성자는 장차 제나라를 자기 것으로 만들자는 반역을 마음 깊이 품고 있었다. 산에 오른 전성자가 사방을 전망하면서 풍광에 찬탄할 때 다만 남쪽만은 습사미의 집 뜰의 나무에 가리어져 잘 보이지 않았다. 전성자는 말은 안 해도 속으로 그렇게 느끼고 있는 것을 습사미는 눈치 챘다. 얼마 후 그들은 헤어졌다. 집으로 내려온 습사미가 사람을 시켜 그 나무를 베라고 했다. 집종이 도끼로 찍기 시작하자 습사미가 갑자기 찍지 말라고 제지했다. 곁에 있는 사람이 습사미에게 "찍어라 하고 찍지 말라 하는데 대체 어찌 되신 일입니까?" 하자 습사미가 "옛말에 지연중지어자불상(知淵中之魚者不祥)하다고 하였다. 직역하면 깊은 물속에 있는 고기를 아는 것은 좋은 일이 될 수 없다는 말로, 즉 사람의 마음속 비밀을 아는 척하는 자는 화를 입는다는 비유적 표현이다. 지금 전성자는 속에 남이 알까 하는 무서운 생각을 품고 있다. 오늘은 나를 시험하기 위해 온지도 모른다. 마음에 품고 말하지 않은 것을 내가 알아챈 것같이 하면 나는 반드시 위험하게 될 것이다. 생각하니 이 나무를 베지 않았다고 해서 죄가 될 것은 없어도 이 나무를 벤 죄, 즉 남의 비밀을 미리 아는 척한다는 것은 그 화가 클 것"이라고 말하였다.

양주(陽朱)가 제자들과 함께 길을 떠나 어떤 여관에 들게 되었다. 여관집 주인이 두 여인을 데리고 있었는데 한 여인은 용모가 아름답고 한 여인은 박색이었다. 그런데 그 주인은 아름다운 여인보다 못난 여인을 더 사랑하고 있었다. 양주가 이상하게 여겨 그 주인에게 이유를 물었다. 주인이 말하기를 "얼굴이 좀 빤빤한 여인은 자신이 미인임을 교만하고 있으나 나는 도리어 그 교만이 밉고 저 못생긴 여인은 못생긴 것을 스스로 부끄러워하나 나는 도리어 그것이 아름답게 보인다"고 말하였다. 이 말을 들은 양주가 제자들에게 말하기를 "사람이 어진 일, 즉 남에게 착한 일을 하되 스스로 어진 체 착한 체하지 않으면 어디를 가도 환영을 못 받겠느냐?" 하였다.

위인(衛人)이 딸을 시집보내면서 너는 시집가서 네 몫으로 돈이고 재물을 모아놓아야 한다. 여자가 나서 남의 아내가 되는 일은 흔히 있지만 끝내 잘사는 일은 드물다. 만일을 생각해야 한다고 말하였다. 그 딸은 친정아버지의 말에 충실하여 시집간 날부터 다른 주머니를 하나 찼다. 그 시어머니가 그것을 눈치 채고 친정으로 쫓아 보냈다. 그런데 그 딸은 시집갈 때보다 몇 배의 부자가 되어 왔다. 친정아버지는 자식을 잘못 가르친 것은 뉘우치지 못하고 그 딸이 살게 된 것만 칭찬하였다. 지금 인신(人臣)으로서 관에 있는 자들 중에 이런 위나라 사람의 아버지와 그 딸과 같은 부류가 적지 않다.

노단(魯丹)이란 사람이 있었다. 세 번이나 중산군을 찾아보았으나 아무런 효과를 얻지 못하였다. 그래서 이번에는 돈 오십 냥을 중산군의 좌우에 있는 신하들에게 풀었다. 며칠 후 또 중산군을 찾아갔더니 이번에는 반색을 하면서 맞아주었다. 그리고 어안이 벙벙하도록 술상으로 대접해주면서 그 자리가 변변치는 않지만 참고 견뎌주면 곧 식록(食祿)을 후하게 올려준다고 묻지 않은 말까지도 늘어놓으면서 친절을 베풀어주었다. 노단은 그 길로 여관에 돌아와 출발 준비를 서둘렀다. 그 수행한 사람이 말하길 "오래간만에 중산군이 당신에게 우대해주신다는데 어째서 바쁘게 떠나려고 하느냐?" 노단이 말하기를 "남의 말에서 나를 우대해준다고 하니 또한 반드시 남의 말에서 나를 또한 해치게 될 것이다. 이곳은 오래 있을 수 없으니 빨리 나가자고 독촉했다." 과연 중산군은 노단이 간첩이란 말을 듣고 중산의 국경에서 그를 붙잡았다.

전백정(田伯)은 선비를 좋아하므로 그 인군을 도왔고, 백공(白公)은 선비를 좋아하므로 그 인군을 해쳤다. 두 사람이 선비를 좋아한 것은 같으나 좋아하는 이유는 같지 않았던 것이다.

공손우(公孫友)는 자기 발을 끊음으로써 백리해(百里奚)를 추천하여 그 지위를 높여주었고 수조(豎刁)는 스스로 궁형(宮刑, 죄인의 생식기를 없애거나 썩히는 형벌)으로 자기 고환을 망쳐 제환공에게 아첨하였다. 두 사람이 자기 육체를 스스로 형을 가한 것은 같으나 그 목적은 다르다. 그래서 혜자(惠子)가 말하였다.

"미친 자가 동쪽으로 달아나자 쫓는 자도 또한 동쪽으로 달린다. 동쪽으로 달리는 것은 같지만 동쪽으로 달리게 된 동기는 같지 않다. 사람들이 같이 일은 하지만 생각은 각기 다르다. 이것을 가히 살피지 않을 수 없다."

제7편 설림(說林) 下

  백락(伯樂)은 두 사람에게 차는 말을 알아내는 법을 가르쳐주었다. 기술을 체득한 두 사람은 실습차 조간자(趙簡子)의 마구간으로 갔다. 많은 말 중에서 이것이 차는 말이라고 한 사람이 지적하니 같이 간 사람은 그것을 확인하기 위하여 말 뒤를 빙빙 돌면서 세 번이나 말 꽁무니를 탁탁 때려보았다. 그래도 말은 차려고 하지 않았다. 먼저 차는 말이라고 감정한 사람이 말하길 "차지 않는 것을 보니 내가 잘못 감정한 모양이지"라고 했다. 그러자 말꽁무니를 때리던 사람이 말하길 "그대가 잘못 본 것은 아니다. 차는 말임은 틀림없으나 보아라, 이 말은 어깨가 축 늘어지고 앞발의 무릎마디가 부어 있지 않은가? 그러니 그대는 차는 말 감정에는 기술이 있으나 부어오른 무릎을 알아내지 못하였다. 이렇게 부었는데 뒷발을 쳐들고 온몸의 무게를 앞발에 치중할 수 없지 않은가?" 하였다. 대체 일에는 차는 말의 본성을 나타내지 못하는 것처럼 사정이 있는 것이다. 그곳이 때로는 이 말의 부은 무릎과 같이 기능을 잃을 때가 있다. 오직 지혜로운 자여야만 안다. 혜자(惠子)가 말하기를 "동작이 민첩한 원숭이도 울타리 속에 가두어놓으면 둔한 돼지와 같다. 그러므로 사람도 그때의 위치와 경우에서 편리를 얻지 못하면 그 재능을 충분히 발휘할 수가 없다"라고 하였다.

  위장군문자(衛將軍文子)가 공자의 높은 제자로 부모에게 효행으로 이름난 증자(曾子)를 예방(禮訪)했다. 모처럼 귀객이 찾아왔건만 증자는 서서 영접하지 않고 아랫목 상좌에 앉은 채 문자를 자기 곁에 앉히고 담화를 나누었다. 문자가 돌아가는 길에 같이 온 어자(御者)에게 말하기를 "소위 학자라고 하는 자들은 대체로 어리석은 자들이다. 오늘 증자가 나를 군자라고 생각했으면 나에게 경의를 표해야 할 것이며 그렇지 않고 나를 폭인(暴人)으로 보았을 것 같으면 더군다나 나를 업신여기는 태도를 보여서는 안 될 것이다. 증자는 언젠가는 모욕을 당할 수밖에 없는 자이다."

우우(翩翩)라는 새가 있다. 머리는 크고 꼬리는 짧다. 그래서 물가에 가서 물을 마시려면 반드시 앞으로 곤두박질하게 된다. 그래서 물을 마실 때에는 다른 한 마리가 와서 물 먹는 새의 꼬리를 물고 뒤로 잡아당겨준다. 이와 같이 서로 돕고 서로 붙잡아주는 정신이 이 새들에게는 있다. 사람도 자기 혼자의 힘으로는 할 수 없을 경우에는 이 새들에게 배워야 할 것이다.

뱀장어는 뱀을 닮았고 누에는 뽕 벌레와 같다. 사람이 뱀을 보면 깜짝 놀라고 뽕 벌레를 보면 몸에 소름이 끼친다. 그러나 고기 잡는 어부들은 뱀장어를 쥐고 누에치는 부인들은 누에를 줍는다. 이익이 있는 곳에는 사람들이 옛날 맹분(孟賁), 전저(專諸)와 같은 용자(勇者)가 되는 것이다.

백락(伯樂)은 그리 친하지 않은 자에게는 천리마를 감정하는 기술을 가르쳐주고 매우 친한 자에게는 노마(駑馬)라고 해서 걸음이 느린 보통 말을 잘 감정할 수 있는 기술을 일러준다. 왜냐하면 천리마는 한두 마리 있을 정도의 희귀한 것으로 그 이익이 느려지지만 보통 말은 하루에도 몇 필씩 팔고 사고 해서 그 이익을 빨리 낼 수 있다. 그러므로 주서(周書)에서 이르기를 하언상용(下言上用)이라 하여 대수

롭지 않은 기술이 평생신세를 바꾸어준다.

환혁(桓赫)이 조각하는 법에 인물을 새길 적에는 코는 크게 하고 눈은 가능한 한 작게 해야 한다고 말했다. 코가 클 것 같으면 깎아서 작게 만들 수는 있지만 작은 코에다가 군살을 붙여 크게 만들 수는 없다. 눈이 작게 보이면 새겨서 크게 만들 수는 있지만 크게 되어 있는 눈을 좁혀서 작게 만들 수는 없다. 이와 같이 모든 일은 평소에 다시 뜯어고칠 수 있게 여유를 갖는다면 일에 실패는 거의 없을 것이다.

숭후(崇侯)와 악래(惡來) 이 두 사람이 영합(迎合)하여 은나라의 주왕(紂王)의 죽음을 면할 줄 알았으나 얼마 지나지 않아 주무왕(周武王)에 의해 주나라가 망할 줄은 생각조차 못하였다. 은의 왕자 비간(比干)과 오나라의 왕 부차의 신하 자서(子胥)는 머지않아 나라가 망할 줄은 알았으나 자신들이 미움을 받아 죽을 줄은 미처 몰랐다. 숭후와 악래는 사람의 마음속에 일고 있는 희로애락에는 민감하였으나 국사의 치란변화(治亂變化)에는 어두웠으며 비간과 자서는 국사의 치란변화에는 민감하였으나 사람의 마음속에 일고 있는 희로애락에는 어두웠던 것이다. 마음도 알고 일도 알 수 있는 이 두 가지를 갖춘 자만이 성인이라고 할 수 있다.

송태재(宋太宰)는 권력을 잡고 국사를 자기 마음대로 행하였다. 계자(季子)가 송나라 인군을 만나보려 하자 양자(梁子)가 듣고서 말하기를 "그대가 송군을 만나려 하거든 혼자서 만나지 말고 반드시 태재와 더불어 삼인이 함께 만나도록 하라. 그렇지 않으면 그대는 화를 면치 못할 것이다. 계자가 송군을 만나 사람은 누구나 사는 것이 귀하고 중하며 나랏일이나 정치란 것은 그리 중한 것이 못 된다"고 말하였다. 이렇게 말해야만 송태재가 오래 국정을 흔들게 될 것이며 태재의 마음에도 들게 되기 때문이다.

양주(楊朱)의 아우 양포(揚布)는 아침에 집에서 나갈 때는 흰옷을 입었으며 저녁에 집으로 돌아올 때는 비가 와서 흰옷을 벗고 검은 옷을 입고 오기 때문에 집에 있던 개가 주인을 몰라보고 짖어대자 양포가 노하여 그 개를 때리려고 하였다. 그때 형 양주는 아우에게 "그 개를 때리지 마라. 너도 그런 경우가 없지 않을 것이다. 저 개가 나갈 적에는 흰빛으로 나갔는데 들어올 적에는 검은빛으로 들어온 다면 넌들 이상하게 생각지 않겠느냐?" 하였다.

혜자는 활의 명인 예(羿)가 왼손에 깍지를 끼고 활을 들고 사대(射臺)에 올라 노리고 서면 월인(越人)도 다투어 과녁을 잡으려고 하나 사랑하는 어린 자식이 활을 당기면 어머니도 방에 들어가 문을 닫는 다. 그러므로 틀림없음이 약속된다면 아무런 관계없는 먼 월인이라 도 활의 명인 예의 묘기를 의심치 않으며 그렇지 못하다면 비록 가 까운 어머니도 어린 자식을 피할 것이다.

제환공이 관중에게 묻기를 "부(富)에 대한 욕심에 한정이 있는가?" 하자 관중이 다음과 같이 대답했다. 물의 가장자리라면 그 물이 다 해서 끝난 데를 말할 것이며 부에 대한 한정도 그 부가 이미 만족될 때에 있다. 사람은 자족할 줄을 알지 못하므로 부의 한정이 어딘지 잊고 있는 것이다. 말하자면 부에 대한 욕심은 무한하므로 그 자족 을 잊고 있다고 관중은 말하였다.

송에 돈 많은 감지자(監止子)라고 하는 장사꾼이 있었다. 어느 날 많은 돈이 아니면 살 수 없는 값어치의 박옥(璞玉)을 어떤 사람과 다 투어 사게 되었다. 서로 욕심이 나서 손에 쉽사리 들어올 것 같지 않자 감지자는 한 꾀를 내어 그 박옥을 감정하는 체하다가 일부러 떨어뜨려 금이 가게 하였다. 박옥을 팔러 온 임자는 할 수 없어서 배상으로 많은 돈을 받고 감지자에게 그 박옥을 내주었다. 감지자는 그 금간 곳을 감쪽같이 다듬어서 더 비싼 돈을 받고 팔았다. 이와 같이 일을 하려고 할 때 실패하는 경우가 없지 않다. 한 번 실패하면 다시 그 일에 손을 떼면 세상은 약은 사람이라고 하나 사실 실패하고 마는 어리석은 사람일 것이다. 총명한 사람은 실패를 통해 다시 공로를 거둘 것이다. 말을 잘 부리는 기술자가 초왕에게 자리를 청하였다. 그러나 자기가 말을 잘 부린다고 하면 다른 기술자들이 초왕에게 방해할까 두려워서 자기는 말은 잘 못 부리고 사슴을 잘 쫓는다고 하여 초왕에게 기용되었다. 어느 날 초왕을 모시고 사냥터에 나갔다. 왕은 말을 몰아 사슴을 잘 쫓지 못하므로 그자가 왕을 대신하여 말을 몰아 사슴을 잡았다. 그것을 본 왕은 "너는 말도 잘 타는구나" 하였다. 그때 그자가 왕에게 가만히 말하기를 "저는 본래 말 타는 기술자입니다. 그러나 그렇게 말하면 다른 많은 기술자들이 시기합니다" 하고 대답하였다.

초왕은 공자(公子)로 하여금 장차 진(陳)을 치려고 하였다. "어떤 노인이 출정하는 공자를 보내면서 말하기를 진은 작은 나라이지만 그다지 약한 나라가 아니기 때문에 조심하라'라고 하였다. 공자는 그 말에 "염려 마십시오. 꼭 진을 멸하고 돌아올 것"이라 했다. 노인은 좋습니다라고 말했다. 그렇다면 나는 이제 진의 남문 밖에 집을 정할 것이다. 공자가 이 말을 듣고 그것은 무슨 이유냐고 물었다. 노인이 말하기를 나는 월왕구천(越王句踐)이 한 짓을 비웃는 바이다. 사람을 이렇게 하기 쉽게 생각하는 일을 구천은 어째서 10년은 백성을 기르고 10년은 군사를 훈련하여 20년간이나 어려운 일을 했을까? 그것이 우습지 않을 수 없다고 대답하였다.

요(堯)가 천하를 허유(許由)에게 넘겨주려고 하였다. 그때 허유는 소부(巢父)와 함께 세상을 숨어 기산(箕山), 영수(潁水)에서 소를 먹이고 고기를 잡으면서 부귀와 공명은 뜬구름만치도 생각지 않는 이름 높은 은자였던 것이다. 별안간 요임금이 자기에게 천하를 넘겨주리라는 말을 듣고 도망가다가 어떤 집에 들어가 자게 되었다. 그런데 그 집 여주인은 허유가 자는 방에 걸어놓은 가죽관(皮冠)을 허유가 훔치지 않을까 염려되어 그 관을 감추었다. 이것을 사람들이 소절관(笑窃冠)이라 하여 그 여인을 비웃었다. 사람을 모르면 허유와 같은 사람도 도둑으로 여기게 되는 것이다.

이(蝨: 슬) 세 마리가 돼지의 살찐 곳을 다투어 서로 먼저 먹으려고 싸우고 있었다. 그때 한 마리 이가 그곳을 지나다가 세 놈이 서로 아귀다툼하는 것을 보고 왜들 싸우고 있느냐 하자 세 마리 이들이 이구동성으로 돼지의 살찐 곳을 먹으려고 다투고 있다고 했다. 그 이가 타일러 말하기를 "너희들은 납제(臘祭)날이 눈앞에 가까이 온 것을 아느냐? 이 돼지는 그날 띠에 싸여 그을려 죽게 될 것이다. 그것을 근심하지 않고 너희들은 미련하게도 살찐 곳만 다투어 이렇게 싸우고 있느냐" 하자 세 마리 이들은 정신을 차려 다투기를 중지하고 그때부터 합심하여 사이좋게 살찐 곳을 파먹었다. 그래서 돼지가 나날이 여위어 주인은 다른 살찐 돼지로 바꾸어 잡았다.

벌레에 훼(虺)라는 독충이 있다. 이 벌레는 몸은 하나인데 입이 둘이다. 말하자면 일신양구(一身兩口)인 것이다. 아래위에 서로 자기 몸을 다투어 먹으므로 드디어 서로 죽고 만다. 지금 한 몸을 두 입으로 다투다가 그 나라를 망치는 것은 다들 이 훼와 같은 종류이다.

집은 백토칠을 하고 그릇은 옻칠을 하면 깨끗해질 것이다. 우리의 처신도 또한 그렇다. 옻칠 백토칠 하는 마음(滌垩, 척악)이 없어야만 바른 사람이 될 것이다.

공자규(公子糾)는 장차 반란을 망명지(亡命地)인 노(魯)에서 일으킬 것을 마음에 감추고 있었다. 환공은 사자를 보내어 규의 태도를 살피고 돌아오라 하였다. 사자는 돌아와서 복명하기를 규는 웃어도 질겨서 웃는 것 같지 않으며 보아도 보는 것 같지 않아서 마음속에 중대한 비밀을 감추고 있는 듯하다고 하자 환공이 생각하기를 이는 반드시 반란의 조짐이라하고 사람을 보내어 죽였다.

공손홍(公孫弘)은 월(越)의 풍습을 따라 단발하고 월왕의 기사(騎士)가 되었다. 이 소식을 들은 공손희(公孫喜)는 사람을 보내어 형제의 의리를 끊었다. 공손홍은 이에 대해 말하기를 나는 지금 머리를 끊었지만 그대는 장차 목을 끊을 일이 있을 것이다. 그때 그대는 나를 무어라고 할 것인가? 그 뒤 주남(周南)싸움에 공손희는 죽었다.

성질이 괴팍하고 불량한 자를 이웃해서 사는 사람이 있었다. 그자를 피하여 다른 곳으로 이사를 하려고 하자 그의 친구가 찾아와 말하기를 "그자의 괴팍 불량성도 이제는 끝까지 찼으니 얼마 가지 않아 망할 것이다. 그대는 이사를 말고 조금만 더 참아보라"라고 하였다. 그러나 그 사람은 "그의 불량성이 끝까지 찬 것이 도리어 나에게 행포로 올지 모른다" 하고 드디어 그곳을 떠났다. 이와 같이 사물에 재치 있게 움직이는 자는 지체하지 않는다.

공자(孔子)가 제자들에게 자서(子西)는 이름을 얻고 있는데 "누가 그것을 잘 알고 말할 수 있겠느냐" 하자 자공이 말하되 "제가 능히 말할 수 있습니다. 자서는 사람됨이 너그러워 남을 의심치 않으며 그 청렴결백함을 사람들이 칭찬하고 있습니다. 또 성질이 곧아 굽은 것은 굽다 말하고 곧은 것은 곧다 말하여 조금도 자기의 소신을 굽히지 않는 사람입니다. 자서는 그러한 소신으로 살아 세상에 이름을 날리게 되었다고 사(賜, 子貢의 字)는 생각하고 있습니다" 하니 이 말을 들은 공자가 그렇다면 자서는 장차 화를 면치 못하리라. 사람됨이 너무 곧아 시속사람과 잘 어울리지 않는 곳이 있다고 말하였다. 그 뒤 백공승(伯公勝)의 반란에 자서는 과연 해를 받았다. 그러므로 행실이 곧은 자는 옳은 것은 옳고 그른 것은 그르다는 곡직(曲直)이 분명하여 때로는 지나치기 쉽다고 하였다.

진(晉)의 중행문자(中行文字)가 죄를 지어 국외로 도망가게 되었다. 현읍(縣邑)을 통과할 때 시종자가 "이 고을에 있는 재무관은 일찍이 공의 부하로 있던 사람입니다. 그 집에 가서 하룻밤 신세를 지면서 댁에서 보내오는 수레를 기다리시는 것이 어떠합니까?" 하니 문자가 말하기를 "그는 믿을 수 없는 사람이다. 내가 패옥(佩玉)을 좋아하여 그는 나에게 옥환을 보내왔으며 내가 음악을 좋아하는 것을 알고 그는 명금(鳴琴)을 보냈다. 그는 일찍이 나의 잘못을 고쳐주려 하지 않고 나에게 영합한 자이다. 이번에 내가 죄를 지어 도망가려는 것을 알고 나를 잡아 관에 고발하여 공을 사려 할 것이다" 하고 지체하지 않고 그곳을 떠났다. "그자는 나의 허물을 고쳐주려는 자가 아니고 도리어 나의 허물을 조장시킨 자인 것이다. 아첨으로 나를 얻게 된 자는 또다시 아첨으로 나를 팔게 될 것이다" 하였다. 과연 그 사람은 문자를 잡으려왔다가 뜻을 이루지 못하고 뒤쫓아 온 문자의 수레 두 채를 몰수하여 관에 바쳐 인군에게 아첨하였다.

위(魏)나라의 주조(周躁)가 제(齊)나라의 궁타(宮他)에게 부탁하기를 제왕(齊王)의 힘으로 나를 위나라에서 도와주게 한다면 나 또한 위왕에게 제왕을 돕게 할 것이라고 말하자 궁타는 그것은 불가하다 했다. 그렇게 말하면 그대에게 위나라가 없음을 제왕에게 보여줄 뿐이다. 제왕은 반드시 위를 얻지 못한 자를 도와주지 않을 것이며 도리어 위를 얻은 자가 없음을 원망하게 될 것이니 같은 말이지만 이렇게 말하는 것이 좋을 것이다. 제왕이 하고자 하는 바를 신은 위왕으로 하여금 받아들이겠다고 하면 제왕이 생각하기를 공(公)은 위를 얻고 있는 자라고 하여 공을 믿게 될 것이며 또한 도와줄 것이다. 이것이 공으로 하여금 제를 갖고 또한 제위를 있게 하는 것이 될 것이다 하였다. 말하자면 내용은 같지만 그 표현이 다를 뿐이다.

백규(白圭)가 송(宋)의 영윤(令尹)에게 인군께서 나이가 차게 되면 스스로 정치를 알게 될 것이다. 그렇게 되면 공이 별로 할 일이 없게 될 것이니 지금은 인군이 어려서 이름나기를 좋아하신다. 그러니 그대는 초왕에게 부탁하여 인군의 효행을 칭찬하도록 하면 인군은 거기에 만족하여 그대의 자리를 빼앗지도 않고 또한 길이 공을 중히 여기고 우대해줄 것이다. 이것이 공으로 하여금 오랫동안 송에 쓰이는 길이 될 것이다.

관중과 포숙(鮑叔)은 서로 비밀리에 앞일을 의논하기를 아마도 지금 모시고 있는 임금은 너무 불초하여 오래가지 못할 것 같다. 그리고 많은 공자(公子) 가운데는 우리가 보아 가히 도와서 다음 임금으로 모실 수 있는 사람은 공자규(公子糾)가 아니면 소백(小白)일 것이다. 이 두 사람 중에 누가 될지 모르기 때문에 우리는 나눠 각기 한 사람씩 섬기다가 후일 성공하는 날 서로 추천하여 도와주기로 하고 그날부터 관중은 공자규를 따르고 포숙은 소백을 따랐다. 몇 해가 지나 백성들은 그때 인군이 덜하다 해서 죽이게 되었다. 이 소식을 들은 포숙은 지체 없이 소백을 데리고 제나라에 들어와 인군이 되게 하였다. 노국에 망명하고 있던 공자규는 노인들의 손에 잘못 죽고 관중은 구속이 되어 죄인으로 함거(檻車)에 실려 제나라에 들어오게 되었다. 그때 포숙이 제환공, 즉 소백에게 극력 관중을 추천하여 소백과 관중과의 지난날의 원수를 잊게 하고 정승으로 등용케 하였다.

그러므로 속담에 '무당이 남의 굿은 잘하나 제 굿은 못 하며 편작이 비록 남의 수술은 잘하나 자신의 수술은 못 한다' 하였다. 관중과 같은 현자도 포숙의 도움을 받고서 그 재능을 발휘하게 된 것이다. 북국에 사는 사람이 손수 만든 가죽옷을 자랑해서는 사주는 사람이 없으며 선비가 자기 구변을 자기가 칭찬해서는 사람들이 믿어주지를 않는다.

초왕이 오나라를 치려고 하자 오에서는 저위궐융(沮衛蹶融)을 사신으로 하여 주식(酒食)을 가지고 초왕을 방문하기로 하였다. 그때 초장군은 저위궐융을 포박하여 가둬두었다가 개전(開戰)하는 날 죽여서 그 피를 북에 바르려고 작정해놓고 궐융에게 묻기를 "네가 우리 초의 진지로 올 때에 점쳐본 일이 있느냐?" 궐융이 대답하기를 "물론 점쳐보았다"고 하였다. 그런즉 초장군은 또 묻기를 "그래 점쳐보았더니 그 점괘가 어떠했는가?" 궐융이 "참으로 좋은 점괘였다"고 하자 초장군은 껄껄 웃으면서 "지금 우리 초군에서는 개전하는 날 너를 잡아 제물로 쓰고 그 피는 개전을 고하는 북에 바르기로 하였다. 그래도 그 점괘가 길하였다고 할 수 있느냐?" 궐융이 서슴지 않고 태연한 자세로 "그것이 바로 길한 것입니다. 오왕이 나를 사신으로 이곳에 보낸 것은 장군의 태도를 진단해보려는 것입니다. 진단한 결과 장군이 노해 있다면 오에서는 초를 방비하여 참호를 깊게 파고 누대를 높이 쌓을 것이고 장군이 노하지 않았다면 방비를 게을리할 것입니다. 그러므로 장군이 신을 죽이면 오에서는 반드시 그 수비를 굳게 할 것은 틀림없습니다. 그리고 죽은 자에게 아무런 영감이 없다면 신의 피로써 북에 바른들 소용이 없을 것이며 만일 죽은 자에게 영감이 있다면 신은 장차 싸우려고 할 때 그 북은 울지 않게 될 것입니다"라고 하자 초인들은 그럴듯하게 여겨 그를 죽이지 않고 돌려보냈다.

지백(智伯)이 장차 구유국(仇由國)을 치려고 하였지만 길이 험해서 진군할 수 없었다. 지백이 꾀를 내어 구유국 인군에게 통지하기를 큰 종을 구유국 인군에게 선물로 보내려 하니 종이 통과할 수 있도록 길을 닦으라고 하였다. 구유국의 인군이 크게 기뻐서 길을 닦고 그것을 받아들이려고 하자 적장만지(赤章蔓枝)가 종을 받아들이는 것은 불가하다고 했다. 작은 나라에서 대국에 선물을 보내는 일은 예로 되어 있으나 대국이 작은 나라에 선물을 보내온 다는 것은 있을 수 없는 일입니다. 그 종 뒤에는 반드시 군졸이 따라올 것이므로 받아들여서는 안 될 줄로 압니다 하였다. 하지만 구유국 인군은 만지의 충간을 들어주지 않았다. 적장만지는 국파군망(國破軍亡), 즉 나라가 깨져 망하고 병사가 죽는 것을 한탄하고 수레바퀴를 끊어버리고 말을 몰아 제나라로 망명하였다. 그해 칠월에 구유는 망하고 말았다.

월(越)은 이미 오(吳)를 이기고 초에 군대를 요청하여 진(晋)을 치려고 한다. 좌사의상(左史倚相)이 초왕에게 말하기를 월나라와 오나라가 싸우는 동안 인재는 물론 우수하고 강한 군사도 대부분 죽었으

며 국력도 다 소진되어 있는 마당에 청병하여 진을 치자고 하는 것
은 자기들은 그렇게 병들지 않았다는 허세를 보이려는 것으로 우리
는 군사를 일으켜 오에 주는 것만 같지 못하다 했다. 초왕도 그렇다
하고 군사를 일으켜 월을 치려고 하자 월왕이 크게 노하여 또한 초
에 출병할 기세를 취하자 대부종(大夫種)이 이에 반대했다. "우리는
인재가 다했고 정병도 거의 죽고 국력도 쇠하였으니 싸우면 반드시
질 것입니다. 차라리 뇌물을 주어 우선 초를 달래는 것만이 최선책
입니다"라고 하자 월왕도 그럴듯하게 여겨 노산(露山)이북 오백 리
땅을 떼어 초에 주었다. 한(韓)나라와 조(趙)나라 사이의 관계가 서로
좋지 않아 한왕은 위(魏)에 청병하여 조나라를 공벌하자고 청원했다.
이에 대해 위문후(魏文侯)가 한왕에게 말하기를 과인(寡人)은 조와는
형제의 친분을 갖고 있으니 귀족의 청원을 들어줄 수 없다고 거절하
였다.

그 후 조나라에서도 사자를 보내 원병을 요청했다. 문후는 조왕에
게 말하기를 과인은 한과는 형제의 친분을 갖고 있으니 원병을 보낼
수 없다고 거절하였다. 한과 조는 원병을 얻지 못하고 위문후란 위
인이 대체 무엇이냐, 조왕과도 형제의 친분이 있다. 한왕과 형제의
친분이 있다 하고 거절하니 도대체 알 수 없는 인간이 아니냐며 두
나라 사신들이 분개하여 각기 돌아갔다. 그 뒤 한, 조 두 나라에서는
위문후가 우리 두 나라를 화친시키려는 데 있음을 알고 그 깊은 뜻
에 감사하여 한, 조는 서로 손을 잡고 위문후에게 감사의 조현(朝見)
을 드렸다.

제(齊)는 노(魯)를 쳤다. 그리고 노의 국보인 잠정을 달라고 요구하
였다. 노에서는 가짜를 보내왔다. 제에서는 가짜라고 돌려보냈다. 노

에서는 가짜가 아니고 진짜라고 우겨댄다. 그래서 제에서는 노에 있는 박사 악정자춘(樂正子春)으로 하여금 진가를 감정시키기로 하였다. 노왕은 악정자춘에게 잘해달라고 부탁한다. 악정자춘은 노왕에게 "왜 진짜를 보내지 않느냐"라고 말하자 노왕은 "내가 사랑하는 국보를 어찌 보낼 수 있느냐?" 하였다. 악정자가 말하기를 "인군께서는 그 잠정을 사랑하시고 신은 또한 나의 신용을 사랑합니다. 어찌 가짜를 진짜로 감정할 수 있겠습니까?" 하였다.

정곽군(靖郭君)이 장차 설(薛)에 자기의 성을 쌓으려고 큰 공사를 시작하려고 하자 많은 사람들이 그 불가함을 하루에도 몇 사람씩 찾아와 항의하여 정곽군은 측근을 시켜 오늘부터 면회사절이라는 패찰을 문 앞에 달아놓았다. 만일 들어오는 자가 있으면 좋지 못할 것이라고 엄중한 지시를 내렸다. 그랬더니 한 사람이 와서 한사코 자기는 길게 말하지 않고 딱 세 마디만 하겠다는 것이다. 할 수 없이 그 사실을 정곽군에게 말했다. 정곽군도 그 사람의 면회를 허락하였다. 면회자는 들어와서 절을 하자마자 해·대·어(海·大·魚)라고 세 마디만 던지고 돌아서 나가려고 했다. 정곽군은 그 수수께끼 같은 말을 알 수가 없어서 자세히 말해보라고 하였다.

그 사람이 말하기를 "신은 세 마디만을 올리기로 약속하였습니다. 생명을 농으로 할 수는 없습니다" 하면서 입을 닫고 다시는 열려고 하지 않으므로 정곽군은 "과인을 위하여 자세히 말해주오. 무슨 말을 하든지 용서하겠다"고 하자 그제야 입을 열고 말하기를 "군께서는 바다에 사는 큰 고기의 이야기를 들으신 일이 있습니까? 이 큰 고기는 어찌나 크던지 주살로도 잡을 수 없으며 그물로도 잡을 수 없으나 일단 그 넓은 바다에서 자기 세상처럼 살다가 어찌하여 뛰어

물을 잃고 뭍으로 나왔습니다. 바다에서는 무서울 것이 없던 큰 고기는 바다를 잃고 뭍에 나오니 개미와 지렁이들이 달라붙어 놀리고 있습니다. 무슨 말인지 아시겠지요? 지금 임금께서 제(齊)라고 하는 나라는 큰 바다로 되어 있습니다. 군께서 길이길이 제를 차지하고 계시다면 무엇 때문에 설성이 필요하시며 군께서 제를 잃으시면 비록 설성이 하늘을 찌를 만큼 웅장하더라도 아무런 소용이 없을 것입니다"라고 하자 정곽군도 그 말이 옳다고 여겨 그날부터 설성 쌓는 것을 중지시켰다.

초왕의 아우가 진(秦)에 인질(人質)로 잡혀가 있었다. 돌아올 기한이 되었건만 진에서는 들려 보내지 않았다. 초의 중사(中射)로 있는 사람이 초왕에게 신에게 백금(百金)만 주시면 능히 돌아오시도록 구출해보겠다고 하자 초왕은 중사에게 백금을 주어 진(晉)으로 보냈다. 중사는 먼저 진재상 숙향(叔向)을 만났다. 숙향은 그때 진재상으로 신임이 두터웠다. 중사는 숙향에게 말하기를 "초왕의 동생을 진이 인질로 잡고 돌려주지 않으니 무슨 방법이 없겠느냐" 하고 백금을 숙향에게 주었다. 숙향이 백금을 받아들고 진평공(晉平公)에게 말하기를 "불가불 우리 진국은 호구(壺丘)에 성을 쌓아 국방을 굳게 해야겠다"라고 하였다. 호구는 진·진(秦·晉) 양국 국경에 있는 땅으로 하나의 완충지대로 어느 쪽이든 필요 없이 성을 쌓지 않기로 협정이 되어 있었다. 그런데 숙향이 별안간 성을 쌓아야 한다고 말하므로 평공은 어리둥절하여 어째서 갑작스레 그런 말을 하느냐고 물었다.

숙향은 평공의 물음에 "초왕의 동생이 현재 진에 인질로 가 있습니다. 돌려보낼 기한이 넘었건만 돌려보내지 않고 버티고 있다는 것은 아마 진은 초와 싸우려는 의도에서 속으로 싸움준비를 하고 있지 않을까 생각됩니다. 만일 그것이 사실이라면 진은 감히 우리 진국을 함부로 건드리지 못할 것입니다. 그래서 우리가 호구에 성을 쌓더라도 항의를 못할 것이라고 생각합니다. 만일 그렇지 않고 항의를 걸어온다면 우리는 진에게 진·초 양국에 불화의 씨로 돼가는 초왕의 동생을 빨리 초국으로 돌려보내야 합니다. 그러면 우리도 안심하고 호구에 성을 쌓지 않을 것입니다. 이렇게 하여 진에서 우리의 요구를 들어준다면 우리는 초왕에게 은혜를 베푸는 것이 될 것이며 진에서 우리의 요구를 들어주지 않는다면 이는 분명히 진(秦)은 초에 대하여 싸움준비를 하는 것으로 우리 진(晋)은 호구에 성을 쌓지 않을 수 없습니다."

평공은 숙향의 말이 옳다 하고 호구에 성을 쌓기 시작하였다. 과연 진에서 항의를 해왔다. "평공은 진왕을 보고 초왕의 동생을 본국으로 돌려보내라. 그러면 이쪽에서도 성을 쌓지 않을 것이다." 진은 이를 승낙하고 초왕의 동생을 돌려보냈다. 속담에 '변두리를 치면 복장이 울린다'는 것은 이것을 두고 하는 말인 것이다. 초왕은 크게 기뻐하여 황금백일(순금 4백 냥)을 진평공에게 선사했다. 오왕(吳王)의 합려(闔廬)는 초를 쳐서 세 번 싸워 세 번 모두 이겼다. 자서(子胥)에게 묻기를 이것으로 퇴군해도 좋지 않은가 하였다. 자서가 "물에 빠진 자는 물을 한 모금만 마시면 죽지 않지만 계속해서 물을 마시게 되면 죽고 말 것이다. 마찬가지로 우리도 이 기회에 완전히 물에서 헤어나지 못하도록 수장시켜 버리는 것이 좋을 것입니다"라고 말하였다.

정인(鄭人)에게 자식이 하나 있다. 그가 벼슬길을 떠나게 되자 식구에게 무너진 담장을 고치라고 하였다. 이웃 노인도 똑같은 말로 빨리 고치지 않으면 도둑이 들 것이라고 말하였다. 그러나 얼른 쌓지 못하였다. 과연 그날 밤 도둑이 들어 많은 재물이 도난당했다. 사람들은 그 아들은 지혜 있다고 칭찬하였고 이웃 노인은 그날 밤 침입한 도둑으로 의심하였다.

제8편 망징(亡徵)

속담에 꼴이란 말이 있다. 나라나 인군이나 대신이나 또는 백성들이나 어느 것 할 것 없이 정상적이지 않고 어딘가 잘못이 있다면 망할 날이 가깝다는 것을 한비는 말하였다. 이러한 조짐이 있는 나라는 꼭 망한다는 것은 아니지만 망할 가능성이 많다 하여 가망(可望)이란 말로 표현하였다. 말하자면 법술을 지키지 않으면 망국의 조짐이 있다는 45조의 실례로 세상의 인군을 경계한 편이다.

◎ 무릇 인군이 갖고 있는 국토는 그리 넓지 못하고 대신들이나 공로자들에게 떼어준 땅이 상대적으로 크고 인군의 권한은 가벼운데 신하들의 세력이 무겁다면 가히 망할 요소가 많은 나라이다. 말하자만 가망(可望)이다.

◎ 인군의 법이나 금지 명령이 제대로 시행되지 못하면 간악한 죄의 뿌리가 뽑히지 않으며 백성들은 견실한 생각을 갖지 않고 얕은꾀로써 서로 속이고 요행을 바라 산업에 힘쓰지 않으면 잘살 수 없을 것이며 또는 외국의 원조를 바랄 수밖에 없을 것이다. 이와 같이 상비가 없는 나라는 가망이다.

◎ 장차 국가를 짊어질 청소년 학도들이 건전한 학술서적을 읽기보다 정신을 좀먹는 오락잡지 또는 외설서적을 탐독하고 대신들이나 젊은 세대들이 말하기를 좋아하여 공론고담으로 시속을 그르치며 장사하는 상인들은 상품을 사장해서 백성들이 살기에 곤란을 느

끼게 된 나라는 가망이다.

◎ 과히 급하지도 않으며 그다지 필요하지 않지만 인군이 궁실, 정각, 동산 등 공사를 좋아하거나 수레나 의복, 기구, 완구 등 일상생활에 나라가 사치를 일삼는다면 자연 재화가 고갈되어 백성들은 피곤해질 것이며 국고도 비게 되어 나라는 가망이다.

◎ 인군이나 백성들이 아직도 깨지 못하고 복덕일(福德日)을 고르며 화복길흉을 점치기 좋아하며 잘살고 못살기를 귀신에게 빌어 굿하는 소리가 마을마다 들리는 나라는 가망이다.

◎ 벼슬은 뇌물의 청탁으로 주고 여러 사람의 추천이나 실력고사로 주어지지 않고 총신(寵臣)들이 인군을 가로막고 사람을 멋대로 동요하는 나라는 가망이다.

◎ 인군이 마음이 게을러 되는 일이 없고 마음이 약해 과단이 없으며 좋아하면서도 친해지지 못하고 싫어하면서도 떼지를 못하며 일에 대해 주견이 없는 나라는 가망이다.

◎ 국록을 먹으면서 나랏일을 하는 대신이나 백관의 마음속이 사리사욕에 눈이 어두워 어떤 이권이 있으면 그것을 얻으려고 머리를 싸매고 달려든다면 그 나라는 위험하다.

◎ 집정한 인군이 공명정대한 형벌을 행치 못하고, 감정에서 형벌을 난용(亂用)하며 법에 밝지 못하고 번들하게 떠드는 공허한 말만 좋아하고 실용여하를 구하기보다 미문명구(美文名句)를 일삼아 실공(實功)여하를 돌보지 않는 나라는 가망이다.

◎ 집권자의 마음이 얕아 드러나기 쉬우며 말이 헤퍼 감출 줄을 모르며 주밀하지 못하여 이 사람에게 들은 말을 저 사람에게 옮긴다면 가망이다.

◎ 마음이 매우 사나워 사람들과 화합할 줄 모르며 제 말만 내세워 다른 사람의 의사를 무시하고 나라의 이해(利害)를 돌보지 않고 경솔하게 일을 꾸미며 자신이 이를 굳게 믿는다면 그 나라는 위험하다.

◎ 먼 나라의 도움을 믿고 가까운 이웃과의 친선을 소홀히 하며 강대한 나라의 지원을 의지하고 가까운 이웃 나라를 업신여기면 그 나라는 위험하다.

◎ 잠시 국빈(國賓)으로 와 있는 외신들은 재산이나 가족을 자기 나라에 남겨두고 와 있는 자들이다. 이러한 사람들은 위로는 인군에게 접근하여 기밀에 참여하며 아래로는 민간에 접촉하여 국정을 탐지하기도 한다. 말하자면 간첩사명을 띤 자들도 없지 않다. 이러한 외인외신을 경계하지 않으면 그 나라는 위험하다.

◎ 백성들이 대신을 신임하지 않으며 대신은 인군을 능한 자로 보지 않지만 인군은 신임하고 사랑하여 처리를 못 한다면 가망이다.

◎ 국내에 있는 훌륭한 인재는 골라 쓰지 않고 국외의 인사를 구하여 공벌(攻伐) 또는 실력으로 채용되지 않고 이름이 있다는 이유만으로 인재를 등용하는 나라는 가망이다.

◎ 적자와 서자의 대우와 권리가 동등하고 아직 태자를 봉해놓지 않고 인군이 세상을 뜨면 위험하다.

◎ 마음만 크고 무슨 일에 회개 또는 반성이 없어 나라가 혼란함에도 불구하고 인군 된 자가 자기만이 가장 실력자인 체하고 이웃 나라를 가볍게 보면 그 나라는 가망이다.

◎ 나라는 약하면서 지나치게 거만하여 강한 나라를 두려워 않으며 무례해서 대국을 업신여기며 괴팍하고 탐욕해서 외교적 예의를

지키지 못하는 나라는 가망이다.

◎ 태자는 이미 정해져 있지만 강국의 공주를 맞이하여 후비(后妃)로 정하게 되면 미리 정해진 태자의 위치가 위태롭게 되며 신하들의 생각은 갈라지게 된다. 그 결과 나라는 위험하게 된다.

◎ 겁이 많아서 나라를 굳게 지키지 못하고 재앙의 원인을 알면서도 마음이 우유부단해서 신속하게 처리하지 못하고 그 기회를 놓치면 그 나라는 위험하다.

◎ 망명한 인군은 타국에 있고 본국에서는 다시 새로운 인군이 서게 되거나 다른 나라에 인질로 잡혀간 태자가 아직 돌아오지 않아 인군이 태자를 바꾼다면 백성들은 마음이 갈리게 된다. 백성의 마음이 갈라지게 되면 그 나라는 위험하게 된다.

◎ 대신들의 의견은 들어주지 않으면서도 허물없이 친근하게 지내고 아랫사람을 나무라며 벌하면서 부리게 되면 그 사람들은 겉으로는 아무 일 없는 것처럼 있을지 모르나 속으로는 노여워하고, 부끄러움이 살아 언제나 불평의 침묵을 갖게 된다. 말하자면 적심(賊心)을 늘 마음에 지니고 있다. 이러한 적심이 생기게 되면 그 나라는 가망이다.

◎ 권세를 다투는 두 사람의 권력자에게 부령 납속이 많고 안으로 붕당을 만들고 밖으로 제후에 후원을 얻어 사세(事勢)를 다투게 되면 그 나라는 가망이다.

◎ 하찮은 비첩(婢妾)들의 청탁에 귀를 기울이고 총애하는 가까운 신하들의 지혜에 편향하여 조정 내외에서 불평이 있어도 이를 간과하게 되면 그 나라는 혼란하게 된다. 그래도 정신을 못 차리고 여전히 행하게 되면 그 나라는 가망이다.

◎ 대신을 가볍게 여기고 부형장자에게 무례하고 백성을 괴롭히며 죄 없는 무고한 사람을 마구 죽이면 그 나라는 위험하다.

◎ 법은 곧기가 화살 같은데 사사로운 지혜와 자기주장으로 법을 고치거나 때로는 사사로운 일로써 공사(公事)를 방해하고 조령모개(朝令暮改)로 법금에 신용이 없고 쓸데없이 명령을 자주 내리면 그 나라는 위험하다.

◎ 나라를 지킬 수 있는 천연적인 요새와 성곽이 견고하지 않고 군량의 축적도, 물자의 여유도 충분하지 못하면서 이웃 나라에 싸움을 쉽게 거는 나라는 위험하다.

◎ 근친에 장수하는 자가 드물고 인군이 자주 사망하여 어린 영아가 인군이 되어 대신이 마음대로 국사를 단행하거나 밖에서 떠돌다 온 사람들을 관에 두어 자기의 편으로 삼고 국토를 떼어주는 것은 위험하다.

◎ 태자가 지나치게 존귀하여 그 도당이 강하고 많아져 대국과의 교제도 잦아 우익(羽翼)이 성장하게 되면 임금을 죽이고 왕위를 빼앗는 시탈(弑奪)의 위험이 짙어져 위험하다.

◎ 인군이 성급해서 마음이 너그럽지 못하고 경망해서 분별없이 망령되게 행동하고, 초조해서 성내기 쉽고 이해득실을 헤아리지 못하며 소견이 짧아서 앞날을 내다보지 못한다면 나라는 위험에 처한다.

◎ 임금이 노하길 잘하고 싸우기를 좋아해서 농사와 훈련을 소홀히 하며 적국에 전공(戰功)을 경솔히 하면 그 나라는 위험하게 된다.

◎ 귀인이 서로 질투하며 대신이 권세를 쥐고 밖으로 외국에 힘을 빌고 안으로 백성을 괴롭히고 간사한 자들이 충직한 사람을 공격하

고 비난해도 이것을 금하지 못하고 내버려둔다면 그 나라는 위험하게 된다.

◎ 인군은 불초하고 덕망이 없으며 측실(側室), 즉 작은 부인이 뛰어난 재주가 있어 태자를 가볍게 여겨 서자와 대항하며 관리는 약해 권세가 없고 백성들이 오만하고 사나우면 나라는 위험하다.

◎ 마땅히 성을 내야 할 곳에 성내지 않고 감추며 죄를 주어야 할 사람에게 죄를 주지 않고 기다리게 하면 군신들은 그 죄인을 은근히 미워하여 더욱 불안한 생각을 갖게 되며 이것이 어떻게 될는지 백성들에게 의심을 품게 하면 그 나라는 위태롭다.

◎ 군여(軍旅)를 인솔한 총대장의 병권이 너무나 막중하고 변방을 지키는 수비 장군의 위엄이 너무 높아 인군의 제령(制令)을 경시하고 지나친 병권을 행사하게 되면 그 나라는 위험하다.

◎ 후처(后妻)는 행실이 음란하고 태후 또한 소문이 불미하여 외정내궁(外廷內宮)이 혼동되어 남녀가 마음대로 교통하며 태후와 후는 다 같이 권세를 잡고 교만하여 군신들은 태후의 편을 들고 혹은 후궁의 편을 들어 세력이 나누어진다. 이것을 양주(兩主)라 한다. 양주의 다툼은 역시 위험을 초래한다.

◎ 후처는 대우가 천하고 비첩의 대우가 귀하고 태자의 대우가 낮고 서자의 대우가 높고 경상의 대우가 가볍고 근시자(近侍者)의 대우가 무겁게 되면 안으로는 후처와 비첩의 불화가 일게 될 것이며, 경상과 근시자들 사이 또한 화합이 안 되어 안팎으로 어긋나게 된다. 이렇게 되면 위험하다.

◎ 대신은 매우 높고 귀해서 편당(偏黨)이 많고 인군의 총명을 마음대로 막아 가리고 국정을 함부로 흔들고 천단(擅斷)하게 되면 그

나라는 위험하다.

◎ 귀인고관의 사문(私門, 조정에 대하여 자기 가문의 낮춤말)을 줄로 해서 나온 자들이 관리로 기용되고 장수공신(將帥功臣)의 자손들이 초야에 묻히어 시골에서 조금 잘한 것이 크게 드러나고 관직에서 공을 세운 것은 묻히게 되며 개인이 사적으로 행한 일은 높이 평가받고 국가 사회에 세운 업적은 하찮게 평가된다면 그 나라는 위험할 것이다.·

◎ 국고는 텅텅 비고 대신들의 창고는 넘쳐나고 정당한 호적을 갖고 영주(永住)하는 사람들은 빈곤하고 밖에 들어와 사는 사람들은 부유하며 경작하고 전투하는 사람들은 곤궁하고 상공업자들이 이롭게 되면 그 나라는 위험하다.

◎ 국가를 위해 크게 이로울 수 있는 사업을 발견하면서도 추진을 못 하고 재난이 발생할 것이라는 사실을 입수하고도 방비를 못하며, 국방을 소홀히 하면서도 애써 인의(仁義)로 감추려고 힘쓴다면 그 나라는 위험하다.

◎ 인군에게는 인군으로서 효가 있을 것이며 필부에게는 필부로서의 효가 있을 것이다. 인군이 국가의 이익을 돌보지 않고 모후(母后)의 명령을 듣고 궁중의 여자와 이미 형을 받은 바 있는 전과자들이나 여자 또는 환관(宦官)들과 나랏일을 모의하게 되면 가망이다.

◎ 말은 솜씨 있게 잘하나 법도를 갖지 못하며 마음은 슬기로우나 술책이 부족하며, 인군을 능한 일이 많으나 불법무술의 사람만이 쓰이면 가망이다.

◎ 신인들만 득세하고 구관들은 물러서게 되고 불초우매한 자들만이 등용되고 현량하고 유능한 사람들은 물러가게 되며 훈공이 없

이도 권세를 얻고 성실히 노력하건만 상(賞)이 없다면 백성들은 임금을 원망하게 된다. 이와 같이 백성들의 원성이 높으면 나라는 혼란하여 위험하다.

◎ 부형(父兄)·대신(大臣)의 봉록이 공(功)에 지나치며 신분의 고하를 나타내는 의관이 등급을 침해하여 남용되며, 궁실에 대한 공양(供養), 즉 세비가 너무 사치할 정도로 많아도 인군은 이를 제한할 줄 모르고 신하들의 마음은 다다익선으로 족한 줄 모른다. 이리하여 부패와 부정이 늘어간다. 이렇게 되면 가망이다.

◎ 인군의 근친 또는 인척들이 계급을 자랑하며 인군의 위엄을 빌려서 난폭한 짓을 하면 가망이다.

이상과 같이 여러 가지 망징(亡徵)이 있다고 해서 반드시 망한다는 것은 아니고 망할 수 있는, 즉 가망의 요소가 많이 들어 있으니 인군, 즉 나라를 다스리고 있는 자는 조심해야 된다는 말이다.

여기에 두 사람의 요·순이 있다고 해서 능히 둘이 모두 왕을 할 수 있으며 두 사람의 걸·주가 있다고 해서 둘이 다 망할 수 있는 기미는 그때의 치란(治亂)과 강약(強弱)이 서로 양립되지 않고 한쪽은 다스려져 강하고 한쪽은 어지러워 약한 경우에 망왕(亡王)이 초래될 것이다.

나무가 꺾이는 것은 반드시 벌레가 먹어 썩었기 때문이며, 담장이 무너지는 것은 틈새가 나서 생긴 것이다. 그러나 좀먹고 틈새가 났다고 하여 심한 바람이 없으면 꺾이지 않을 것이며 또 담장에 틈새가 있더라도 큰비가 내리지 않으면 무너지지 않을 것이다. 만승대국의 인군으로서 능히 술책을 갖고 법도를 행한다면 이것들은 인군에게 풍우가 되어 도움이 될 것이며 이러한 망징에도 천하에 왕 노릇하기가 그리 곤란한 것은 아닐 것이다.

제9편 난언(難言)

말하기가 매우 어려움을 들어 한비는 당시 한나라 왕에게 이 글을 올렸다. 설자(說者)의 말은 흔히 듣는 자에게 오해를 사기 쉽다는 이유를 들고 이러한 오해에서 많은 성현충신과 의인능사들이 박해를 당하였음을 말하였다.

신(臣) 한비(韓非)는 까닭 없이 대왕께 말씀 올리기를 싫어하는 자가 아닙니다. 그러나 때로는 몹시 어렵게 여깁니다. 그 이유는 다음과 같습니다.

신의 말이 대왕의 마음을 거슬리지 않고 물 흐르듯이 또는 비단같이 아름답고 조리 있게 말씀을 올리면 듣고 나신 뒤에 하시는 말씀이 그 사람 말은 겉치레만 그럴듯하고 아무런 실속이 없는 이상론에 지나지 않는다며 받아주시지 않고, 신의 말이 정중하고 진실하며 조심조심 실질적인 말씀을 올리면 듣고 나신 뒤 하시는 말씀이 말솜씨가 매우 서툴고 앞뒤가 맞지 않는다고 하시면서 받아주시지 않으며, 신의 말이 수다하여 장황하게 옛이야기를 비유하여 알아듣기 쉽게 말하면 지난날의 진부한 말로 현실과 멀리 떨어진 수작이라고 웃어버리고 다들 공허해서 사실 쓸데없다고 받아주시지 않으며, 신의 말이 대강대강 요점만을 간단명료하게 말하면 듣고 나신 뒤 하시는 말씀이 말이 어둔하고 자상하지 못하여 알아들을 수 없다고 하시면서 받아주시지 않는다.

신의 말이 친근을 표시하면서 그 의중을 살펴가면서 가끔 다짐하며 말하면 듣고 나신 뒤 저 사람은 나의 속을 살피려고 하는 자이거나 건방지고 겸손의 덕이 없는 자로 오해하고 받아주시지를 않으며, 신의 말이 고담준론(高談峻論)으로 묘원불측(妙遠不測)하게 말이 나가면 듣고 나신 뒤 너무나 허황하고 과장되어 이 역시 쓸데없다고 무시해버린다. 이번에는 그와는 반대로 신의 말이 세세한 재리적(財利的)인 내용으로 요새 쌀값이나 소금값이 올랐다는 자질구레한 살아가는 걱정으로 말씀을 올리면 듣고 나신 뒤 하시는 말씀이 그자는 시정잡배로 비루하기가 짝이 없다고 하시면서 상대하지를 않는다. 신의 말이 세속적이고 현실성을 들어서 말이 순탄하고 온건해서 마음을 맞춰가면서 조용조용 말씀을 올리면 듣고 나신 뒤 하시는 말씀이 그 사람은 속으로는 무엇인가 생각하고서 나에게 아첨하는 자라고 하면서 받아주시지를 않는다.

신의 말이 세속을 떠나 기담궤변(奇談詭辯), 횡설수설(橫說竪說)로 한바탕 떠들어대면 하시는 말씀이 말쟁이로 수다하여 하나도 실속 없는 허무맹랑한 말이라고 하시면서 받아주시지를 않는다. 또한 신의 말이 재치 있고 능숙해서 문자도 가끔 섞어가면서 재미있게 말씀을 올리면 듣고 나신 뒤 그 사람의 말은 그럴싸하게 잘하지만 역시 겉치레일 뿐이고 내용이 빈곤하다고 하시면서 일축해버린다. 신의 말이 유식을 떠나 생각 그대로 생긴 그대로 말씀을 올리면 듣고 나신 뒤 하시는 말씀이 원체 속에 든 것이 없고 문견이 좁아서 야비하기가 말할 수 없다고 하시면서 받아주시지를 않는다. 신의 말이 유식이 풍부하여 가끔 시경도 외우고 서경의 전고(前古) 들어 옛날 공자와 맹자의 인의와 도덕을 설파하여 말씀을 올리면 듣고 나신 뒤 하시는 말씀이 그 사람은 꽤 유식을 자랑하여 옛글 옛일을 외우고 찬미하나 지금 시대에는 케케묵은 수작이라고 하시면서 또한 무시해버린다.

　이상에서와 같이 몇 개의 이유에서 신 한비는 대왕께 말씀을 올리기를 주저하며 또는 벼르고 별러 모처럼 올린 말을 들어주시지 않으시며 또한 쓰이지 않음을 매우 마음 아프게 여기는 바입니다.

　그러므로 가령 신이 올리는 말씀이 비록 법도에 정확한 말일지라도 임금께서는 반드시 들어주시지 않을 것이며, 대의명분(大義名分)에 비록 완전할지라도 임금께서 반드시 채택하신다고 장담할 수 없는 일입니다. 그리고 대왕께서 위에서 말한 유례를 들어주시고 채택하신다는 그런 소망적인 것보다도 위에서 말씀이 임금님의 귀에 거슬리고 마음에 맞지 않으시게 될 때 적게는 신 한비는 밥 먹고 할 짓이 없어서 인군을 헐뜯고 비방하고 다니는 자라고 눈총을 받게 될 것이며 크게는 임금님의 분노를 사는 역린(逆鱗)에 걸려 일신이 사망하고 삼족이 멸망한다는 커다란 재난과 화근을 만들게 될 것입니다. 이제 그 실례를 몇 가지 들어서 말씀 올리겠습니다. 옛날 오자서(吳子胥)는 오왕부차(吳王夫差)에 그러한 충신이 있을 수 없었으며 그러한 모사가 될 수 없었습니다. 그러나 오자서는 오왕부차에게 오해를 받고 오나라 동문 밖에서 촉루검(觸髏劍)을 안고 자살하였습니다.

　중니(仲尼)는 천하의 대성인으로 사악에 파묻힌 인류를 구원하기 위하여 인의를 내세우고 도덕을 설파하여 중원각국을 주유(周遊)할 때 광(匡) 땅을 지나다가 제자들과 함께 광인에게 갇혀서 말할 수 없는 위경에 빠졌던 것입니다.

관이오(管夷吾)는 당대의 현자로서 이름이 높았습니다. 그러나 웬일인지 노나라 사람들에게 결박되어 제환공에게 송치되어 왔습니다.

이 세 분은 충신이며 성인이며 현인이었으나 시대와 인군들을 잘못 만나 그 인물을 알아주지 못하였던 것입니다. 또 옛날 탕왕(湯王)은 지극한 성군이었으며 그 신하인 이윤(伊尹)은 지극한 지자(智者)였습니다. 여기서 생각되는 것은 지극한 지자로서 지극한 성자에게 말한다면 가로막힐 것이 없어서 무엇이든 즉시 통할 것 같습니다만 그것이 그렇게 안 되어서 이윤은 탕왕에게 등용되기를 바라고 칠십 회나 거듭하면서 써주기를 애걸했으나 종시 뜻을 이루지 못하고 할 수 없어서 칼도마를 들고 음식을 만드는 천한 사람이 되어 탕왕을 위하여 음식을 만듦으로 아침저녁 접근하게 되었던 것입니다. 날이 가고 달이 가며 탕임금도 이윤을 접촉해보며 그 인물이 범상치 않으며 그 재능이 또한 초월함을 발견하고 드디어 재상의 자리에 올려 앉히게 되었던 것입니다. 그래서 고담에 말하기를 지지(至智)로서 지성(至聖)에 말해도 반드시 통할 것이라고 봐서는 안 된다고 한 것은 이윤과 탕왕을 두고 한 말이며 또는 지지(至智)로서 지우(至愚)에 말해서는 반드시 불통이라고 말한 것은 주문왕(周文王)이 은주왕(殷紂王)에게 말한 것을 이르는 것 같습니다.

문왕은 주왕의 포악무도함을 고쳐주려고 충간(忠諫)을 했지만 지우인 주왕은 들어주기는커녕 도리어 문왕을 은나라 옥에 가두었던 것입니다. 이 밖에도 충신으로 지인(至人)으로 인군을 잘못 만나 박해와 고난과 사망과 형육(刑戮)을 당하여 비참한 일생을 마친 사람들은 예로부터 지금에 이르기까지 수없이 많습니다. 이제 그 사실을 생략

하고 그들의 이름만 들어본다면 익후(翼侯)는 육체가 산적으로 구워졌
으며 귀후(鬼侯)는 육체가 포로 떠서 말려졌으며 비간(比干)은 심장이
쪼개지고 매백(梅伯)은 소금에 절여졌으며 백리해(百里奚)는 길에서 잡
아먹혔으며 부열(傳說)은 일터에 종으로 팔려 다녔으며 손빈(孫臏)은
위(魏)에서 다리를 끊기고 오기(吳起)는 초에서 사지를 분해당했으며
공손앙(公孫鞅)은 진에서 수레에 찢기고 관룡봉(關龍逢)은 목이 베이고
창홍(蒼弘)도 찢기고 윤자(尹子)는 독사함정에 던져지고 범수(范睢)는
위(魏)에서 늑골이 분질러졌습니다. 이와 같이 이들 십수인 모두 당대
의 어진 사람들이며 현인이며 충신이며 양사(良士)로서 몸에 도덕과
술법을 지닌 훌륭한 선비였지만 불행하게도 지극히 어둡고 지극히 사
납고 지극히 어지러운 인군들을 만나서 자기들의 충성과 도덕과 재능
을 다하지 못하고 비참하게 종말을 짓고 말았던 것입니다.

이러한 성인들, 현인들, 지인들도 죽음의 사지에서 도망치지 못했
으며 형벌에서 피하지 못했을 것입니다. 이것이 무슨 까닭일가요?
말할 것도 없이 지극히 미련한 자에게는 아무리 좋은 말도 통하지
않습니다. 통하지 못하여 죽는 일 죽이는 길밖에 없었던 것입니다.
그래서 군자는 말하기를 퍽 어렵게 여기는 바입니다. 더군다나 귀에
거슬리는 말이나 마음에 들지 않는 사람을 거용(擧用)하기란 세상에
서도 드물게 보는 성군이나 명군이 아니고서는 현지충양(賢智忠良)의
말을 받아줄 만한 아량을 갖지 못하는 것입니다. 원컨대 대왕은 숙
찰하시기를 바라옵나이다.

제10편 화씨(和氏)

　화씨가 초왕에게 정제되지 않은 옥 덩어리를 헌상(獻上)한 것을 말하므로 인군이 신하에 대하여 그 충간(忠奸)을 감별하는 명찰(明察)이 없어서는 안 됨을 말한다.

　초인화씨(楚人和氏)는 박옥(璞玉)을 초산에서 캐어 여왕(厲王)에게 올렸다. 여왕은 옥공을 불러 감정시킨 바 옥공은 박옥이 아니고 돌이라고 하였다. 여왕은 노하여 화씨를 임금을 속인 광인(狂人)이라 하고 그 죄로 왼쪽 발을 잘랐다. 그 뒤 여왕은 죽고 무왕(武王)이 왕위에 올랐다. 화씨는 다시 그 박옥을 무왕에게 올렸다. 무왕은 옥공으로 하여금 감정하게 하고 역시 돌이라고 말하였다. 무왕은 화씨를 광인이라 하고 오른쪽 발을 잘랐다. 그 뒤 무왕은 죽고 문왕(文王)이 왕위에 올랐다. 화씨는 박옥을 안고 초산기슭에서 사흘 낮 사흘 밤 통곡하여 눈물은 마르고 피눈물이 흘렀다. 문왕은 이 소문을 듣고 사람을 보내어 그 이유를 들어 말하면서 천하에 죄를 얻어 발이 잘린 자가 너만이 아닌데 너는 어찌하여 이토록 우느냐 하고 물었다. 화씨가 저는 잘린 발이 슬퍼서 우는 것이 아니고 천하의 보물을 돌이라 하여 몰라주는 것이 슬프고 정직한 사람을 광인으로 모는 것이 서러워 운다고 하였다. 문왕은 즉시 옥공을 시켜 그 박옥을 다듬게 한바 과연 천하에 다시없는 보물이었다. 왕은 크게 기뻐하면서 그것을 화씨벽(和氏璧)이라고 명명하였다.

대체 주옥은 천하인군들이 얻으려고 애쓴다. 그렇다고 하여 화씨가 바친 박옥은 설사 아름답지 않다고 하여도 그것이 왕에게 해될 것은 없었다. 그러나 화씨는 도리어 두 발이 잘리고 비로소 그 박옥은 천하의 보물로 알리게 되었다. 보물을 논하기에도 이렇게 어려운데 하물며 제왕(帝王)의 박(璞)이 되는 법술에 대해서는 어떠한가? 법술은 사람들의 마음속 간악함을 알아낼 수 있는 보물인 것이다. 그러나 인군들은 화씨벽 구하려는 열띤 마음만큼 사악을 금하려는 법술의 선비를 구하려 들지 않는다. 그러나 박옥으로 인해 화씨는 두 발이 잘렸다는 말은 들었지만 아직 법술을 가진 사람으로 참혹한 형에 처했다는 말은 듣지 못하였다. 이는 제왕의 박이 되는 법술이 임금들에게 올려지지지 않고 있기 때문이다. 만일 이것이 인군에게 올라가 인군의 권세를 이용해 그 술을 쓰게 된다면 대신들은 국사를 마음대로 못 할 것이며 곁에 있는 측근들은 인군의 권세를 이용해 자기들의 이익을 얻지 못할 것이다. 그 법이 관에서 행해지면 골목길을 헤매는 불량배들은 다들 농사일터로 나가게 될 것이고 말품을 파는 한량패들은 모조리 위험을 무릅쓰고 전선으로 나아가게 될 것이다. 이렇게 되면 모두 법술의 명령을 받게 되므로 법술은 대신들은 물론 일반사회인까지도 못살게 하는 화근으로 여기게 된다. 인군은 능히 대신들의 모의를 물리치고 일반민중의 비방에 초월하지 않고서는 법술은 쓰이지 못할 것이다. 화씨는 발이 잘리면서도 그 보물을 알렸지만 법술을 가진 사람은 그 목숨이 사망에 이를지라도 그 법술을 알리지 못하는 불행이 없지 않다.

　　초나라 풍습과 제도에 대신은 권력이 지나치게 강하고 봉군(封君)의 수가 많으므로 이대로 권세팽창을 방치한다면 머지않아 인군에게 핍박이 도래하게 될 것이며 백성은 학정에 못 견디게 될 것이므로 그때 오기(吳起)는 초도왕(楚悼王)으로 하여금 초나라의 관습과 제도에 대해 혁신할 것을 촉구하였다. 봉군의 자손들은 3세로 제한하여 그 봉토를 회수하며 백관의 봉급은 절감시켜 그 수입을 군대양성에 쓰게 하였다. 그런데 이것은 단행한 지 일 년이 못 되어 도왕이 죽고 오기는 초에서 사지를 찢기고 말았다.

상군앙(商君鞅)은 진효공(秦孝公)을 도와 국민을 통반제로 조직하고 동죄상좌(同罪相坐)하는 고좌법(告坐法)을 설정하였으며 시서백가를 불사르고 법령만을 밝혔으며 공이 없이 청탁함을 막고 놀고먹는 백성을 금하고 농경과 전쟁에 힘쓴 자는 반드시 출세의 길을 열어주었다. 효공은 이를 행하여 인군의 지위는 존귀하고 확고하여 국가는 부강해졌다. 그러나 왕위에 오른 지 8년 만에 효공이 죽자 상군은 진에서 수레에 찢기고 말았다.

초는 오기의 말을 채 쓰지 못하였으므로 나라는 어지러워지고 진은 상군의 법을 행하여 나라는 부강해졌다. 이 두 사람의 말은 정당하였으나 오기가 사지가 찢기어 분해당하고 상군이 육신이 수레에 찢기는 차열(車裂)형으로 무참하게 죽게 된 것은 무슨 이유인가? 말할 것 없이 대신들이 법의 엄정함을 괴롭게 여기고 세민들이 치안을 싫어했기 때문이다. 지금 세상은 대신은 법을 어기고 그 은혜를 팔아 권세를 누리고 있으며 백성들은 청탁함으로써 출세를 꾀하고 있는 것이 진·초(秦·楚)의 해이한 풍습보다 더 심하여 인군들은 초도왕이나 진효공만큼도 법술을 들어주지 못하고 있다. 이때 법술을 가진 사람으로 어찌 능히 오기와 상군 두 사람의 위험을 무릅쓰면서 자신의 법술을 밝힐 수 있겠는가? 이런 이유로 세상은 혼란해지고 패자(霸者)나 왕이 좀처럼 출현하지 못하게 되었다.

제11편 유도(有度)

유도란 법도(法度)를 지키는 것이다. 국가의 강약은 법도를 갖느냐의 여부에서 갈린다. 군신백관들은 힘써 법도를 지켜 사심을 품지 않으면 나라는 잘 다스려질 것이다.

본래 강한 나라가 있는 것이 아니고 본래 약한 나라가 있는 것도 아니다. 법도를 갖고 법치를 주장하는 사람의 의지가 굳으면 나라는 강해지고 법을 행하는 사람의 의지가 약하면 나라는 약해진다. 이 사실을 역사적으로 보건대 초장왕(楚莊王)은 일찍이 26국을 병합하고 땅을 사방 삼천 리로 넓혔다. 그런데 장왕이 죽고 경양왕(頃襄王)이 대를 이었으나 진인(秦人)에게 망하고 말았다. 그러나 장왕시대의 백성과 사직(社稷)이나 경양왕시대의 백성과 사직이 다른 것은 아니었다. 제환공은 30여 개국을 병탄(併呑)하고 국토 삼천 리를 열었다. 그러나 환공이 죽은 뒤 오공자(五公子)의 내란으로 망하고 말았다. 그렇다면 환공이 죽기 전의 백성과 사직은 환공이 죽은 뒤의 백성과 사직에 다른 점이 무엇인가?

연소왕(燕昭王)은 황하(黃河)를 국경으로 하고 계(薊)를 국도(國都)로 정하고 탁군방성(涿郡方城)을 습격하여 제국을 삭감시키고 중산국을 평정하였다. 그래서 천하제후들은 연의 구원을 얻은 자는 강해지고 연의 구원이 없는 자는 약해졌다. 그러나 소양왕이 죽고 그 아들이 대를 이었으나 연은 망하고 말았다. 그렇다면 백성과 사직에 다른 것이 있었던가?

위안리왕(魏安釐王)은 조(趙)를 쳐서 연을 구원하고 하동(河東)을 손에 넣었으며 도위(陶衛)땅을 흡수하고 군사를 제에 출동하여 평육(平陸)을 점령하여 지방 도회로 삼고 관(管)을 뽑고 기하(淇河)싸움에서 전승하였다. 수양(睢陽)싸움에서 초군은 오래 견디지 못하여 패해 달아났으며 채(蔡)와 소능(召陵)싸움에서도 다시 위군은 초군을 대파했다. 그리하여 위국의 군대는 천하 어느 곳에든 주둔하고 국위(國威)는 관대(冠帶)국, 즉 중원에 떨쳤다. 그러나 안리왕이 죽자 진(秦)에게 위국은 망하고 말았다. 이와 같이 초장왕 제환공이 있으므로 초(楚)와 제(齊)는 천하에 패왕이 될 수 있었으며 연소왕과 위안리왕이 있으므로 연(燕)과 위(魏)는 강국이 될 수 있었다. 그러나 지금은 모두 망하고 말았다. 무슨 이유에서일까? 망할 때의 군신이나 백관들은 어느 나라를 막론하고 정사가 어지러워 망할 수밖에 없는 짓에만 힘쓰고 나라가 다스려질 수 있는 일은 전부 던져버렸던 것이다. 어디 그뿐이겠는가. 그때의 군신(群神)이나 관리들은 국법을 던지고 다들 합종연횡(合縱連橫)의 외교관계에 열중하여 강대국에 의존해서 도움만 얻으려고 했으니 이들에게 국사를 맡긴다는 것은 마치 섶을 지고서 불을 끄라는 격으로 난약(亂弱)해지기가 이보다 더 심할 수가 없었다.

이러한 역사적 사실을 거울로 하여 오늘날엔 나라를 다스리는 자는 사대사상에서 오는 의존(依存)주의와 사곡(私曲)한 행위를 버리고 공법(公法)을 행한다면 백성은 평안할 것이며 나라는 안정되고 강국이 될 것이다. 법도를 배우고 법치에 밝은 유능한 인사를 찾아 그 지위를 높여 군신들 위에 올려놓으면 사람들은 감히 거짓된 말이나 행위로 인군을 속이지 못할 것이다. 또한 천하사정과 국가경중(輕重)을 저울질할 수 있는 권형(權衡)에 밝은 사람을 찾아 외교관계를 맡게 하면 사람들은 이 사람 앞에서는 감히 외교적인 합종이나 연횡에 대하여 어느 것이 가볍고 어느 것이 무거우니 하면서 천하경중으로 인군을 속이지 못할 것이다. 지금 만일 인군이 사람을 쓰는 데 남이 말하는 소문만을 듣고서 채용한다면 사람들은 헛 칭찬을 얻기 위하여 인군을 떠나 자기들끼리 서로 돕고 서로 감추어주는 이른바 같은 편이 되어주는 당여(黨與)와 같은 사곡한 일만 하게 될 것이다. 만일 인재를 같은 파당의 편이 되는 사람만을 관리로 기용한다면 신들은 사사로이 교의(交誼)에 힘쓰고 정실에 의존하여 정당한 인재등용의 법 절차를 밟으려 하지 않을 것이다. 이렇게 되면 관계(官界)는 능력 있는 사람을 잃게 되어 그 나라는 어지러워질 것이다.

이렇게 소문만을 듣고 경솔하게 상을 주고 헛소문만을 듣고 벌을 준다면 상을 좋아하고 벌을 싫어함은 인지상정이므로 누구 할 것 없이 다른 공법을 버리고 사사로운 술책을 써서 서로를 도와줄 것이다. 이와 같이 인군을 잊고 저희끼리 무리지어 교의하면서 서로 추천하게 된다면 사람들은 인군을 위해 일해보려는 의욕이 소실될 것이다. 이러한 무리들은 사교(私交)만을 일삼아 그 무리로 내외 붕당이 되어 서로 눈을 가려줌으로 인군에 반역하려는 흉계마저 꾸며도 서로 은폐하고 대과를 범한 자가 있더라도 인군의 귀에 들려오지 않게 될 것이다. 세상이 이렇게 되어 가면 충신은 항상 위험 속에 살면서 죄 없이 죽게 되고 간신은 평안하고 공 없이도 상을 얻게 된다. 충신이 위험하고 죄가 아님에도 죽게 되면 양신(良臣)들은 세상이 두려워 깊은 산속으로 몸을 감출 것이며 간신은 평안하고 공이 없어도 이익을 얻는다면 역도들은 그들끼리 기맥이 통해서 연줄을 달아 진출하게 될 것이다. 이것은 말할 것 없이 국가가 망해가는 장본이다. 이렇게 되면 군신들은 법을 버리고 붕당을 만들어 서로들 소중히 여겨 공법 같은 것은 안중에 두지 않게 될 것이다.

자주 권세를 잡은 능인(能人)의 문에는 아침저녁으로 부산하게 들랑거리지만 조정과 인군이 있는 곳은 좀처럼 찾지 않을 것이다. 열 번이고 백 번이고 자기들의 집을 위해 편의를 도모하지만 인군이나 나랏일을 위해서는 한 번도 생각조차 하지 않는다. 그러므로 관속들은 비록 많으나 다들 사심(私心)을 행할 뿐 인군을 높이려는 자들은 있지 않으며, 백관은 갖추어 있으나 다들 시속에 능한 능인의 편이지 나라와 국사를 걱정하는 자들은 아니다. 이러면 인군은 인군이란 허울 좋은 이름은 있지만 기실인즉 군신들 집에 곁방살이를 하는 셈이다. 한비는 이것을 가리켜 인군도 신하들의 집에서 육척(六尺)의 고(孤)를 기탁하는 데 지나지 않는다고 표현했다. 또한 한비는 망해가는 조정에는 사람이 없다고 했다(亡國朝廷無人). 조정이 요요적적해서 사람 그림자도 없다는 것이 아니고 집들이 잘되기에 힘쓸지언정 나라 잘되기에는 힘쓰지 않으며 대신들이 서로 높아지기에 힘쓸지언정 인군을 높여보려는 충신이 없다는 것이다. 그리고 하찮은 자리에 있는 신하들은 어떻게 하면 녹을 좀 더 받아 살아가는 데 넉넉하게 할 수 있을까를 눈만 뜨면 생각할 뿐이며 나랏일을 잘해보려는 생각은 없는 것이다. 왜 이렇게 세상이 잘못되어 가는지 그 이유를 한비는 인군이 법에 의하여 몸소 일을 처단하지 못하고 대소사를 아래에 맡긴 데 있다고 지적했다.

그러므로 명군은 법으로 사람을 선택하고 스스로 등용하지 않으며 법으로 공을 만들고 스스로 헤아리지 않음으로써 유능한 사람은 자연히 진출하게 되며 능력이 없는 자들은 그 과를 꾸며 은폐할 수 없으며 칭찬과 같은 소문으로 해서 진출이 불가능하고 비난을 받는 다고 해서 퇴각되는 것도 아니다. 이와 같이 인군과 신하들 사이에 는 선악의 가려짐이 없이 드러나게 함으로써 쉽게 다스릴 수 있다. 요컨대 인군은 법으로 가부를 바로잡으면 되는 것이다.

현능한 사람이 처음으로 인군을 뵈옵고 신하되는 예를 행하게 될 때 예물을 올리고 북면하여 절을 하면서 두 마음이 없는 일편단심으로 서약하고 조정에서 어떠한 천한 지위도 달게 받으며 군례(軍禮), 즉 군복무에 있어서는 어떠한 위험한 자리도 감히 사양치 않고 인군의 명령에 순종하여 인군의 법을 좇아 자신을 바쳐 복종할 뿐이며 좋고 싫음, 옳고 그름에 일절 말 없기를 굳게 다짐하는 것이다. 그리하여 입은 있어도 자신을 위해서는 말하지 않으며 눈은 있어도 자신을 위해서는 보지 않고 인군을 위해서 모두 바치는 것이다.

군주는 만기(萬機)를 통솔하므로 신하 된 자는 비유컨대 손과 같다. 손은 위로 머리를 다듬고 아래로 발을 더듬어 차고 덥고 뜨겁고 추운 데에 있어 손이 가지 않는 데가 없다. 만일 날카로운 비수가 자기 몸을 스쳐간다면 아무리 위험해도 용감히 손은 그것을 쳐서 막지 않으면 안 될 것이다.

명군은 현철한 신하와 지능이 있는 사람을 사사로이 쓰지 않는다. 모두 공공연한 입장에서 기용함으로써 정치는 잘되고 나랏일도 잘 다스려지므로 백성들은 불안을 느끼고 월경(越境)해서 다른 나라로 넘어가는 일이 없을 것이다. 이와 같이 이웃 나라에 가서 자기들의 이익을 위해서 딴생각을 하는 자가 없으므로 인군에게는 백 리 밖

먼 곳에 대한 불안한 일이 없고 그래서 신분이 귀한 사람이나 낮은 사람 할 것 없이 각각 맡은 지위를 넘어 간섭하지 않으며 어리석은 사람이나 슬기로운 사람들은 서로 손을 잡고 사이좋게 지낸다. 이것은 인군과 신하의 가장 이상적인 관계이며 또한 나라를 다스리는 지극한 길인 것이다.

인군이 주는 벼슬과 봉록이 마음에 들지 않아 나라를 떠나 다른 나라에서 새로운 인군을 찾는 자는 마음에 탐욕만 가득하고 지조를 지키지 않는 자이므로 신은 그런 자를 청렴하다고 말하지 않으며, 거짓말과 법도에 항거하여 순종하지 않고 충간(忠諫)을 빙자하여 인군을 능멸하는 자이므로 신은 그런 자를 충신이라고 말하지 않으며, 사사로이 은혜를 행하고 이익을 나누어주는 자는 은혜를 베풀어 민심을 사는 자는 장차 딴 꿈을 꾸는 자이므로 신은 어진 사람이라고 말하지 않으며, 세상을 등지고 산속에 숨어서 세상을 탄식하고 인군을 비방하는 자는 자기 인군의 잘못만은 선전하는 자이므로 신은 그런 사람을 의인(義人)이라고 말하지 않습니다. 그리고 밖으로는 제후와 교통하며 안으로는 국고를 축내어 국가가 위험해지는 틈을 타 그 인군을 공갈하면서 말하기를 외국과의 친교는 나의 능력이 아니고서는 친선관계의 유지도 그간의 원한관계도 풀리지 않는다고 호언장담을 하면서 인군으로 하여금 이 말을 믿게 함으로써 전권을 잡고 인군의 존엄을 격하(格下)하고 자신의 이름을 드러내고 국고를 빼돌려 자신의 집을 이롭게 하는 자는 이른바 간웅(奸雄)인 것이다. 신은 이러한 사람을 지사(智士)라고는 말하지 않는다. 이상에서 말한 몇 가지 인물은 세상을 험구(險口)하면서 한때의 이름과 이익을 취하는 자이므로 선왕(先王)의 법에서는 버린 사람들이다.

선왕의 법에 말하기를 신하 된 자는 인군의 위엄을 앞세우고 자기 위엄을 펼쳐서는 안 된다. 신하 된 자는 나라의 재물을 도둑질하여 자기의 이익을 삼지 말라. 신하 된 자는 인군의 명령에 복종하라. 신하 된 자는 인군의 뜻을 거스르지 말고 좋다 싫다 하면서 자기 욕심을 말하지 말라. 그리고 인군의 법술을 따르라 하였다. 이와 같이 옛날에 치국경세(治國經世)에 이름을 낸 사람들은 자기의 술책을 버리고 국법을 받들어 몸과 마음을 군국(君國)에 바칠 것을 각오하고 인군의 임용(任用)을 기다린 것이다.

대개 인군은 혼자이고 대하는 신하는 많으므로 한 사람의 몸으로 백관의 마음속을 감찰한다는 것은 실로 시간도 없거니와 힘도 부족한 것이다. 또 인군이 위에 앉아서 자기의 눈으로 신하들의 잘잘못을 보려고 하면 신하들은 재주를 부려 인군의 눈에 들도록 꾸밀 것이며, 인군이 위에 있어서 자신의 귀로 신하들의 잘잘못을 들으려고 하면 신하들은 인군에게 잘 들리기 위하여 그 말솜씨를 꾸며 재주를 부리게 될 것이다. 또한 인군의 위에 앉아서 자기의 슬기를 써서 신하들을 다루려고 하면 신하들은 말을 꾸며 인군의 총명을 흐리게 한다. 그러므로 선왕은 자기의 눈 자기의 귀 자기의 슬기 이 세 가지로는 인간의 간악함을 막는 데 부족하다 해서 자기의 능력을 버리고 법에 의탁하여 상벌로 한 것이다. 이것은 선왕이 나라를 다스리는 중요한 요령이었다.

그리고 선왕은 법을 제정함에 있어 일반대중이 쉽게 알 수 있게 간략하고 평이하게 하는 것을 주안으로 하였다. 그래서 법문 자체는 생략했지만 백성들은 법의 정신을 잘 파악하고 실행했다. 그리하여 인군이 대권을 잡고 천하를 다스려 간악한 무리들이 감히 국권을 침해하지 못하였다. 저들 간악한 무리들이 아무리 간교한 지혜가 있더라도 그 거짓을 부리지 못하였으며 아무리 흉측하고 음험하여도 그 간악함을 쓸 수가 없었다. 이와 같이 간사한 행위가 발을 붙일 곳이 없게 되어 멀리 천 리 밖에 있는 자일지라도 감히 말을 바꾸어 거짓을 꾸미지 못하였으며 가까이 있는 자일지라도 감히 그릇된 짓을 선으로 꾸미지 못하였다. 그 결과 위로는 조정대신과 백관으로부터 아래로는 먼 시골의 말직에 이르기까지 법에 살고 법에 죽음으로써 각기 자기 직위를 남용하여 침해하는 일이 없었다. 이리하여 인군의 치국은 안정을 회복하여 세상은 평온하고 신하와 백관들은 서로 친목해서 다투지 않았다. 이렇게 다스려진 것은 위에서도 말한 바와 같이 친근중신(親近重臣)이나 소원미천(疏遠微賤) 할 것 없이 모두 법도를 갖고 상벌을 엄히 행함에 있어 아무리 귀인중신일지라도 피할 수 없으며 선함을 상주는 데에 비록 하찮은 사람이라 하더라도 버리지 않고 임용하는 인군의 권세가 법교(法敎)에 있기 때문이었다.

대개 간신들이 인군을 침해하는 수단은 마치 인군으로 하여금 익숙지 못한 산속으로 길을 안내하여 구름과 안개에 싸여 방향을 잃게 함으로써 인군을 험지에 빠지게 하는 것과 같다. 그러므로 선왕은 방위를 가르치는 지남차(指南車)에 비할 수 있는 법을 마련하여 아침저녁으로 발생하는 사건의 단서를 규명하여 잘잘못을 바로잡게 한 것이다.

그러므로 명군은 신하들로 하여금 법에서 벗어나는 일을 행하지 못하게 하였으며 법을 빙자하고 사사로이 은혜를 행하지 못하게 경계하였다. 이것은 인군을 침해하는 행위를 미리 막기 위함이었다. 이리하여 신하들로 하여금 일거일동이 법에 일치할 것을 경고했다.

이와 같이 법을 준엄하게 한 것은 사람의 사악함을 미리 막자는 것이며 형을 무섭게 한 것은 명령을 지키고 사람들을 징계하려는 것이었다. 그러므로 위엄자의 권세인 위권(威權)은 신하에게 빌릴 수 없으며 재가권을 신하들과 같이해서는 안 된다. 만일 위권이나 재가권을 함께하게 되면 모든 사악이 머리를 들게 되는 것이다. 법에 신의가 없으면 다시 들어주지 않게 되므로 인군은 위험하고 위태로운 것이다. 왜냐하면 말한 것이 행해지지 않고 행하는 것이 말한 바가 아닌데 사람들은 모든 것을 불신하게 됨으로써 언행이 서로 거짓되어 이처럼 불행한 일이 없는 것이다. 그러므로 형벌은 단행해야만 사악이 승하지를 못하는 것이다.

양공(良工)은 눈으로도 치수를 맞힐 수 있지만 반드시 척도(尺度)를 써서 재며, 가장 뛰어난 지혜를 가진 사람인 상지(上智)는 비록 민첩하고 영리해서 일에 틀림이 없으나 반드시 선왕의 법을 가지고 비교하는 것이다.

먹줄은 곧아야 하고 굽은 나무는 깎이고 준기(準器)는 골라야 높낮음이 없어지는 것이다. 저울에 달아서 무거운 것은 가벼운 쪽에 보태고 말도 되어서 많은 것은 쪽을 덜어서 적은 쪽에 보탠다. 성인이 법으로 나라를 다스림도 이러한 거조(擧措)인 것이다.

법은 귀인에게 아첨하지 않으며 먹줄은 굽은 데를 비끼지 않는다. 그러므로 법이 가해지는 곳에는 아무리 지혜자일지라도 변명하지 못할 것이며 용맹 있는 자일지라도 다투어 막지 못할 것이다. 과실이 있으면 벌을 주어 여하한 신성자일지라도 감히 피하지 못할 것이며 선행이 있으면 상을 주고 아무리 보잘것없는 필부(匹夫)요, 비천한 자일지라도 빼놓을 수 없다.

그러므로 법은 위에서 실수가 있으면 그것을 바로잡을 수 있으며 백성들이나 신하들에게 잘못이 있을 때는 이것을 힐책(詰責)하여 어지러움을 다스리며 그릇됨을 끊으며 남는 데를 줄이고 적은 데를 보태어 백성을 고르게 하는 데는 법이 아니고는 미연에 막을 수가 없다. 관속을 독찰하고 난민을 위압하여 음란하고 위태로움을 물리치고 거짓을 그치게 하는 데는 형벌이 아니고는 할 수가 없을 것이다. 법은 무거워서 감히 신분이 귀하다고 해서 천한 자와 바꿀 수 없으며 법이 자상하여 인군은 높고 침해하지 못한다. 인군이 높아서 침해를 받지 않게 되면 인군은 세력이 강해지고 주권을 지키게 되는 것이다. 그러므로 선왕은 이것을 귀중하게 여기고 또한 후세에 전하게 한 것이다. 만일 인군이 법을 무시하고 사사로운 일을 행하게 되면 상하귀천이 혼란하게 되고 선악이 혼동되어 정치는 어두워질 수밖에 없게 될 것이다.

제12편 고분(孤憤)

    법술을 가진 선비 또는 덕망이 높은 현자는 대개 고독하여 한 편이 되는 당여(黨與)가 없으므로 출세할 길이 막혀 있다. 화씨가 옥을 안고 길이 호곡함을 보고 한비는 마음속 깊이 느껴진 바가 있어 울분을 참지 못하여 이 글을 쓰게 되었다.

    지술(智術)이 있는 사람은 반드시 일을 멀리 보고 고루 살핀다. 하늘에 사명이 있고 사람에게도 사명이 있다. 만일 고루 살피는 명찰이 없으면 사람의 사심을 알아낼 수 없을 것이다.

    능법(能法)을 주장하는 사람은 반드시 의지가 굳고 마음이 정에 흔들리지 않아야 한다. 만일 강직하지 못하면 법을 세워 사람의 허물을 바로잡지 못할 것이다.

    인신(人臣)은 군명(君命)을 좇아 법을 갖고 정사를 다스리는 자로 내가 말하려는 중인(重人)이 아니다. 중인은 왕명을 어기고 국법을 깨뜨려가면서 자신의 권익을 꾀하고 국고를 축내는 사람이다. 그 힘이 점점 자라나면 인군도 좌우하기에 족한 것이다. 이것을 소위 중인이라고 한다.

    지술이 있는 사람이 인군에게 등용되면 그 명찰(明察)을 인정받아 알려지게 되면 중인의 비밀까지도 밝혀낼 것이며 또한 능법을 가진 사람의 강직함이 인군에게 쓰이면 중인의 사행(邪行), 즉 불순한 행위를 금하게 될 것이다. 그러므로 지술 능법의 선비가 등용되는 날에는 귀인이나 중인들은 권외로 밀려나게 될 것이다. 이것이 지법(智法)을 가진 사람과 정권을 잡을 당로(當路)의 중인들과는 본질적으로 양립할 수 없어 서로 원수로 여기고 피차 적으로 대하게 되는 것이다.

중요한 지위에 서 있는 이들 중인은 국사의 기밀과 중추를 잡고 자기들 생각대로 국정을 다루기 위해서 밖으로는 적국 또는 제후들의 지지를 받으려 하며 안으로 조정백관, 군신(群臣)까지 자기를 지지하게 만든다. 그러므로 적국이나 제후들은 그들의 요구를 관철시키기 위하여 그 요로에 있는 중인과 어떠한 관계를 맺지 않고는 장래 목적을 이룰 수 없다. 그래서 요로에 있는 중인들의 공덕을 찬양하며 잘못이 있을 때는 그렇지 않다고 변호를 아끼지 않는다. 또 조정백관들도 이들 중인의 비위를 맞춰주지 않으면 아무 일도 할 수 없게 된다. 또한 승진증봉도 쉽게 되려면 자연 이들 중인의 손발이 되어 유유낙락 아첨하지 않으면 안 된다. 인군의 좌우에 있는 근시들도 이자들에게 깊은 관계없이 그 자리를 지속할 수 없게 되므로 좌우근시들은 정권을 잡은 중인을 위하여 인군을 팔아 비밀을 알리기도 하며 인군을 속여 비밀을 감추어준다. 또한 학자들도 이들 중인과 어떠한 관계를 맺지 않고는 발전할 기회를 얻을 수 없게 되므로 많은 학자들이 이구동성으로 이자들의 하찮은 공덕을 높이 찬양하며 없는 미덕을 만들어 널리 선전해준다.

이상 말한 적국 제후, 조정백관, 좌우근시, 그리고 학자 등 이 넷을 직간접으로 중인을 돕는 4종의 조력 이른바 사조자(四助者)라고 한다. 중인들은 이들을 꼭두각시로 자신을 내세우기도 하고 자신들의 비리를 감추기도 한다.

중인은 인군에게 충성하여 자기들의 적인 지술과 법술의 선비를 추천할 수 없으며 인군은 또한 사조자의 입을 거치지 않고는 법술의 인재를 발굴할 수 없게 된다. 그러므로 인군은 그 귀와 눈이 더욱 가리어지고 중인 대신들은 그 권위가 더욱 탄탄해진다.

대체로 권력을 잡은 당로한 자들은 민첩하고 영리해서 인군의 마음에 꼭 들어 신뢰와 사랑을 받지 않는 자가 없으며 대소사에 능숙해서 기거동작이 척척 들어맞는다. 그리고 자기들의 감정을 인군과 함께 하여 인군이 좋아하면 같이 좋아하고 인군이 싫어하면 따라서 싫어하여 교언영색(巧言令色)으로 영합한다. 이것이 그들로서는 가장 자기 존재를 인군에게 알리고 자기발전을 꾀하는 유일한 기술인 것이다.

이와 같이 중인에게는 귀하고 높은 관작이 주어져 있으며 감싸주고 도와주는 도당의 울타리가 있고 무슨 억울한 일이라도 당하게 되면 우맹대중들은 맥도 모르고 그 원통함을 떠들어 댄다. 이와는 정반대로 법술을 말하는 소위 지술능법의 선비들은 욕망을 품고 인군에게 간청하나 일찍이 신애할 정도로 친분이 있지 않고 그전부터 무관하게 지내온 은택도 없을 뿐만 아니라 꼬장꼬장한 법술의 직언으로 인군의 편파적인 심사를 고치고 바로잡으려 하기 때문에 필연 인군의 마음에 들지 않았던 때도 많았다. 말하자면 성질은 배운 대로 곧고 아무런 세력도 없고 신분도 낮고 천한 데다가 자신들의 편에 서서 도와주는 당여(黨與)도 없어 매우 고독한 신세인 것이다.

대개 이러한 소원무친(疏遠無親)한 사람으로 믿음과 사랑을 한 몸에 받고 있는 자들과 대립해서 다투려고 하니 수리의 개념에서 이길 수 없으며 새로 떠들어온 사람으로서 연고 깊은 자들과 대립해서 싸우는 것이 또한 수(數)에서 이길 수 없는 일이다. 이 고립무원한 입 하나로 일국을 도당으로 하고 있는 자들과 대립하여 다투려는 것이 또한 이길 수 없으며 꼬장꼬장한 바른 말로 같이 좋아하고 같이 싫어하는 아첨만을 일삼는 자들과 대립하여 다투려는 것, 이 또한 그 수에서 이길 수 없다. 이와 같이 신분이 낮고 천한 몸으로 신분이 높은 귀한 자들과 다투는 것, 이 또한 수에서 이길 수 없는 일이다.

법술을 가진 선비는 이 오불승(五不勝)이란 불리한 형세에 처해 해를 거듭하면서 인군에게 보이려 해도 쉽사리 보일 수 없지만 권력을 잡은 당로한 자들은 오득승(五得勝)이란 튼튼한 자본으로 필요하면 언제든지 인군을 대하게 된다. 처지와 사정이 이렇게 다르니 법술의 선비는 무슨 방법으로 출세할 수 있으며 법술의 선비를 좀처럼 만날 수 없는 인군은 언제 깨닫게 될 수 있겠는가? 도저히 바랄 수 없는 일이다. 이와 같이 자력으로 이길 수 없고 세력으로 양립할 수 없으니 법술의 선비가 어찌 위태롭지 않을 수 있겠는가.

죄나 허물로 둘러씌울 수 있다면 법으로 법술의 선비는 처형될 것이며 죄나 허물로는 둘러씌울 수 없는 자인 경우에는 암암리 자객을 시켜 없애버리게 될 것이다. 이는 법술을 밝혀 인군의 마음을 거슬리는 자는 관리의 손에 목이 베이지 않으면 반드시 자객의 칼에 죽게 될 것이다. 붕당을 만들어 서로 두둔하면서 인군을 속이고 달콤한 말로 사익을 꾀하는 자들은 반드시 중인(重人)에게 신임을 얻고 있다. 중인은 이들이 공훈이 있어 관작을 주어 귀한 존재로 만들며, 미명(美名)으로 내세울 수 있는 경우에는 외국의 사신으로 중요한 권한을 부여한다. 그러므로 인군을 속이고 권문에 출입하는 자들은 대개 관작으로 지위가 드러나게 높고 귀하게 되지 않으면 외권(外權)을 잡고 권세를 부리게 된다.

지금 인군이 중인들이 헐뜯는 말만 듣고 죄가 있고 없는 것을 깊이 살피지 않고 법술자를 처단하며 중인의 추천만 있으면 공이 있고 없는 것을 따지지 않고 작록을 준다. 인군이 그러하고 세상 또한 그러하니 법술을 가진 사람으로 어찌 죽을 줄 모르고 그 포부를 말할 수 있으며 간악한 신하들은 주어진 권세의 자리를 어찌 버리고 그 몸이 물러날 수 있겠는가. 이렇게 되어 인군의 권위는 더욱 떨어지고 권문은 더욱 높아간다.

월(越)은 나라도 크고 땅도 기름지고 군대도 강하여 명실공히 부국강병한 국가임에 틀림없다. 그러나 멀리 떨어져 있는 중국의 임금들은 한결같이 말하길 월은 멀리 떨어져 있으므로 우리하고 이해관계도 맺을 수 없으며 통치의 힘도 미칠 수 없다고 하였다. 그런데 지금 나라를 가진 인군으로서 비록 국토는 넓고 백성은 많으나 인군은 옹폐(壅蔽)되어 있고 대신들이 전권을 잡고 뒤흔들어대고 있다면 이는 이미 내가 가지고 있는 나라도 월국으로 된 지 오랜 것이다. 자기의 나라가 형태로는 월국을 닮지 않고 있지만 사실상 월국을 닮고 있는 것을 모르고 있는 것이다. 말하자면 그 유(類)를 알지 못하고 있는 것이다.

세상에서 말하기를 제(齊)나라가 망했다고 하는 것은 제나라의 땅이 꺼지고 성이 무너진 것을 의미하는 것이 아니고 제나라를 다스리고 있던 여씨(呂氏)가 통치하지 못하고 그 신하였던 전씨(田氏)가 인군 노릇을 하는 것을 말한다. 또 진(晉)이 망했다고 떠드는 것도 역시 땅이 꺼지고 성이 무너진 것은 아니다. 다만 진을 다스려오던 희씨(姬氏)가 지배하지 못하고 그 신하들이었던 범씨(范氏), 중행씨(中行氏), 지세(智氏), 한씨(韓氏), 위씨(魏氏), 조씨(趙氏)등 육경(六卿)들이 제각각 진을 나눠 가져 분립해서 임금 노릇을 하고 있다는 의미이다.

이러한 비극은 그때 인군들이 명철하지 못하여 권세를 잡고 국정을 제멋대로 하는 이른바 중인(重人)들의 권력남용에서 발생한 것이다.

지금 내신들이 권력의 자루를 쥐고 국사를 뒤흔들고 있지만 그것을 막고 국권을 회수할 줄 모른다면 이 또한 제·진(齊·晋)의 전철을 밟아간다고 말하지 않을 수 없다. 괴질이 돌아서 이미 죽은 자와 똑같은 병에 걸려 있다면 그자는 거의 살길이 없을 것이다. 또한 나라도 다스리지 못하여 이미 망한 나라와 똑같은 길을 걷고 있다면 역시 존속할 수 없게 될 것이다. 지금 망해간 제·진의 전철을 밟으면서 국가가 안존하기를 기대한다면 이는 너무나 지나친 소망으로 이루지 못할 것이 분명하다. 대체 법술이 행해지기 어려운 것은 비단 만승(萬乘)의 큰 나라만이 아니고 천승의 작은 나라 또한 그렇다.

인군의 좌우에 있는 자들이 반드시 지혜로운 자는 아닐 것이다. 그런데 인군이 법술을 말하는 현자나 지자(智者)들의 지혜 있는 정당한 말을 듣고 돌아가서 좌우에 있는 자들과 그 말의 잘잘못을 논하게 되면 이는 우자를 상대로 지자를 평론하게 되는 것이다. 인군의 좌우에 있는 신하들은 반드시 현자만이 아니다. 인군은 수신하는 현자를 만나 어진 사람으로 대우하면서 돌아가 좌우에 있는 신하들과 그 행실을 논하게 된다면 이는 우자들과 더불어 현자를 논하게 되는 것이다. 지자는 그 책모를 우자들에게 인정받게 되는 것이며 현자는 그 행실을 우자들에게 평가받게 되는 것이다. 결국 현지자(賢智者)에게는 수치스러운 일이며 인군의 소론이 이치에 어긋나 그 정당성을 잃게 될 것이다.

대체 신하로서 관직을 얻으려고 하는 자는 수신하는 수사(修士)로서 정결한 마음과 행실로 그 몸을 굳게 다질 것이며 재간이 많은 지혜로운 사람으로 그 탁월한 지능으로 공적을 세울 것이다. 깨끗함을 지조로 하는 자는 뇌물로 관직을 사려 하지 않을 것이며, 강직을 신조로 하는 자는 청탁이 필요 없게 된다. 다시 말하여 정결을 믿고 지술(智術)을 신조로 하는 선비는 인군의 좌우에서 가까이 모시는 신하들인 근시자들에게 뇌물로 청탁하지 않으며, 조정에 있는 대신이나 중인에게도 법을 굽혀 청탁을 하지 않을 것이다. 그러나 인군의 좌우 근시자들이나 조정백관들은 백이숙제(伯夷叔齊)와 같이 청렴결백한 사람들만 있는 것이 아니다. 만일 바라는 것이 얻어지지 않는다거나 뇌물봉지가 들어오지 않는다면 애써 말한 공은 하루아침에 사라지고 도리어 헐뜯고 없는 흉을 내는 소리만 인군의 좌우에 일게 될 것이다. 그러므로 수지사(修智士)의 인품과 재능은 근시자들의 손에 꺾이며 현자의 정결은 그들의 입놀림에서 결정되고 만다. 이렇게 되어 수신하는 현사나 지술 있는 지사는 그 자리에서 물러나게 되며 인군의 총명은 막히게 된다.

공벌(攻伐)은 지행(智行)으로 결정되는 것이 아니며 또한 죄과(罪過)는 증거 사실의 세밀한 조사와 심사로 판결되는 것이 아니고 인군의 좌우 근시들의 편파적인 가벼운 입놀림으로 결정된다. 좌우 근시는 거의 소인배들이다. 동기상구 동성상응(同氣相求 同聲相應)이란 말과 같이 그자들이 상종하고 좋아하며 서로 사랑하는 무리들은 무능한 자가 아니라면 탐재호색하는 더러운 무리들인 것이다. 이러한 무리들이 조정에 차고 넘친다. 그래서 만승대국(萬乘大國)의 근심은 대신들이 너무 무거운 데 있고 천승소국의 근심은 좌우 신하들을 지나치게 믿는 데 있다. 이 현상은 모든 나라와 군주들이 똑같이 겪고 있는 공통적인 걱정이다.

또 말하건대 신하 된 자에게는 큰 죄악이 있고 인군에게는 큰 과실이 있다. 이것은 군신 간에 이해(利害)가 상반되는 데서 생긴다. 어떤 점에서 이런 말을 할 수 있느냐 하면 인군은 유능한 인재를 등용하려고 하면 그와는 반대로 신하들은 아무런 재능이 없으면서도 좋은 자리를 차지하려고 한다. 또 인군은 국가에 공이 있고 노력하는 자에게 벼슬과 녹(祿)을 주려 하면 신하들은 그와는 반대로 아무런 공도 없이 부귀를 바란다.

인군이 호걸의 재능을 대중 속에서 뽑아 쓰려고 하면 대신들은 붕당을 만들어 서로를 자기편으로 천거하고 자리를 주려 한다. 이렇게 군신의 이해가 상반되므로 국력은 약화되고 대신들의 집은 부유해지며 군왕의 권위는 낮아지고 대신들의 권력은 강해진다. 이러한 상황이 거듭되면서 인군은 어느새 권세를 잃어 가는데 신하는 나라의 권세를 잡음으로써 인군은 신하가 되고 신하는 인군이 되어 지난날의 인군은 상실(相室), 즉 신하의 집에서 사령을 받게 된다. 참으로 엄청난 변화라 아니할 수 없다. 이는 하루아침에 이루어지는 일은 아니다. 신하로서 사사로움을 도모하여 해를 두고 흉계(譎計)와 사모(詐謨)로써 인군을 우롱한 데서 된 것이다. 과연 이 시대는 상선(相嬗)의 시대이다. 군신도 위치가 바뀌고 남녀도 상하가 거꾸로 된다. 그러므로 권력을 잡은 중신들은 주의 세력이 변하여 대중에게 기반을 굳게 하려는 기회를 엿보는 자가 열 사람 중에 한두 사람도 없지 않다. 왜냐하면 신하의 죄가 크기 때문이다. 그 죄가 크다는 것은 그 행위가 능히 인군을 속이고 있기 때문이다. 그 죄는 마땅히 사망으로 처단되어야 할 것이다.

지사(智士)는 먼 장래를 내다보면서 사망의 현실을 피하고 있으므로 흉계를 일삼는 중인을 좇지 않을 것이며 또 현자는 청렴과 결백을 신조로 하기에 간악한 무리들에 가담하여 인군을 속이거나 거역하는 일을 마음에 허락하지 않음으로써 역시 중신들의 작란에 들지 않아야 한다. 그리고 보면 권력을 잡은 도배들은 눈앞에 다가오는 환란을 모르는 우자가 아니라면 이익을 탐내어 간악한 무리들과 함께하는 더러운 무리일 것이다. 대신이란 자들은 이러한 우오(愚汚)의 도배들을 산하로 모아놓고 위로는 인군을 속이고 아래로는 백성들을 수탈하여 이익을 취득하고 붕당을 만들어 자기들의 무리가 아니면 배척한다. 그리고 시비와 이해의 문제가 발생하면 서로 편들어 이구동성으로 뇌동하여 소란을 피우며 인군을 미혹시키고 법을 파괴하며 백성을 어지럽게 한다. 국가는 날로 위태해지고 인군을 욕되게 하므로 이는 신하의 대죄인 것이다. 이러한 대죄가 신하들에게 미리미리 싹트고 있건만 인군이 이를 미연에 금지시키지 못한 것은 또한 큰 실수라 아니할 수 없다. 위로는 인군에게 이러한 대과가 있고 아래로는 신하에게 대죄가 있으니 국가가 망하지 않기를 바란들 어찌 헤어날 수 있겠는가.

제13편 팔간(八姦)

간신들이 간사한 짓을 할 수 있는 길은 인군의 좌우에 있는 사람 또는 백성을 꾀어 일을 꾸민다. 그런데 꾀이는 길목이 여덟 군데로 뚫려 있다. 이것을 팔간이라고 한다.

신하들이 작간(作奸)을 하는 데는 여덟까지의 수단, 즉 8술(術)이 있다.

1) 동상(同相)에 있다. 무엇을 동상의 간(姦)이라고 하는가. 동상이란 침상을 같이하는 자를 이름이다. 귀부인 또는 애첩, 즉 인군의 정부인 또는 후궁들은 아름다운 용모와 재치 있는 애교로 인군의 마음을 사로잡는 것이다. 대개의 인군은 이들의 매력에 빠지게 되는 것이다. 이들은 베개 위에서 또는 이불 속에서 그리고 환락의 기회를 틈타 자기들 소망을 인군에게 말하면 인군은 들어주기 마련이다. 신하 된 자는 뒤로 금과 옥을 싸서 이들에게 다리를 놓는다. 그리고 그들의 입을 빌려 인군을 미혹시키게 하는 것이다. 이는 침상에서 이는 안개에 싸인 바람인 것이다. 이것을 동상의 간(姦)이라 한다.

2) 재방(在旁)에 있다. 재방이란 무엇인가? 궁중에는 궁중배우가 있고 인군의 곁에는 좌우근시들이 있다. 이들은 인군을 즐겁게 하고 인군에게 순종이 있을 뿐이다. 그러나 이것은 대의명분에서 하는 것이 아니고 오직 아첨에서 이루어지는 것뿐이다. 이들은 인군이 명령도 내리기 전에 "예예!" 하고 인군이 시키기도 전에 "예예!" 하면서 인군의 뜻에 앞질러 지시를 받들고 그날의 인군의 얼굴이 개이고 흐

림을 살펴 인군의 마음을 먼저 알아서 행하게 된다. 그리하여 인군이 좋다 하면 그것을 따라 다들 좋다 하고 인군이 싫다 하면 그것을 따라 다들 싫다고 하여 같이 응하고 같이 대답한다. 이리하여 같은 말을 하고 같은 곳을 좇으며 민첩한 언행으로 인군의 마음을 자기 마음 쪽으로 옮겨놓는다. 간신들은 이러한 도배들에게 금은이나 재화의 선물로 그들의 마음을 매수하고 한편으로 이 무리들을 위하여 불법한 일이라도 감행하여 이익을 줌으로써 인군과 통할 수 있는 길을 열어가는 것이다. 이것을 재방의 간이라고 한다.

3) 부형(父兄)에 있다. 부형이란 무엇인가? 사랑하는 후궁 또는 귀한 가문의 자제인 공자(公子)는 인군이 친애하는 내연 및 혈연의 존재이며 대신 및 조정의 관리는 국사를 맡은 중요한 인물들이다. 이 사람들이 주장하는 일은 개인적으로 보나 공으로 보나 뗄 수 없는 일이다. 신하 된 자들은 이들을 매수함으로써 흉계를 진행한다. 그들의 마음을 포섭하는 방법으로 하나는 허영과 사치로 움직이고 다른 하나는 이름과 지위와 금은 같은 보물로 움직인다. 후궁이나 공자는 지위가 그리 부럽지 않고 물질이 그리 아쉽지 않다. 오직 마음이 즐겁고 보는 것이 즐겁고 듣는 것이 기쁘면 되는 것이다. 그래서 이들에게는 소리를 잘하고 춤을 잘 추는 가희(歌姬) 무희(舞姬)를 선물로 한다. 그리고 대신이나 조정 관리들은 벼슬을 탐하고 금은을 탐하는 것으로 간신들이 이 사람들에게 비사겸손(卑辭謙遜)의 아름다운 언사로 칭찬을 해주고 일을 약속하여 성공만 시켜주면 대가와 보수로 벼슬도 올라가게 하며 봉록도 많이 받도록 하겠다고 그 마음을 선동한다. 이런 말에 취해 마음이 들뜬 이들은 간신의 청탁을 달성시켜 주기 위하여 때로는 인군에게 무리한 말까지 하게 된다. 이리

하여 신하와 인군사이가 벌어지기 시작한다. 벌어지기 시작되면 간신들의 계획은 뜻대로 되어가는 것이다. 이것을 부형의 간이라고 한다.

4) 양앙(養殃)에 있다. 양앙이란 무엇인가? 속담에 병 주고 약 준다는 말이 있다. 양앙이란 그와 비슷한 말이다. 인군이 되면 안 될 것이 없고 부러울 것이 없다. 궁궐을 웅장하게 만들고 누각 또는 동산이나 연못을 아름답게 꾸미고 숱한 미인을 호화찬란하게 거느리고 그곳에 놀거나 개와 말을 달리어 그곳에 사냥한다는 것은 인군으로서는 할 수 있는 향락인 것이다. 그러나 인군은 이것으로 망하게 되는 것이다. 신하 된 자는 인군을 충동하여 백성의 힘을 빌려가면서 궁실을 짓고 누각 또는 연못을 파게 하며 세금을 무겁게 걷어 인군이 좋아하는 자녀구마(子女狗馬)를 찬란하게 꾸며 인군을 즐겁게 함으로써 그 마음을 어지럽게 만들어 망할 수 있는 일이라면 무엇이고 하도록 하면서 그 속에서 자기들의 이익을 채우는 것이다. 이것을 양앙의 간이라고 한다.

5) 민맹(民萌)에 있다. 민맹이란 무엇인가? 신하 된 자는 민심을 얻기 위하여 국고를 털어서 백성에게 나눠주고 창고를 열어 백성에게 은혜를 베풀어주므로 백성들은 다들 자기들의 편이 되어 조정에 있는 사람들이나 시정(市井)에 있는 사람들이나 입만 벌리면 간신들을 칭찬하게 된다. 그렇게 될 수밖에 없는 것이 신하가 은혜를 주면 인군의 슬기를 칭찬하는 총명과 예지(睿智)는 가로막혀 백성에게 가지 않기 때문이다. 이렇게 간신들은 자신들의 욕망을 성사시키는 것이다. 이것을 민맹의 간이라고 한다.

6) 유행(流行)에 있다. 유행이란 무엇인가? 사실 인군이란 궁중궁궐 속에 갇혀 있는 불행한 사람으로도 볼 수 있다. 때로는 훌륭한 인

사를 찾아 좋은 말을 듣고 싶어도 그것이 마음대로 되지 않아 듣는 것이 막혀 있다. 평소에 듣는 것이 목마르기에 우연히 말 잘하는 선생을 만나게 되면 그 말에 넘어가는 일이 많다. 간신들은 인군의 이러한 약점을 노려 천하에 변사(辯士)를 널리 구하고 국내에서 말을 꽤 잘하는 자들을 불러들여서는 자신을 잘 말해주도록 교양을 받게 한다. 유창한 말솜씨와 재미있는 말솜씨로 인군 앞에 서서 딴말은 않고 이분들이 하는 대로 하면 이롭고 세가 커진다고 달래기도 하며 이분들의 말대로 안 하면 이러이러한 근심과 걱정과 해로운 일이 인군에게 미칠 것이라고 엄포를 놓는다. 이와 같이 엉뚱하고 가당치 않은 말을 늘어놓아 인군의 마음을 불안하게 하는 것이다. 이것을 유행의 간이라고 한다.

7) 위강(威强)에 있다. 위강이란 무엇인가? 명군은 군신과 백성으로써 자신의 위엄을 삼고 자국의 강대를 이룩하는 것이다. 군신과 백성이 잘하면, 즉 인군이 잘하는 것이다. 또한 군신과 백성이 잘못하면 인군의 잘못도 되는 것이다. 그런데 신하 된 자는 그것이 아니라 무사와 힘 있는 역사를 모으고 자기를 위하여 죽기를 맹세하는 자들을 길러 그 위엄을 나타내어 자기를 위하는 자는 이로울 것이고 자기를 위하지 않은 자는 반드시 해를 볼 것이라는 공갈로 군신과 백성을 꼼짝 못 하게 만들고 자기들의 흉계를 진행한다. 이것을 위강의 간이라고 한다.

8) 사방(四方)에 있다. 사방이란 무엇인가? 소국(小國)은 대국(大國)을 섬기고 약병(弱兵)은 강병(强兵)을 두려워한다. 대국이 탐내는 것은 소국을 반드시 지배하는 것이며 그래서 강병들이 지나간 데는 약병들이 항복하기 마련이다. 간신들은 이러한 경우에 국난을 구원하

려는 것이 아니고 백성에게 세금과 출렴(出斂)을 무겁게 하고 국고와 창고를 바침으로 대국을 섬겨 대국의 위엄을 빌려 자국의 인군을 마음대로 움직여보려는 것이다. 그중에서도 심한 자는 대국의 병대를 국경에 모이게 함으로써 자기 나라를 제압하며 자주 대국의 사신을 불러들여 자기 인군을 위협하면서 공포에 떨게 한다. 이것을 사방의 간이라고 한다.

이 여덟 가지는 간신들이 간사를 이루는 길이 되고 인군들이 대개 이 길목에서 갈 길이 막혀서 죽음을 당하게 되는 것이다. 어찌 인군들이 이것을 살피지 않을 수 있겠는가. 그러므로 명군은 이 팔간의 길을 봉쇄하기 위하여 미인을 좋아하지 않는 것은 아니나 그들로 하여금 임금을 찾아보려고 궁 안으로 오는 것을 막으며 또한 사사로운 청탁을 허락하지 않으므로 제일 간인 동상의 환란을 막는 것이다. 명군은 좌우에 있는 근시자들에게 반드시 자신들의 말에 대한 책임을 이행케 하고 말을 보태어 거짓을 꾸미지 못하게 함으로 제이 간인 재방의 환란을 막으며, 명군은 부형대신에게 말을 들을 때 그 말에 대한 사실여하를 캐어 당연하면 임무를 주고 부당하면 사후에 벌을 주어 이들로 하여금 섣부른 일을 못하게 함으로 제삼 간인 부형의 환란을 막는다. 명군은 들어오는 선물을 맡아 관리하는 자로 하여금 그 경로를 밝히게 하고 하나하나 장부에 기입시켜 제 마음대로 물리치거나 받아들이지 못하고 인군의 결재를 받게 함으로 제사 간인 양앙의 환란을 막는다. 명군은 덕을 펴고 은혜를 베풂에 있어 금재(禁財), 즉 비상금을 나누어주고 분창(墳倉), 즉 비축의 곡식을 방출하되 반드시 인군의 이름으로 내게 하여 제오 간인 민맹의 환란을 막는다. 명군은 언설(言說)을 들을 때 남을 칭찬하는 자는 그 사람의 선한 점을 말하고 남을 헐뜯는 자는 그 사람의 악한 것을 말하기 때문에 듣는 인군은 결코 그들이 말하는 선·악을 가볍게 믿지 말고 반드시 그 선함을 확인하고 그 악함을 살펴서 군신들로 하여금 저희끼리 수군거리지 못하게 함으로 제육 간인 유행의 환란을 막아야 한다. 명군은 비록 용맹이 있어 전투의 공이 있을지라도 지나친 상은 주지 말아야 하며 자신의 용기를 자랑하며 함부로 민간 양민을 괴롭히는 자를 엄히 하며, 또 군신들이 사재를 털어 용사들을 기르지 못하게 함으로써 제칠 간인 위강의 환란을 방지해야 한다. 명군은 제후들이 땅을 요구함에 그것이 법에 타당하면 들어주고 타당하지 않으면 거절함으로 제팔 간인 사방의 환을 막아야 할 것이다.

소위 망군(亡君)이란 그 나라를 소유하지 않음을 말하는 것은 아니다. 소유하고 있지만 그것은 명의뿐이고 갖고 있는 것은 다 신하들이 지배하고 있음을 말하는 것이다. 신하가 외국의 힘을 빌려 국내를 지배하고 있다면 이것은 확실히 인군이 패망한 것이나 다름없다. 대체로 대국의 간섭을 받는 것은 망해가는 나라를 구하기 위해서이다. 그러나 대국의 간섭을 받으면 망해가는 것이 도리어 듣지 않을 때보다 더 빨리 닥쳐올 것이다. 대국에서 요구해오는 것을 자꾸 들어주게 되면 대국은 더욱 주구무염(誅求無厭)으로 자꾸 국가의 재물을 요구해올 것이다. 마냥 들어주자니 나라가 기울어지고 안 들어주자니 시비를 걸어 공격해오기 때문에 망하는 속도가 간섭을 받지 않을 때보다 더 빨리 오게 된다. 군신들이 인군이 들어주지 않음을 알면 자연 제후에게 접촉하려는 마음을 접고 제후들도 이러한 실정을 알게 되면 그들의 신하들이 공연히 뜬 말로 인군을 속이려는 것을 받아주지 않게 될 것이다. 명군이 관직이나 작록을 내거는 것은 천하의 어진 인재를 등용하고 공이 있는 사람을 더욱 권장해 주기 위함이다. 그러므로 옛사람의 말에 재능이 있는 사람은 많은 녹을 받고 높은 자리에 오르게 되며, 공이 큰 자는 높은 벼슬과 상을 받게 된다고 하였다.

현재(賢材)를 관에 등용시킬 때는 그 지능여하를 따지게 되고 녹을 배정할 때는 그 공적의 대소를 따지게 된다. 그러므로 현재는 자기의 재능을 속이면서 그 인군을 속이지 않으며 공적이 있는 자는 기꺼이 그 일에 힘써 나가고 있다. 이렇게 하여 일은 성공하고 그 공은 서게 된다. 그런데 지금 세상의 처지는 그렇지 못하여 현불초(賢不肖)를 적절히 가리지도 못하고 공로가 있는 자에게 상을 주는 것도 아니다. 제후들이 중히 여기는 자를 기용하고 좌우에서 청탁한 자에게 관심을 갖는다. 대신들은 작록을 인군에게 청하고 이를 아래에 있는 자들에게 팔아 돈을 거둬들이고 그 돈으로 사당(私黨)을 만들어 가게 된다. 재리(財利)가 많은 자는 벼슬을 사서 관직에 오르고 인군의 좌우군신들과 교분이 있는 자는 청탁을 하여 중용되는데 공로가 있는 사람은 전혀 등용의 기회를 기대할 수 없다. 이와 같이 관직에서 쫓겨나고 쓰이는 것은 그 정당성을 잃어 부정해져만 간다. 그러므로 관리는 관직을 게을리하여 자리를 버리고 돈이 있는 재벌만을 찾아 친해지려고 한다. 이렇게 세상이 잘못되어 현자들은 멀리 물러서고 공이 있는 자도 빈들빈들 놀기만 하고 일을 등한히 하게 된다. 이는 곧 망국의 정치인 것이다.

제14편 이병(二柄)

이병이란 형(刑)과 덕(德) 두 개의 권병(權柄)을 말함이다. 세상 임금이 이 이병을 잡으면 안전할 것이며 이병을 잃으면 찬탈의 화(禍)를 당함을 논한 편이다.

인군이 되어 그 신하를 제재할 수 있는 것은 다름이 아닌 두 가지의 권세를 갖고 있기 때문이다. 이것을 이병(二柄)이라고 한다. 이병은 무엇인가? 즉, 형(刑)과 덕(德) 그것이다. 형덕은 또 무엇인가? 간단히 말하면 살육(殺戮)을 형이라 하고 경상(慶賞)을 덕이라 한다. 사람에게 죄를 주고 벌을 주면 두려워하며 칭찬해주고 상을 주면 좋아한다. 조정에 있는 신하들도 마찬가지다. 그러므로 인군이 자신이 그 형과 덕을 쓰게 되면 군신들은 그 위엄을 두려워할 것이며 그 은혜에 돌아오게 될 것이다. 그런데 조심할 것은 간신들은 그렇지 않다는 것이다. 자기들이 미워하는 자에 대해서는 교묘한 수단과 방법으로 인군을 꾀어서 인군의 위엄을 자기들이 얻어가지고 그 사람을 죄를 주게 되며 자기들이 사랑하는 자에 대해서는 역시 교묘한 수단과 방법으로 인군을 꾀어 인군의 은혜를 얻어서 그자들에게 상을 주게 된다. 지금 인군으로서 상벌의 위엄과 은혜를 자신의 몸에서 나오게 하지 못하고 신하의 의사 또는 청탁에서 상벌을 행하게 된다면 온 나라 사람들은 다들 그 신하를 두려워할 것이며 그 인군은 도리어 업신여기게 될 것이다. 왜냐하면 죽이는 권리를 신하가 갖고 있기 때문이다. 온 나라 안 사람들은 다들 그 신하에게로 돌아갈 것이며 그 인군은 멀리하게 될 것이다. 왜냐하면 살리는 권리를 신하가 갖고 있기 때문이다. 이것은 인군이 형덕의 두 권세를 잃은 데서 오게 되는 큰일인 것이다.

대체 범이 무섭다는 것은 손톱과 발톱이 특별히 무섭기 때문이다. 범이 개를 복종시킬 수 있는 것이 무서운 발톱과 어금니가 있기 때문이다. 이 조아(爪牙)를 범이 쓰지 않고 만일 개에게 내준다면 그 범은 도리어 그 개에게 복종하게 될 것이다. 인군에게 있는 조아는 무엇인가? 즉, 형과 덕일 것이다. 절대적인 형덕이 있으므로 신하들을 지배하게 되는 것이다. 지금 인군이 되어 그 형덕을 자신이 쓰지 않고서 신하에게 빌려준다면 그 인군은 도리어 그 신하에게 복종하게 될 것이다. 이에 대한 실례를 역사적 사실에서 들어보기로 한다. 옛날 제간공(齊簡公)의 신하인 전상(田常)이란 자는 위로는 인군에게 소청하여 벼슬이나 녹을 청해서 이것을 자기가 갖는 것이 아니고 부하 군신들에게 나눠줬다. 왜냐하면 자기의 은덕을 많은 관리에게 심어두기 위해서이다. 또 아래로 나라 창고의 곡식을 백성들에게 나눠줄 때는 큰 말로, 곡식을 백성들에게 받아들일 때는 작은 말로 받았다. 왜냐하면 대중에게 자기의 은혜를 심어두기 위해서이다. 이것은 인군 간공이 덕병(德柄)을 잃고 신하 전상은 이것을 사용했기 때문에 뒷날 간공은 전상의 손에 죽고 만 것이다.

송나라 신하인 자한(子罕)이 송군에게 말하기를 축하하고 상을 주고 은혜와 덕을 입혀주면 누구나 다들 기뻐할 것입니다. 사람들이 기뻐하는 이 경상사여(慶賞賜與)에 대해서 인군께서 직접 하시고 꾸짖고 죽이고 죄주고 벌주는 것은 사람들이 다들 싫어할 것입니다.

사람들이 싫어하는 살육형벌(殺戮刑罰)에 대해서는 신이 담당해서 하겠습니다. 송군은 그렇게 할 것을 승낙해주었다. 이는 송군으로서 형병을 잃고 자한이 가지게 되었으므로 뒷날 송군은 자한의 손에 역시 죽고 말았다. 말하자면 전상은 한갓 덕병만 얻어 간공을 죽였으며 자한은 형병만 잡고 덕병을 겸하지 않았지만 송군을 죽인 것이다. 이와 같이 지금 세상에서 신하 된 자들이 이 형병과 덕병을 겸해서 쓰게 된다면 세상 인군들은 한 사람도 성하지 못할 것이다.

형덕을 빌린다는 것은 참으로 무서운 일이다. 인군이 이러한 간악을 금지하는 길은 신하들의 말을 듣고 일을 맡겨보면 알 수 있다. 그 일이 말과 같이 실행이 되느냐에서 공을 말하게 될 것이다. 공이 그 일에 상당하고 일이 그 말에 상당할 것 같으면 상이 있을 것이며 만일 공이 그 일에 상당하지 못하거나 일이 그 말과 같지 않으면 벌이 있게 될 것이다. 군신들이 하는 말이 크지만 얻어진 공이 작을 때면 벌이 있을 것이다. 그것은 공이 작다 하여 벌하는 것은 아니고 공이 그 말에 상당하지 않음을 벌한 것이다. 또 군신들의 말은 작지만 한 일이 큰 자에게는 또한 벌이 있다. 이는 그 큰 공을 즐겨하지 않는 것은 아니지만 한일이 말과 같지 않으면 그 해 됨이 오히려 큰 공을 얻은 것보다 더 심하기 때문에 벌하게 되는 것이다.

옛적에 한소후(韓昭侯)가 술에 취하여 이부자리와 베개 없이 자고 있을 때 관을 맡은 전관(典冠)은 인군께서 추워하시리라고 생각되어 옷을 인군의 몸 위에 덮어 드렸다. 이윽고 인군이 잠에서 깨어본즉 몸에 옷이 덮여 있으므로 기뻐서 좌우 신하에게 누가 옷을 내 몸에 덮었는가? 신하들이 말하기를 그것은 전관이 덮어드렸다고 말하자 인군은 깜짝 놀라면서 전관과 전의(典衣), 즉 옷을 맡은 두 사람을 함께 벌을 주었다. 전의를 벌한 것은 자기 임무를 행하지 않았기 때문이며 자기 할 일을 넘어서 월권을 했기 때문이다. 인군인들 추위를 싫어하지 않았던 것은 아니지만 관직을 넘어서 침해하는 것은 그 해가 추위보다도 더 심하기 때문이다. 그래서 자기 할 일을 하지 않는 자나 자기 일이 아닌 것을 행하는 자에게 다 같이 벌한 것이다. 이렇게 하므로 군신백관들은 각각 자기 직무만을 충실하게 지켜야 한다. 관직을 넘어 월권을 하면 사형에 처하므로 자기가 한 말과 같이 행하게 되는 것이다. 이것을 정직착실이라고 말하는 것이다. 이렇게 신하들은 자기들의 맡은 일에만 마음과 몸을 바치게 되므로 붕당을 만들어 서로 위하는 일이 없게 되는 것이다. 그러므로 자기의 일이 아닌 전관이 인군의 몸에 옷을 더해준 것은 장차 그 폐단이 옷을 덮지 않아서 떠는 것보다 몇 배 더 심해질 것이므로 전관이나 전의에게 쌍벌을 내리게 된 것이다.

인군에게 사람을 쓸 때는 두 개의 근심이 수반되고 있는 것이다. 하나는 훌륭한 인재에게 일을 맡기면 그자는 자기의 지혜를 이용하여 인군을 위협하게 되며 이번에는 우매한 자에게 일을 맡기면 일을 제대로 해나가지 못한다. 그런데 인군이 현명한 지혜가 있는 사람만을 고르면 군신들은 자기 행위를 가장해 인군의 마음에 영합하려 애를 쓰게 된다. 이렇게 되면 신하들의 실정이 밖에 나타나지 않는다. 신하들의 실정이 나타나지 않으면 인군은 신하들의 거짓과 참을 분별하기 어렵게 될 것이다. 옛날 월왕구천이 용맹을 좋아하여 사람들은 죽는 것을 무서워하지 않았다. 또 초영왕이 허리가 가는 미인을 좋아하여 가는 허리가 되고자 먹는 것을 삼갔으므로 나라 안의 여인들은 굶어 죽는 자가 많았으며 제환공은 질투심이 강하고 여자를 좋아하여 수조는 자기 손으로 자기 고환을 끊어버리고 궁녀를 다스렸다.

또 환공이 맛있는 음식을 좋아하여 신하 역아는 자기 아들까지도 삶아서 주었으며 연왕쾌(燕王噲)는 현인(賢人)을 좋아했다. 그 신하 지자(之子)는 자기도 옛날 소부(巢父)나 허유(許由)와 같이 나라를 넘겨주어도 받지 않을 것이라고 하면서 현인을 가장해 연왕쾌가 왕위를 넘겨주자 그대로 받았다. 그러므로 인군이 싫어하는 것을 보여주면 신하들은 그 끝을 감추고 싫어하는 것을 피하게 되며 이번에는 인군이 좋아하는 것을 보여주면 신하들은 자기의 재능을 속여 인군에게 중용되기를 원한다. 이와 같이 신하들의 정태(情態), 즉 마음이나 태도는 누구 할 것 없이 모두 이익을 목표로 움직이고 있는 것이다. 그러므로 인군이 싫다 좋다 하는 자신의 심정을 그대로 보여주게 되면 신하들은 인군의 심정과 욕망에 영합해가면서 자신들의 이익을 얻게 되는 것이다. 그래서 인군들이 섣불리 자기 심정을 밖에 드러내면 신하들은 그것을 이용하게 되는 것이다. 그래서 지자는 현인인 체함으로써 그 인군의 자리를 빼앗았고 수조와 역아는 인군의 욕망을 잘 채워줌으로써 인군을 침해한 자들인 것이다. 그 결과 연왕쾌는 난리 속에서 죽고 환공은 죽은 뒤 구더기가 나오는데도 장사를 치르지 못했다. 어째서 그렇게 되었는가. 그것은 다름이 아니라 인군들이 호오(好惡)에 대한 자기 심정을 신하들에게 보여준 데에서 기인된 환란이었던 것이다.

신하들의 마음이란 본래가 그 인군을 사랑하는 것이 아니고 그 이익을 중시하는 데서 사랑하는 척하게 되는 것이다. 지금 인군들이 자신의 심정이나 호오의 감정을 감추지 않고 그대로 보여주면 신하들은 그것으로 이익을 얻는 기회로 삼기 때문에 인군을 침해하고 나라를 **빼앗는** 근심이 생기게 되는 것이다. 이렇게 해서 신하들은 연의 지자도 될 수 있고 제의 전상도 될 수 있고 송의 자한도 되는 것이다. 그러므로 인군은 신하들의 앞에서는 좋은 것도 보이지 말고 싫은 것도 보이지 않으면 신하들은 거짓을 꾸밀 수 없게 되므로 진심을 보여주게 된다. 신하들이 진심을 보여주면 인군의 진정한 뜻은 가리어지지 않게 될 것이다.

제15편 해로(解老)

한비학은 본래 노자(老子)에 기초한 것이다. 본편은 노자설을 해석하였다.

상덕부덕 시이유덕(上德不德 是以有德): 덕(德)은 마음에 얻어서 안에 있고 득(得)은 밖으로 얻어 가짐을 말한다. 즉, 덕을 내적이라면 득은 외적인 것이다. 노자가 말한 소위 상덕부덕이란 무슨 말인가. 나의 정신은 이목구비(耳目口鼻) 등 육체적인 욕망으로 말미암아 외적인 것에 끌리지 않음을 말한다. 다시 말하면 정신이 일체의 유혹을 이기고 지켜 태연자약하게 되면 일신은 보전하게 된다. 이러한 일신완전을 덕이라 한다. 그러므로 덕을 나의 몸에 스스로 얻어 충만함을 말하는 것이다.

사람은 자기를 꾸미지 말고 자연 그대로 마음이 담담하여 욕념을 버리고 정신을 근심과 걱정으로 피곤하게 하지 말고 완전히 허정(虛靜)할 때 비로소 안고(安固)하게 된다. 이와는 반대로 자기를 꾸미고 물질에 마음이 끌리어 물질의 지배를 받게 되면 벌써 덕은 나의 몸에서 떠나고 있다. 그래서 생각과 근심으로 나의 정신을 쓰게 되면 나는 자연히 안고함을 얻지 못하고 사물에 흔들리게 된다. 이렇게 되면 자연히 공(功)을 잃게 된다. 공을 잃게 되는 것은 덕을 얻으려고 하는 욕심에서 오게 된다. 적어도 덕을 덕으로 여겨 이를 얻으려 할 때는 벌써 참덕은 아닌 것이다. 덕을 덕으로 여기지 않고 이것을 자연에 맡길 때 참덕은 얻어지는 것이다. 그러므로 노자가 상덕은 부덕이라 하였다.

상덕 무위이무불위야(上德 無爲而無不爲也): 성인은 무위무사(無爲無事)로 마음을 비워둠을 귀하게 여긴다. 즉, 나의 마음은 허정하여 외적인 것에 끌리지 않음을 말한 것이다. 이러한 성인의 도술을 알지 못하는 사람은 일부러 무위무사에 힘써서 마음을 허해보려 하나 그것은 크게 잘못된 것이다. 마음먹고 일부러 만들려고 애쓰는 무위무사에서는 마음속에 항상 공허해보려고 하는 마음이 있기 때문에 도리어 거기에 이끌리고 구속되어 이미 참허(眞虛)라고 말할 수 없다. 참허는 어떤 사물에도 나의 마음이 끌리지 않음이다. 그런데 허해보려고 할 때는 허라는 그것에 구속되기 때문에 허해지지 않는다. 무위무사의 허라는 것은 허를 상도(常道)로 인정치 않는 데 있다. 이와 같이 무위를 상도로 인식하지 않을 때 허는 비로소 오게 되고 이렇게 되면 마음속의 덕은 무성하고 커진다. 덕의 성대함을 상덕이라고 한다. 즉, 상덕이란 함이 없고 하지 않음도 없다는 것이다.

상인 위지이무이위야(上仁 爲之而無以爲也): 인(仁)이란 것은 내 마음이 기뻐서 사람을 사랑하는 것이다. 나에게 인이 있다면 사람의 행복을 기뻐하고 사람의 재난을 안타까워한다. 이러한 심정은 나의 마음 밑바닥에서 나와 거기에는 어떠한 보수나 칭찬을 바라는 것이 아니다. 그런데 내가 지금 사람들에게 인을 베풀고 있다 생각할 때는 벌써 참인이 나에게서 떠난 것이다. 그러므로 노자는 이렇게 말했다.

상의 위지이유이위아(上義 爲之而有以爲也): 의(義)라는 것은 군신상하의 관계 부자귀천(父子貴賤)의 차별 지기붕우(知己朋友)의 교제 친소내외(親疎內外)의 분한(分限)을 분명히 하는 것이다. 신하가 인군을 섬겨 적의(適宜)하게 하며 아랫사람이 윗사람을 사모하고 따르되 적의하게 하며 아들이 부모를 섬기어 적의하게 하며 마음이 통하는 친한 벗인 지기와 붕우는 서로 도와 적의하게 하며 근친자는 안으로 소원자(疏遠者)는 밖으로 적의하게 함을 이른다. 이와 같이 의라는 것은 범사에 그 적의함을 말한다. 즉, 적의를 마련하여 마음에 두고 이를 행함으로 노자는 이렇게 말했다.

상예 위지이막지응(上禮 爲之而莫之應): 예(禮)란 나의 중심에 품은 정을 외모로 나타내는 방법이다. 즉, 인간관계의 모든 의리가 표면에 나타나 아름답게 보이는 문채(文彩)인 것이다. 군신 부자간에 없어서는 안 되며 귀천현우(貴賤賢愚)의 구별에 없어서는 안 된다. 마음속으로는 아무리 그 사람을 생각하고 사모하고 있지만 그것만으로는 상대방에 통해지지 않으므로 어른 앞에 나가서는 공손히 내 몸을 낮추어 절을 함으로써 마음속 깊이 사모하고 있다는 나의 심정을 외모로 보여주게 되는 것이다. 또 사람을 사랑할지라도 다만 마음속으로 생각으로는 알릴 수 없으므로 상대방에게 말을 친절하게 하며 갖가지 응대하는 말을 베풀어 그 애정을 확실히 한다.

요컨대 예라는 것은 외모를 꾸미고 형식을 갖추어 나의 심정을 상대방에게 보여주는 것이다. 그렇게 하므로 나의 중심의 뜻을 외모로 나타내게 되는 것이다. 대체 사람에 대하여 몸을 움직이고 용모를 바르게 함은 자신의 내정(內情)을 밖에 통하게 하기 위해 행하는 일임을 속인들은 잘 알지 못하고 다만 타인을 존경하기에 행하는 데 지나지 않는다고 생각할 뿐이다. 그래서 때로는 열심히 하고 또 때로는 식기도 한다. 이에 반하여 군자는 자기의 내정을 타인에 보이기 위하여 행한다는 예의 본래 정신을 알고 있다. 이와 같이 예의 본래 정신을 잘 알고 있으므로 언제나 성심으로 행하여 가령 사람이 없을지라도 신(神)이 이에 임재해 있는 것과 같이 경건한 태도로 공경하며 게으르지 않는다. 이것을 상예(上禮)라고 한다. 상예는 신성해서 언제나 엄숙한 것이다. 뭇사람들은 이를 둘로 해서 힘쓸 때도 있고 게을리할 때도 있다. 따라서 군자의 상예와 중인들의 예와는 성심으로 서로 응할 수 없다. 그래서 노자는 이렇게 말한 것이다.

양비이잉지(攘臂而仍之): 사람들은 내가 실행하는 예절에 응해주거나 주지 않거나 상관없이 분연히 용맹심을 일으켜 예절을 지키기 위해서는 손발의 수고를 싫어하지 않고 범절을 지키는 것이다. 그래서 노자는 팔을 요란스럽게 들어 보이면서 예절을 행한다고 말하였다.

실례(失禮): 도(道)는 쌓아서 얻어지고 쌓음으로써 공을 얻게 된다. 덕은 도의 공이다. 즉, 덕은 도를 쌓아서 몸에 얻은 공과에 지나지 않고 그 공과가 나의 정신에 충만할 때는 저절로 광휘(光輝)가 나타난다. 인(仁)은 덕의 광휘인 것이다. 광휘가 있으면 윤택(潤澤)이 저절로 사물에 미쳐 범사에 그 의로움을 얻어 적당하게 행해지게 된다. 범사에 적당함은 곧 예이다. 그리고 예에는 자연 문식(文飾)이 있다. 즉, 예는 의로움을 실현하는 문채인 것이다. 그러므로 노자는 말하되 도를 잃은 뒤에 덕을 잃게 되며 덕을 잃은 뒤에 인을 잃게 되며

인을 잃은 뒤에 의를 잃게 되며 의를 잃은 뒤에 예를 잃게 된다고
말하였다.

예박야(禮薄也): 예는 안에 있는 나의 뜻을 밖으로 나타내는 것이
고 문(文)은 지질(地質)의 표면을 아름답게 꾸미는 것이다. 군자는 정
(情)을 취하고 겉모습인 모(貌)를 버린다. 또한 질(質)을 취하고 꾸밈
[飾(식)]을 싫어한다. 외모를 보고 정을 논하게 되는 것은 질이 이미
쇠약해 있기 때문이다. 무엇으로 이렇게 말할 수 있는가 하면 저 유
명한 화씨(和氏)의 구슬을 오색의 문채로 장식할 필요가 없으며 또한
수후(隋候)의 구슬은 금과 은으로의 장식을 필요로 하지 않는다. 왜
냐하면 그 본바탕이 지극히 아름답기 때문이다. 그러므로 지극히 친
한 부모와 자녀 간에는 그 예도 지극히 간소하고 소박하여 그리 복
잡한 법으로 그 속마음을 밝힐 필요가 없는 것이다. 그러므로 노자
는 예박이라 말하였다.

부예자 충신지박야 이난지수호(夫禮者 忠信之薄也 而亂之首乎): 대체
물(物)이란 둘이 상대될 때는 똑같이 성할 수 없고 한쪽이 성하면 한
쪽은 쇠해간다. 음지와 양지의 관계가 이와 같다. 이치는 서로 빼앗
기도 하고 서로 주기도 한다. 한쪽이 빼앗기도 하고 한쪽이 주기도
한다. 위(威)와 덕(德)은 형벌과 은애와 같은 관계이다. 상대되는 것
은 동시에 행할 수 없으므로 어느 한쪽으로 치우치는 것은 자연스러
운 것이다. 내실의 정이 두터운 자는 외모의 예는 도리어 엷다. 부모
와 자녀 간에 행해지는 예가 그 일례인 것이다. 여기에서 예의를 번
잡하게 하고 시끄럽게 하는 것은 그만큼 실정이 덜어져 있기 때문이

156

다. 예의를 행하는 것은 사람의 꾸밈이 없는 천진한 정(情)을 상대방에 통하게 하는 수단이다. 그런데 뭇사람이 이를 행하는 것을 보면 사람들이 자기에게 공손히 예를 행해주면 쉽사리 기뻐하고 그렇지 않으면 그 무례함을 책망하고 원망하게 된다. 예는 원래 나의 중심의 정을 사람에게 통함을 목적으로 하는데 도리어 서로 책하고 서로 원망하게 되어서는 어찌 다투지 않을 수 있겠는가. 그리고 다투는 것은 소란을 일으키는 것이 된다. 그리하여 노자는 이렇게 말하였다.

전식자 도지화야 이우지수야(前識者 道之華也 而愚之首也): 사전에 추측해서 행하고 도리에 앞서 움직임을 전식(前識)이라고 한다. 즉, 전식이란 진실에 따르는 것이 아니라 망령되게 자기의 억측을 쓰는 것을 이른다. 즉, 전식이란 가당치 않은 추측인 것이다. 무엇으로 이런 말을 할 수 있는가 하면 초에 은자(隱者) 첨하(詹何)라는 자가 있었다. 이 사람은 예언을 가끔 하여 도리어 대중을 미혹시켰다. 하루는 당상에 조용히 앉아서 무엇을 생각하고 있는 척할 때 소가 우는 소리가 들려왔다. 옆에 웃어른을 모시고 서 있는 제자를 보고 지금 우는 소는 까만 소에 그 뿔만은 흰 소라고 하였다. 첨하는 소를 보지 않고 추측해서 말한 것이다. 제자가 나가보니 과연 까만 소에 흰색 헝겊으로 그 뿔이 싸여 있었다. 즉, 첨하의 추측은 맞았다. 그러나 이와 같이 전식의 술로써 뭇사람들의 마음을 현혹하게 하며 여러 사람이 또한 술을 흉내 내게 되면 하찮은 일 같지만 인심은 분연(紛然)해져서 그러한 전식의 지식을 다투어 진실한 마음의 자세를 잃게 된다. 사람들은 허깨비에 빠져 세상이 위태롭게 된다. 그러므로 전식은 도의 허깨비로 실제 생활에 아무런 소용이 되지 않는 것이다. 첨하는 그러한 추측을 버리고 열두어 살쯤 되는 동자를 시켜 그 소가 까만 소인가 아닌가를 보고 오라고 해도 역시 까만 소에 흰 헝겊으로 뿔을 싸맨 것이 틀림없었을 것이다. 결국 첨하가 추리를 통해 심신을 피곤케 하면서 얻어지는 결과란 어리석은 동자의 공(功)과 같을 뿐이다. 말하자면 전식이란 우(愚)의 시작인 것이다. 그러므로 노자는 이렇게 말했다.

거피취자(去彼取此): 이른바 대장부라면 그 지혜가 큰 자를 말한 것이며 또 두터움[厚(후)]에 처할지언정 가볍고 메마름[(薄(박)]에 처하지 말라 한 것은 성실을 행하고 형식적인 외모의 예는 버림을 말한 것이고 이른바 실(實)에 처하고 화(華)에 처하지 말라는 것은 정당하고 당연한 도리를 좇고 섣불리 억측을 쓰지 말라는 것이다. 이른바 피(彼)를 버리고 차(此)를 취한다는 것은 외모와 억측을 버리고 도리와 성실을 취함을 말한 것이다. 그래서 노자는 이렇게 말하였다.

화혜 복지소의(禍兮 福之所倚): 사람은 화를 만나면 두려워한다. 두려운 마음이 생기면 스스로 경계하고 또한 조심하고 반성하여 품행도 정직해진다. 품행이 정직해지면 분별도 충분히 생겨 무슨 일이든지 사리에 어긋남이 없다. 다시 품행이 정직해지면 화나게 되는 일이 없고 천수(天壽)를 다하게 된다. 또 사리에 어긋남이 없으면 반드시 성공하게 된다. 신체가 건강하면 천수를 다하게 되고 성공하면 부귀를 얻게 된다. 전수부귀(全壽富貴)를 복이라 한다. 그리고 이러한 행복은 최초에 화를 만나 두려워한 데서 생긴 것이다. 그러므로 노자는 이렇게 말했다.

복혜 화지소복(福兮 禍之所伏): 사람이 행복해지면 부귀를 얻고 부귀해지면 잘 입고 잘 먹게 된다. 잘 입고 잘 먹게 되면 사람은 교만해지는 것이다. 사람이 교만해지면 마음 쓰는 것이나 행동하는 것이 도리에 벗어나고 편벽되어 행동하게 된다. 이와 같이 품행이 도리에 벗어나 사벽(邪僻)으로 흘러 생각하지 않은 화를 만나 요절하게 된다. 또 도리와 사리에 배반되는 거동을 하면 성공을 못 하게 된다. 그렇게 하여 안으로는 사망의 화가 있고 밖으로는 성공의 이름이 사라진다는 것은 큰 화라고 말하지 않을 수 없다. 그리고 이러한 화는 최초에는 행복한 데서 싹튼 것이다. 그러므로 노자는 이렇게 말했다.

숙지기극(熟知其極): 대체 도리를 따라 행하면 이루지 못할 것이 없다. 그 성공이 큰 자는 천자의 세위와 존귀를 얻고 그것이 적은 자일지라도 경상(卿相)이나 장군의 영광과 봉록을 얻기에 용이하다. 이와 반대로 도리에 어긋나서 망령되게 일을 행하면 위로는 천자존귀의 자리를 잃고 아래로는 도주, 의돈, 복축 등 세 사람은 부자가 되고서도 오히려 인심을 잃고 자산을 탕진하게 된다. 만일 사람들이 가볍게 도리를 버리고 일을 행하면 미치는 화복이 깊고 큰 것과 또한 도의 묘연함이 이와 같음을 알지 못하게 된다. 그리하여 노자는 이렇게 말했다.

인지미야 기일고이구의(人之迷也 其日故以久矣): 사람은 누구나 할 것 없이 부귀하고 오래 사는 복, 부귀전수를 욕심내지 않는 사람은 없을 것이다. 그러나 흔히 가난하고 천하여 일찍 죽는 빈천사요(死夭)의 화를 면치 못한다. 이와 같이 실제와 희망이 거리가 먼 것은 왜 그럴까? 아직 사람들은 그 목적지에 가지 못하고 있기 때문이다. 대체 사람들은 목적지에 도달할 수 있는 가까운 지름길을 잃고 망령되게 딴 길에서 헤매고 있다. 이것을 미(迷)라 한다. 이렇게 헤매고야 어찌 그곳을 일조일석에 갈 수 있겠는가. 지금 세상 사람들은 거칠 것 없이 헤매고 있는바 이 또한 일조일석에 된 일이 아니고 천지개벽 이래부터 오늘에 이르기까지 계속되고 있다. 그래서 노자는 이렇게 말했던 것이다.

치인사천 막여색(治人事天 莫如嗇): 총명예지(聰明睿知) 이 네 가지는 하늘이 주신 성품이다. 그러나 눈으로 만물을 보고 귀로 소리를 듣고 예지로 만사를 사려 하는 것은 인력이며 인위적인 것이다. 즉, 사람은 하늘에서 타고난 총명예지에서 동정사려(動靜思慮)의 작용을 한다. 그러므로 천부(天賦)는 본(本)이 되고 인위(人爲)는 말(末)인 것이다. 그러므로 사람이 시력을 너무 무리하게 쓰면 눈이 어두워질 것이며 청력을 너무 쓰면 귀가 멀어지고 사려하는 것도 그 도를 지나치면 지식이 혼란하게 된다. 만일 눈이 밝지 못하다면 흑백을 가릴 수 없으며 귀가 밝지 못하면 맑고 탁한 소리를 가릴 수 없으며 지식이 혼란하게 되면 이해득실의 경계를 확실하게 알 수가 없다. 눈으로 흑백을 구분하지 못하면 장님일 것이며 귀로 청탁을 구분하지 못하면 귀머거리일 것이며 마음으로 이해득실을 알지 못하면 미치광이일 것이다. 장님이 되면 백주에도 오히려 위험을 피할 수 없고 귀머거리가 되면 우레 뇌성벼락을 피할 수 없을 것이다. 광인이 되면 죄를 범하고 벌을 받아서 법령의 화를 면할 수 없을 것이다. 노자의 글에 소위 사람을 다스린다는 것은 그 행동이 절도에 맞고 사려의 낭비를 덜며 또 하늘에 섬긴다는 것은 총명의 힘을 아끼며 지식의 소임을 다하지 않음을 말한 것이다. 과도하게 총명한 지혜를 다하면 정신을 소비하는 일이 많아져 결국 장님이 되고 귀머거리가 되고 미치고 성질이 어지러운, 즉 맹농광패(盲聾狂悖)의 화를 초래하게 될 것이다. 그래서 이러한 화를 막기 위해서는 하늘이 준 나의 총명한 예지를 아껴 써야 할 것이다. 그러므로 노자는 그 정신을 사랑하고 그 지식을 아껴서 함부로 쓰지 말라고 말하였다.

심기근 고기저 장생구시지도(深其根 固其柢 長生久視之道): 나무에는 만근(蔓根)과 직근(直根)인 곧게 뻗어 내려가는 뿌리가 있다. 직근을 저(柢)라고 한다. 저는 수목의 대본으로서 땅속 깊이 뿌리를 박고 그 나무를 비바람에도 쓰러지지 않게 하며 만근은 저를 부지하면서 사방으로 뻗어 양분을 흡수함으로 그 나무를 기르게 된다.

사람에게도 이와 같은 것이 있다. 즉, 덕은 인생을 세우는 근원이 되고 녹봉과 작위인 녹위(祿位)는 이를 붙잡아주는 것이다. 도리에 순종하여 삶의 기초를 삼는 자는 그 녹위를 오래오래 지속할 수가 있게 될 것이다. 그래서 노자는 '심기근'이라고 말하였다. 그리고 도리를 체득한 자는 생명이 날로 장성하기 때문에 그 뿌리가 굳어 흔들림 없다는 '고기저'라고 하였다. 그 뿌리가 굳고 깊으면 생활의 장수를 얻게 된다. 그래서 노자는 심기는 고기저 장생구시지도라고 말하였다.

치대국자 약팽소선(治大國者 若烹小鮮): 공인(工人)이 자주 업을 바꾸면 그 공을 잃게 될 것이며 작자(作者)가 자주 이사를 하면 역시 그 공이 없어질 것이다. 가령 한 사람의 일꾼이 하루에 반나절씩 일을 하지 않는다면 열흘이면 다섯 사람의 품이 없어지므로 만인의 일꾼이 하루에 반나절씩 일을 하지 않는다면 열흘이면 오만인의 품이 없어질 것이다. 그러므로 자주 업을 바꾸면 사람은 더 많이 들고 손해는 더욱 크게 된다.

대체로 법령을 바꾸면 이해가 바뀌게 된다. 이해가 바뀌면 사람들은 변화를 힘쓰게 될 것이며 사람들이 변하기를 힘쓴다는 것은 업을 변경하는 것을 의미한다. 이렇게 사리를 따져볼 때 많은 사람에게 일을 시킬 때에 자주 흔들게 되면 성공을 기대할 수 없으며 큰 기구를 갖고 자주 이사를 하면 깨어지고 상하는 것이 많아진다. 이와 마찬가지로 작은 생선을 끓일 때 자주 저으면 생선이 흩어져 제 모습을 잃고 그것을 끓인 사람의 노력은 헛수고로 끝나게 된다. 큰 나라를 다스리는 사람으로 자주 법을 변경하면 백성이 괴로울 것이다. 그리하여 도를 가진 인군은 마음에 잡념이나 망상을 버리고 변법을 신중히 하는 것이다. 그러므로 노자는 큰 나라를 다스리는 것은 작은 생선을 끓이는 것과 같다고 하였다.

천하유도 각주마이분야(天下有道 却走馬以糞也): 일국의 인군으로 도(道)가 있고 온 천하에 도가 있다면 나라와 나라 사이에 원수 될 리가 없고 사람과 사람 사이에 싸울 리 없고 밖으로 예의를 지켜 서로 친선하고 안으로 백성에게 은택을 베풀어 사람들이 생업에 힘쓰게 된다. 서로 예의를 지킴으로 전쟁이 좀처럼 일어나지 않으며 사람들이 농업에 힘쓸 때에 사치하거나 음란하거나 게으른 풍습이 있을 리 없다. 대체 말(馬)이란 밖에서 전투할 때에 필요한 것이고 안으로 사치 생활에 필요한 물품을 운반하는 데 사용되며 그렇지 않으면 놀고 있는 부랑인들의 오락으로 사용되는 것이다. 그런데 인군에게 도가 있어 군사를 움직이는 일이 드물고 또한 사치를 금하여 필요치 않는 데 쓰일 리 없다. 그러므로 위로는 말을 싸워 도망치는 자를 쫓아갈 군사용으로 사용하지 않으며 아래로는 사치와 유흥의 물품을 운반하는 데 사용하지 않고 주로 밭을 갈고 논을 가는 농사일에만 사용하게 된다. 그래서 노자는 말하기를 천하에 도가 있게 되면 달리는 말을 물리치고 논밭에 씨를 뿌린다고 말하였다.

천하무도 융마생어교의(天下無道 戎馬生於郊矣): 인군이 도의심이 없으면 안으로 국민들이 포악해지고 밖으로 나라와 나라끼리 서로 침략하게 된다. 사람들이 포악하고 나라끼리 침략하면 결과적으로 산업은 쇠약해질 것이며 전쟁은 자주 일어나게 되고 가축은 줄어들고 병졸은 죽어가게 된다. 따라서 융마(戎馬)라 하여 백성들이 군사용으로 공출하기 위하여 기르는 말의 수는 적어지고 군세(軍勢)는 위태롭게 되어 장마(將馬)라 하여 왕가에서나 대신 공경들의 집에서 기르는 말까지도 징출(徵出)해서 싸움에 사용되고 대신이나 근신까지도 징용이 되어 싸움에 종사하게 된다. 이리하여 말은 중요한 군사상 용도가 되고 난세에는 융마가 싸움터와는 먼 거리에 놓여 있는 성곽에 가까운 근교에까지 공급하게 된다. 그리하여 노자는 천하가 무도해지면 융마가 집 가까운 성 밑 들판에까지도 기르게 된다고 말하였다.

화막대어가욕(禍莫大於可欲): 사람이 욕심이 발동하면 정신은 자연 물욕에 끌리어 올바른 생각을 하지 못하게 된다. 이렇게 제 정신을 잃고 탐욕스러운 생각이 더욱 심해지면 사물을 다스리는 이성을 잃는다. 이렇게 되는 까닭은 사람들의 사심(邪心)에서 생기고 이 사심은 욕심에서 유발된다. 이러한 욕심은 미색(美色), 미미(美味), 미성(美聲) 등 누구든 욕심낼 만한 것으로 가욕(可欲)이라 한다. 도를 모르고 머리에서 발끝까지 사욕(邪欲)으로 꽉 차 있는 무리들은 양민을 유혹하여 간악하게 만들어 물러서게 하면 그에 대한 보복으로 선인이나 군자에게 화를 미치게 한다. 사람들이 간악해지면 위로는 어린 인군을 해치고 화난(禍難)이 일게 되면 사람들이 상하게 된다. 이러한 가욕(可欲)한 도배들이 어린 인군을 침해하고 어진 백성을 상해한다는 것은 큰 죄를 범한다고 말하지 않을 수 없다. 그러므로 노자는 인간의 화(禍)가 이런데 욕심내는 것보다 더 큰 것은 없다고 말하였다.

죄막대어부지족(罪莫大於不知足): 성인은 오색(五色)의 문채에도 마음이 끌리지 않으며 오음(五音)의 미성(美聲)에도 마음이 동하지 않는다. 또 명군은 소용이 안 되는 골동품이나 보물을 천시하고 사치와 화려함을 멀리한다. 그러나 사람은 새나 짐승이 아니므로 털도 깃도 없다. 불가불 의복이 없으면 더위와 추위를 막을 수 없으며 또 사람은 별과 같이 하늘에 속해 있는 것도 아니고 초목과 같이 땅에 있는 것도 아니다. 위와 장으로 생명의 근본을 삼고 있다. 그래서 사람은 먹지 않으면 살 수가 없다. 그러므로 물질에 대한 욕심에서 벗어날 수 없다. 이 이욕의 생각을 제거하지 못함은 일신의 근심인 것이다. 그러므로 노자가 말하기를 의복은 추위를 막을 정도면 족하고 먹는 것은 배를 채울 정도면 족하니 그 이상은 탐내지 말아야 한다. 그런데 뭇사람들은 그것이 아니다. 크게는 군왕이나 제후가 되려 하고 적어도 천금의 부자는 되려고 한다. 그래서 얻고자 하는 욕심은 한

이 없다. 그래서 이에 대한 근심은 그지없다. 가벼운 죄를 지은 사람은 면할 수 있고 죽을죄를 지은 범인도 때로는 살길이 있다. 그러나 그칠 줄 모르는 근심은 평생 벗어나지 못한다. 그러므로 노자가 말하기를 죄 중에서 가장 큰 죄는 만족할 줄 모르는 죄라고 말하였다.

구막참어욕리(咎莫慘於欲利): 사람이 물질에 대한 욕심이 너무 심해지면 근심이 생긴다. 근심이 생기면 병이 생기고 병이 생기면 지혜가 쇠퇴해간다. 지혜가 쇠퇴해지면 도량(度量), 즉 사람으로서 할 일을 잃게 된다. 도량을 잃게 되면 경거망동을 하게 된다. 경거망동하면 화근이 일어난다. 이렇게 되면 밖으로는 화를 받게 되며 안으로는 병을 얻게 된다. 화를 받으면 마음이 괴로울 것이며 병을 얻으면 몸이 아플 것이다. 이 고통이 깊이 속으로 침투하면 사람은 무참히 죽게 된다. 이렇게 되면 사람은 자신을 뉘우치기도 하며 자기를 책망하기도 한다. 이것은 다 얻으려는 욕심에서 오는 것이다. 그러므로 노자가 이러한 허물은 물질을 탐하는 욕심에서 오는 참상인 것이라고 말하였다.

무상지상 무상지상(無狀之狀 無象之象): 도(道)란 이천지간 일체의 물(物)에 널리 미치어 두루 통하고 있다. 즉, 만물을 섭리하고 있으므로 어떠한 조리(條理)도 도에서 되지 않은 것이 없다. 조리는 이미 만들어진 만물의 문채이며 도는 생성하고 발전시키는 근본인 것이다. 그래서 도는 만물을 섭리(攝理)한다고 한다. 대체 만물에는 각각 성립하는 조리가 있어서 서로 침해하거나 서로 핍박할 수가 없다. 이것을 규정해서 질서 있게 하는 것은, 즉 도(道)이다. 이와 같이 만물은 각각 그 조리를 달리하고 있으며 이것을 통합하는 것은, 즉 도이다. 이와 같이 널리 미치고 두루 통해 있는 절대보편(絶對普遍)의 도는 나누어져서 만리(萬理)를 거느리고 있으므로 또한 여러 가지로 변화하지 않을 수 없다. 따라서 때와 함께 옮겨져 항상 가지고 있는 정형(定形)이 없다.

생명도 이 도에서 운명을 형통하고 있으며 모든 지혜의 힘도 이 도에서 가능한 것이며 세상사도 이 도에서 일어나고 소장(消長)되는 것이다. 하늘은 도에 의해 높고 땅은 도에 의해 만물을 감추고 일월은 도에 의해 그 광명을 영원무궁으로 계속하며 오행(五行)은 그 정위(定位)를 보전하며 신선(神仙) 적송자(赤松子)는 도에서 천지와 그 수명을 같이하며 성인은 도에서 제도와 문물을 만들었으며 열성(列星)은 도에서 궤도를 운행하며 춘하추동 사시는 도에서 기후의 변화를 통제하며 황제는 도에서 만국을 지배하고 사방을 다스렸으며 도는 요·순과 같이 하면 지혜자가 되고 걸·주와 같이 하면 멸망하고 초의 은자(隱者) 접여(接輿)와 같이 하면 광(狂)이 되고 탕무(湯武)같이 하면 창성(昌成)한다. 내 옆에 있다고 생각하면 사방의 끝까지 퍼지며 멀리 있다고 생각하면 항상 곁을 떠나지 않는다.

어두운 것이라고 생각하면 그 광채는 밝고 밝아서 누구도 알 수 있으며 밝은 것이라고 생각하면 그 몸은 으슥하여 누구나 포착할 수 없다. 그 공은 천지를 만들고 그 조화력은 무서운 천둥 번개도 마음대로 한다. 이와 같이 우주 간 만물은 무엇이나 도의 그늘에서 성취되는 것이다. 대체 도의 실체는 법제도 실체도 없는 일체의 제도를 추월한 것이다. 항상 고정된 데가 없고 유약해 때에 따르고 이치에 응하여 나타난다. 우주만물은 여기서 나고 죽고 만사는 여기서 성패

한다. 비유하건대 물과 같아서 빠진 자가 다량으로 마시면 죽으나 목이 마른 자가 적당히 마시면 살아날 수 있다. 또 칼과 창에 비유하면 우자(愚者)가 이를 잡으면 분노한 끝에 화를 만들 것이며 성인이 이를 사용하면 포학한 자를 없애어 만민을 행복하게 한다. 즉, 도라는 것도 이것과 다를 것이 없다. 일체의 성공과 실패, 쇠하는 것과 성하는 것, 죽음과 삶은 모두 도에서 오는 것이다. 이와 같이 도는 절대적인 것이다.

중국에서 사는 사람들은 남방에 서식하는 산 코끼리를 본 적이 없다. 그래서 죽은 코끼리의 뼈를 주워 모아 도안(圖案)을 만들어 살아 있을 때의 모습을 관찰하는 것이다. 그래서 실제로 보지 못하고 마음속으로 상상하는 것을 해상(楷象)이라고 하여 사람들의 의중의 상을 말하는 것이다. 말하자면 상상(想像)하는 것이다.

지금 본체계(本體界)의 도는 볼 수 없고 들을 수도 없으나 성인은 현상계(現象界)에 나타난 결과를 가지고 실제상태를 생각해보기도 하고 이치를 더듬어보기도 한다. 그러므로 노자는 무상지상 무상지상(無狀之狀 無象之象)이라 하여 본체계의 도의 실재는 보고 듣는 범주를 뛰어넘는 것으로 현상계에 나타난 사실, 즉 사람의 감성에서 깨달을 수 있고 경험할 수 있는 온갖 일이나 물건에서 알 수 있다고 말하였다.

도지가도 비상도야(道之可道 非常道也): 대체 조리(條理)란 것은 사물에 대한 모나고 둥글고 길고 짧고 거칠고 가늘고 굳고 부드러운, 즉 방원(方圓), 장단(長短), 조세(粗細), 견유(堅柔)의 다르고 같음을 분별하는 것이다. 그러므로 조리가 정해져야만 만물은 도를 얻게 되는 것이다. 그러나 만물은 한 번 정해져도 때에 따라 변함으로 존망이 있고 사생(死生)이 있고 성쇠가 있게 된다. 이 현상은 만고에 변함이 없는 상도(常道)인 것이다. 이 상도란 것은 오직 천지개벽과 함께 생성하고 천지는 소산(消散)할지라도 이 상도는 변함이 없다. 그렇다고 해서 일정한 조리도 있는 것이 아니고 일정한 곳에 있는 것도 아니어서 이것이 참 도라고 결정하고 지시하기가 어렵다.

참 도는 보고 들을 수 없고 말로 할 수 없다. 다만 성인은 이치가 깊고 그윽하여 알기 어려운 유현허무(幽玄虛無)의 절대를 보고 자연의 오묘한 조화를 살피고 사물의 성쇠가 서로 막힌 데가 없이 우주에 순환주류(循環周流)하는 것을 가지고 억지로 이름 지어 도라고 한 것뿐이다. 이와 같이 해서 비로소 도를 말할 수 있다. 그런데 속인들은 현상계에 나타난 도의 한끝만 잡고서 그것을 도라고 생각하기 때문에 그 진상은 얻기 어렵다. 원래 도라고 이름 지은 것만으로 도의 크기를 제한한 것이 되어 참 도를 잃은 것이다. 속인들은 일러주기 위하여 잠시 그 이름을 빌린 데 지나지 않는다. 그리하여 노자는 이렇게 말하였다.

출생입사(出生入死): 사람은 출생에서 시작되고 사망에서 끝이 난다. 그러므로 노자는 출생입사라고 말하였다.

생지도 십유삼(生之道 十有三): 사람의 몸에는 삼백육십의 골절이 있는바 사지(四肢)와 구규(九竅), 즉 이목구비와 상하 두 구멍은 그중에 큰 기관인 것이다. 사지와 구규는 십삼인데 이 열셋의 동정(動靜)은 다 존중의 작용이며 생에 예속하는 것으로 이를 생의 도(徒)라고 하였다.

사지도 십유삼(死之徒 十有三): 사람이 죽으면 이 열세 개의 기관은 본체계로 돌아가서 죽음에 속한다.

민지생 생이동 동개지사지 역유십삼(民之生 生而動 動皆之死地 亦有 十三): 대체 인간이 세상에 나서 산다는 것은 이 열셋의 기관을 써서 모든 것을 만들고 모든 것을 행하는바 이것을 극단으로 다하게 될 때는 심신에 손실이 오게 된다. 그래도 제작만행(諸作萬行)을 그칠 줄 모르면 이 손실은 더욱 커지게 된다. 그렇게 되면 드디어 생명은 그치고 만다. 이와 같이 생명이 다해지고 만 것을 사(死)라고 한다. 이렇게 되면 열세 개 기관은 다 변해서 사지(死地)에 묻히고 만다. 그러므로 성인은 정신을 아껴서 낭비하지 않으며 이목의 욕심에 끌리지 않고 마음의 잡념이나 망상 없이 조용한 허정무위를 귀중하게 여긴다.

입군 불비갑병(入軍 不備甲兵): 시호(兕虎), 즉 물소나 범은 무서운 짐승이다. 그러나 거처에는 일정한 구역이 있다. 그 구역과 그 동정의 시기를 미리 알고 있으면 시호의 해를 면할 수 있다. 사람들은 다만 시호에 손톱발톱 뿔이 있음은 무서워할 줄 아나 세상만물에는 모두 이러한 손톱, 발톱, 뿔과 같은 조각(爪角) 있는 것은 알지 못하고 있다. 그래서 화를 면치 못하는 일이 많다. 예를 들면 장맛비 내려 빈 들판 한적할 때 이른 아침이나 해질 무렵 산천을 타고 올라가면 비바람의 조각이 사람을 해치게 된다. 나라에 충성을 하지 않고 경솔하게 금령을 어기면 형법의 조각이 나를 해칠 것이다. 향리(鄕里)에 있어서 품행이 바르지 못하여 애증(愛憎)의 도를 잃으면 사람과 불화하여 쟁투의 조각에 걸리어 해를 받을 것이다.

기욕(嗜慾)에 한도가 없고 동정(動靜)에 절도(節度)를 잃으면 위생의 방법에 어긋나 종기 악창(惡瘡)의 조각에 해를 받아 화를 입을 것이며 쉬지 않고 잘못된 지혜와 잘못된 생각을 부지런히 해서 불의(不義)의 짓을 하면 세상 사람에게 미움을 받아 법망(法網)의 조각으로 해를 받을 것이다. 이런 종류의 해는 오히려 시호의 해보다 더 심하고 클지언정 그보다 못하지는 않다. 시호에게도 각각 서식하는 구역이 있는 것과 같이 만 가지의 해에도 각각 원인이 있다. 그러므로 그 구역을 피하고 그 원인을 막으면 모든 위험에서 벗어날 수 있을 것이다. 대체 병혁(兵革)에 쓰는 무구(武具)는 적의 침해를 예방하는 것이다. 생명을 중하게 여기는 자는 군에 들어가더라도 성내어 다투는 마음이 없으므로 위험에서 헤어나려는 준비가 필요치 않다. 군이란 다만 대진하여 접전하는 것만을 말하는 것은 아니다. 가슴속에서 싸우는 것도 전쟁인 것이다.

성인은 세상에 살면서 사람을 해치려는 마음이 없기 때문에 사람에게 해를 받을 일도 없다. 따라서 사람에게 해를 받을 일이 없다면 사람에 대한 준비는 필요치 않을 것이다. 그러므로 노자가 말하기를 나에게 누군가 해치려는 마음이 없으면 나 역시 해를 받을 리 없다. 이와 같이 모든 해에서 멀리 떨어지게 됨으로써 물소도 그 뿔로 나를 받지 않을 것이며 범도 그 발톱으로 나를 긋지 않을 것이며 병정도 나에게 칼날을 쓰지 않을 것이다. 해치려 하지 않으면 반드시 해쳐오지 않는다는 것이 천지의 도리인 것이다. 천지의 도리를 체득하였으므로 나에겐 사지(死地)가 없다. 사지가 없으면 잘 섭생을 했다고 말할 수 있다. 그래서 노자가 말하기를

육행불우시호(陸行不遇兕虎)

시무소투기각(兕無所投其角)

호무소조기조(虎無所錯其爪)

병무소용기도(兵無所容其刀)

무사지언(無死地焉)

이는 오직 천지간 자연의 도리를 체득한 자만이 가질 수 있는 안전세계인 것이다.

자고능용(慈故能勇): 아들을 지극히 사랑하는 자는 아들에게 자애를 다할 것이며 생명을 중히 여기는 자는 자기 몸을 끔찍하게 여길 것이며 공을 바라는 자는 그 사업을 또한 사랑할 것이다. 자모(慈母)는 어린 자식에 대해서 행복하게 되기를 힘쓸 것이며 행복하게 되기를 힘쓴다면 일에 재난이 없기를 애쓸 것이다. 일에 재난이 없으면 생각이 익숙해질 것이며 생각이 익숙하면 사리를 얻을 것이다. 사리를 얻으면 반드시 성공할 것이며 성공하면 그 행하는 데 의심이 없을 것이다. 일에 의심할 것 없이 단행함을 용(勇)이라 한다. 성인은 만사에 있어 마치 자모가 어린 자식을 생각함과 같다. 자모가 의심할 것 없이 단행함은 자애로운 마음에서 생기게 된다. 그러므로 노자가 말하기를 자애는, 즉 용맹인 것이라고 하였다.

검고능광(儉故能廣): 주공(周公)이 말하기를 겨울날이 되어 추워 얼지 않으면 봄과 여름에 초목의 성장도 활발하지 못하다고 하였다. 천지의 크기를 갖고도 항상 사치하며 항상 허비할 수 없어서 때로

171

소장(消長)이 있음을 면할 수 없는 것이 사람에게 있지 않은가? 그러므로 만물에는 반드시 성쇠가 있으며 만사에는 반드시 느슨해짐과 팽팽함이 있으며 국가에는 반드시 문무가 있으며 정사(政事)에는 반드시 상과 벌이 있어서 서로 돕는 것이다. 그러므로 지사(智事)는 그 재물을 절용하여 집이 부해지며 그 정신을 아깝게 여김으로써 정력이 성해진다. 인군 된 자는 함부로 사졸을 전쟁에 종사시킴이 없으면 인명이 상하지 않고 국토는 넓어진다. 그러므로 노자는 검고능광이라고 말하였다.

불감위천하선(不敢爲天下先): 모든 유형의 물체는 마루재기가 쉽고 쪼개기 쉽다. 왜냐하면 이미 형체를 갖추고 있으므로 길고 짧고 가늘고 굵고 모나고 둥글고 굳고 부드럽고 가볍고 무겁고 검고 흰 일정한 준거(準據)가 있기 때문이다. 임금이 조정에서 국사를 의론하고 명령을 내려 먼저 국무에 정진해서 먼저 해야 할 일과 나중에 해야 할 일의 권형(權衡)을 잘 알고 있는 대신을 신임하고 감히 사사로운 지혜를 내세워 신하들과 능력을 다투어 다른 사람보다 앞서려고 해서는 안 된다. 이와 같이 방원(方圓)을 만들 경우에는 자의에 맡기지 않고 규구(規矩), 즉 일정한 법도를 따라야 하며 일정한 법도를 따르면 만사에 효과는 실현된다. 만물에는 규구를 갖추지 않은 것이 없다. 권의(權議)를 가진 선비는 이 규구를 계획하고 성인은 모든 일과 모든 사물에 대하여 항상 법도를 지킨다. 그러므로 다른 사람보다 앞선 자가 되려고 하지 않는다. 천하의 선자(先者)가 되려고 하지 않으면 어떠한 일도 얻지 못할 것이 없으며 어떠한 공도 올리지 못할 것이 없다. 그 의론하는 것은 일세를 덮을 것이다. 고위대관에 나가지 않으려고 자연과 세상에 밀려서 그 지위에 나가게 된다. 이를 말하여 성사장(盛事長)이라 한다. 이는 항상 규구 법도를 지켜 겸허를 자처함으로 남보다 앞서지 않으려고 해도 오히려 사람들에게 신임을 받고 촉망을 얻어 성사장이 되는 것이다. 그러므로 노자가 말하기를 불감위천하선 고능위성사장(不敢爲天下先 故能爲成事長)이라고 하였다.

자이전즉승 이수즉고(慈以戰則勝 以守則固): 아들에 자애심이 있는 사람은 옷과 밥이 끊이지 않을 것이며 몸을 사랑하는 자는 감히 법도에 어긋남이 없이 항상 긴장하고 있을 것이다. 방원(方圓)을 잘 그리려 할 때에 컴퍼스와 자를 버리지 않고 반드시 형태를 만들 것이다. 이와 마찬가지로 싸움에 있어 장졸사관에 자애로운 자는 반드시 협력 분투하여 적에 이기도록 할 것이며 무기(武器)를 사랑하는 자는 성벽(城壁)의 방비를 견고히 한다. 그래서 노자는 자애로운 마음으로 싸우면 이기고 자애로운 마음으로 지키면 견고해진다고 말하였다.

오유삼보 지이보지(吾有三寶 持而寶之): 대개 자신을 잘 보전하려는 자는 만물의 도리를 새기지 않고 따르는 자는 정명(正命)을 잘 지키기 때문에 반드시 하늘이 이를 생존시키게 된다. 하늘이 구원해주는 것은 나에게 선심(善心)이 있으므로 구원해주게 된다. 이것은 하늘이 지니고 있는 조물주의 뜻인 생심(生心)인 것이다. 그러므로 천하의 도(道)는, 즉 천지만물은 이러한 생심으로 발전하여 다함이 없다. 사람이 만일 이를 본받아 천지의 마음으로 나의 몸을 지키면 무슨 일이고 만전(萬全)해서 어느 하나 부당한 것이 없을 것이다. 이것은 자기를 지키는 데 가장 중요한 보배인 것이다. 그래서 노자가 말하기를 위에서 말해온 자(慈), 검(儉), 불감위천하선(不敢爲天下先)을 세 가지의 보배라고 말하였다.

대이검(帶利劍): 노자서(老子書)에 이른바 대도(大道)라고 한 것은 정도(正道)를 말한 것이며 모시(貌施)라고 한 것은 사도(邪道)를 말한 것이다. 이른바 경(徑)이라고 한 것은 사도에 들어가 교만해지고 사치해짐을 말한 것이다. 말하건대 사람이 교만하고 사치한 것은 사도에서 분산된 작은 부분인 것이다.

조정이 잘 정리된 것은 재판사건이 많다는 증거이다. 재판사건이 많아지면 자연 농사일은 방해가 되고 전답은 거칠어지고 창고는 비고 국가는 더욱 빈약해지고 풍속은 더욱 음란과 사치로 흐르게 되고 의식(衣食)을 할 수 있는 생산력이 줄어들면 백성은 곤궁에 빠지게 된다. 이러한 결과로 사회는 거짓을 일삼아 사기와 협잡을 해서라도 먹고살아야 한다. 사기와 협잡과 거짓을 하려니 사람은 더욱 화려한 의상(衣裳)으로 극도의 사치로 흐르게 된다. 이것은 국가를 망하게 하는 풍습으로 마치 예리한 칼로 사람을 찌르는 것과 다름이 없다. 그래서 노자는 대이검(帶利劍)이라 말하였다.

자화유여(資貨有餘): 지혜를 꾸미고 교묘한 수단으로 사람을 속이고 나라를 해치는 무리들은 반드시 자기 일신만의 이익을 꾀하는 것이다. 인군이나 국가가 곤궁해져도 저희 일신일가만은 부유해지려고 한다. 그래서 노자는 비판하여 그런 자들의 집에는 돈과 물자가 남아돈다고 하여 부정축재, 즉 자화유여(資貨有餘)라고 말하였다.

복문채 대이검 자화유여자 위왈도우의(服文彩 帶利劍 資貨有餘者 謂曰盜竽矣): 나라 안에 이같이 자기 집만을 부하게 하려는 자가 있으면 우민(愚民)들도 또한 이에 유혹되어 이것을 배우게 된다. 이것이 한 사람 두 사람 계속 번져나가게 되면 모여서 작은 도둑무리가 된다. 이것은 또한 작은 무리에서 더 큰 무리로 모이면 그때는 대간(大姦)이라 하여 큰 도둑단체로 되어간다. 작은 도둑들은 이에 응하고 대간의 무리들이 앞장서서 나팔을 불면 작은 도둑들은 이구동성으로 화답하게 된다. 마치 우(竽)라고 하는 악기는 오성(五聲), 즉 궁·상·각·치·우(宮·商·角·徵·羽)의 제일 먼저이므로 앞서서 소리를 내면 다른 북이나 종이나 꽹과리나 거문고나 피리 등은 따라서 치고 불게 되는 것이다. 이것은 대간이 앞서고 소도(小盜)들이 뒤를 따르는 것과 같다 하여 노자는 복문채 대이검 염음식이자화유여자 시지위도우의(服文彩 帶利劍 厭飮食而資貨有餘者 是之謂盜竽矣)라고 말하였다.

불발 불탈 제사부절(不拔 不脫 祭祀不絶): 사람은 슬기로운 자나 미련한 자나 할 것 없이 이것은 좋고 저것은 싫다는 감정은 거의 같다. 사람이 마음이 염담(恬淡)하여 재물에 탐냄이 없고 허정하여 몸과 마음이 평안할 때 화와 복이 어떻게 하면 오고 어떻게 하면 오지 않음을 모르는 사람은 있지 않다. 그러나 세속의 사람들은 호오(好惡)에 내 마음이 쏠리고 외물의 유혹을 받기 때문에 염담평안의 마음에 자연 변란이 생겨 선악화복의 오는 길을 잘못 잡게 되는 것이다. 이것은 말할 것도 없이 눈이나 귀로 들어오는 물질의 욕심에 끌려 취사선택의 맑은 정신이 흐려지기 때문이다. 마음이 염담해지면 취사(取

捨)의 길을 잘못 들지 않을 것이며 심신이 평안하여 냉정해지면 화복의 문을 잘못 열지 않을 것이다. 그런데 외물에 끌려 본심을 잃게 되므로 노자가 이르기를 발(拔)이라고 하였다. 성인은 그렇지 않아서 한 번 마음을 세우면 결코 외물에 끌리지 않는다. 이것을 노자는 불발(不拔)이라 하였다. 또 마음을 지켜 움직이지 않고 어떠한 외물에도 유혹되지 않음을 노자가 말하기를 불탈(不脫)이라고 하였다. 남의 자손이 된 자로 이 길을 체득한다면 종묘를 잘 지켜 집이 계속될 것이므로 노자가 말하기를 제사부절(祭祀不絶)이라 하였다.

수지신 기덕내진(修之身 其德乃眞): 보통 내 한 몸은 생각을 헛되게 하지 말고 정신을 가다듬어 덕(德)을 삼고 한 집은 재부를 쌓음으로써 덕을 삼고 한 나라나 온 천하는 백성을 얻음으로써 덕으로 삼는다. 지금 내 몸을 다스려 외물의 유혹을 받지 않으면 내 정신은 갈수록 맑아질 것이다. 그러므로 이것으로 몸을 닦으면 그 덕은 참될 것이다. 참이란 것은 신명에 마음이 통하여 흔들리지 않음을 말한 것이다.

수지가 기덕유여(修之家 其德有餘)
수지향 기덕내장(修之鄕 其德乃長)
수지가 기덕내풍(修之家 其德乃豊)
수지천하 기덕내보(修之天下 其德乃普)

한 집을 다스림에 있어 무용지물에 끌려 예산을 변경하지 않으면 자재에 여유가 있게 될 것이며 한 고을을 다스리는 자가 절도(節度)

를 행하게 되면 집에 여유 있는 자가 불어남으로 그 덕은 더욱 길어질 것이다. 한 나라를 다스리는 자가 절도를 행하면 고을에 덕 있는 자가 더욱 모여듦으로 그 덕은 더욱 풍성해질 것이며 온 천하를 어떤 자가 군림(君臨)하여 절도를 행한다면 천하백성은 이 은택에 젖지 않는 자가 없게 되므로 그 덕은 더욱 넓어질 것이다.

몸을 닦는 자는 이것으로 군자와 소인이 구별되고 치향(治鄕), 치방(治邦), 치천하(治天下)는 이 도리를 응용하고 손익소장(損益消長)을 정관(正觀)한다면 만에 하나도 잃지 않을 것이다. 그러므로 노자는 말하기를 이러한 치신, 치가, 치향, 치방, 치천하에 대해 만고불역(萬古不易)의 정법(程法)으로 조용히 보면 모든 것을 자연 알 수 있게 된다. 이신관신(以身觀身), 이가관가(以家觀家), 이향관향(以鄕觀鄕), 이방관방(以邦觀邦), 이천하관천하(以天下觀天下) 할 때 일사불란한 도의 표준에서 말하고 도의 표준에서 보면 천하는 다 한가지다.

제16편 유로(喩老)

전편 해로에 이어 노자의 뜻을 설명한 편이다.

각주마이파(却走馬以播): 도덕이 천하에 행해지고 정치가 잘되어 나라 안이나 밖에서 함께 위급한 사건이나 돌발 사변이 없다면 역참에서 사용하는 전마(傳馬)를 사용할 필요가 없을 것이며 따라서 백성들은 농사에 힘쓰게 될 것이다.

융마생어교(戎馬生於郊): 천하는 어지럽고 나라 안에는 좋은 정치가 행해지지 못하여 서로 싸우기만 하니 성을 굳게 하고 진을 지키는 일이 수년간 계속될 때는 군사들이 갑옷을 벗을 새가 없어 이와 벼룩이 득실거리고 군막을 친 진영(陣營)은 걷을 새가 없어 참새와 제비가 와서 둥지를 만들게 된다. 그리고 사졸들은 한 번도 집에 돌아갈 수 없다. 그러므로 노자는 이렇게 세상이 전쟁에 휩쓸리고 있으니 군마들이 성 밑 가까이까지 들끓게 된다고 하였다.

화막대우부지족(禍莫大于不知足): 지백(智伯)은 범씨(范氏)와 중행씨(中行氏) 양가를 없애고 그 땅을 모조리 차지하고 다시 조(趙)를 쳐서 자기 욕심만 채우려다가 한(韓), 위(魏) 양국에 배반을 당하여 승부를 다툰 결과 드디어 패하여 자신은 고량(高粱) 동쪽에서 피살되고 영토는 한·위·조 삼국으로 분할되고 지백의 두골은 옻칠되어 조양자의 변기가 되고 말았다. 그러므로 노자가 말하기를 사람의 재앙은 족한 줄 모르고 무한한 욕심을 좇는 것보다 더 큰 것은 없다고 하였다.

구막참어욕득(咎莫慘於欲得): 우(虞)나라의 왕은 굴(屈)이라는 땅에서 생산하는 말과 수극(垂極)이라는 곳에서 생산하는 구슬에 눈이 어두워 충신 궁지기(宮之奇)가 간하는 말도 듣지 않다가 진헌공에게 땅을 빼앗기고 말았다. 그러므로 노자가 이르기를 불의의 물품을 얻으려고 하는 것보다 더 비참한 것이 없다고 하였다.

죄막대어가욕(罪莫大於可欲): 척(隻) 땅 사람이 진헌공(晋獻公)에게 풍호(豐狐) 및 현표(玄豹)의 가죽을 선물로 바쳤다. 헌공은 객으로부터 두 장의 가죽을 받고 탄식하면서 풍호와 현표는 불쌍하게도 이 가죽이 너무나 아름다웠기 때문에 잡혀 죽었다. 일국의 왕이 되어 나라를 다스리는 자도 또한 이와 같다. 실속 없는 고명을 아름답게 여기다가 망한 것은 서언왕(徐偃王)과 성과 땅의 험준한 요새만을 믿은 우괵(虞虢) 두 나라의 인군이 그것이다.

지족지위족(知足之爲足): 나라를 갖고 있는 인군은 땅 넓히기를 힘쓰지 말고 먼저 자립 생존하기를 도모해야 할 것이다. 나라의 기초가 튼튼하면 패왕도 될 수 있을 것이다. 그러므로 삶은 밖에서 구하지 말고 먼저 안을 닦으라. 몸에 탈이 없으면 부귀도 얻을 수 있을 것이다. 분수에 족할 줄 알면 나라도 망하지 않고 몸도 죽지 않을 것이다. 사람에게 분수에 넘치는 욕심이 없으면 항상 참 마음을 지키게 되므로 족할 줄 아는 것, 즉 지족지족(知足之足)으로 상족(常足)을 삼기 때문이다.

선건불발 선포불탈 자손이기제사 세세불철(善建不拔 善抱不脫 子孫
以其祭祀 世世不輟): 초장왕(楚莊王)이 진(晋)과 싸워 하옹(河雍)에서 크
게 이겼다. 개선한 뒤 손숙오(孫叔敖)에게 전쟁에 이긴 공으로 상을
주어 기름진 땅을 주려고 하였다. 손숙오는 그 좋은 땅은 사절하고
한간(漢間)에 있는 모래자갈 땅을 달라고 했다. 그런데 초나라 국법
에 공신에게 하사하는 봉록은 2대까지만 사용하고 나라에 반환하기
로 되어 있다. 그러나 손숙오가 얻은 땅은 사석지지로 쓸모없는 땅
으로 나라에서도 그리 중요시하지 않았으므로 손숙오의 후손은 9대
까지 선조에 대한 제사를 이어갔다. 고로 노자는 잘 세워진 것은 뽑
히지 않으며 잘 안겨진 것은 빼앗기지 않으며 자손이 제사로 대대로
이어간다고 하였다.

중위경근 정위조군(重爲輕根 靜爲躁君): 신하를 제재할 수 있는 상
벌생살은 자기 수중에 꽉 잡고 있음을 중(重)이라 하고 인군의 지위
를 함부로 떠나지 않음을 정(靜)이라 한다. 고로 노자는 무겁고 엄중
하면 가벼운 자를 부릴 수 있으며 정중하면 가히 조급한 자를 부릴
수 있다고 하였다.

군자종일행 불이치중(君子終日行 不離輜重): 치중(輜重)이란 의복 또
는 중요한 물품을 실은 수레를 말한다. 나라는 인군의 치중에 비할
수 있다. 군대가 치중을 잃으면 패망하는 것과 같이 인군이 나라를
잃고 신하를 제어할 만한 힘이 없으면 반드시 패망한다는 것이다.

경즉실신 조즉실국(輕則失臣 躁則失國): 조왕주부(趙王主父)는 살아서 그 아들 혜문왕(惠文王)에게 왕위를 넘겨주고 자기는 운중(雲中) 땅에 가서 즐겁게 놀려고 하였다. 이것은 경솔하게 그 치중을 떠난 것이다. 인군이 나라를 떠나면 마치 숲을 잃은 범의 모양으로 힘이 없게 된다. 주부는 만승의 임금으로 몸을 가볍게 행동하였으므로 이미 주부에게는 나라가 없는 것이었다. 그 신하인 이태(李兌)에게 양도하게 되어 석 달 동안 사구궁(沙丘宮)에 갇히어 굶어죽고 말았다. 말하자면 만승의 인군인 주부는 경솔하게 자리를 떠나 권세를 잃게 되었으므로 이것을 경(輕)이라 하고 지위를 내놓은 것은 확실히 조급했던 것이다. 그래서 신하였던 이태에게 죽고 말았다. 그러므로 경솔하면 신하를 잃고 조급하면 인군의 지위까지 잃고 만다는 것이다. 이것은 주부를 두고 한 말 같다.

어불가탈어연(魚不可脫於淵): 인군에게 있어 권세가 중대한 것은 마치 고기가 연못 속에 있는 것과 같다. 인군이 되어 이 중세(重勢)를 신하에게 잃는다면 다시 잡지 못할 것이다. 제간공(齊簡公)은 권세를 전성(田成)에게 빼앗기고 진군(晋君)은 이것을 육경(六卿)에게 잃고서 나라는 망하고 몸은 그 신하에게 죽임을 당하고 말았다. 그러므로 물고기는 못을 벗어나면 안 된다. 못 밖으로 뛰어나온 물고기는 다시 그 못으로 들어가기 어렵다.

방지리기 불가이시인(邦之利器 不可以示人): 상벌이란 나라를 다스리는 이로운 그릇이다. 이것이 군주에게 있을 때는 신하를 제재할 수 있으나 만일 이것이 신하의 손에 있을 때는 도리어 군주를 능멸하게 된다. 군주가 상벌을 행하려 하는 것을 신하가 알게 되면 이것을 가감해 자신의 위세를 보이며 이용한다. 이와 같이 신하는 자신을 위하여 군주의 권세를 이용하므로 노자가 말하기를 나라의 이기(利器)를 행함에 있어 사람에게 사전에 알게 해서는 안 된다고 하였다.

장욕흡지 필고장지 장욕약지 필고강지(將欲翕之 必固張之 將欲弱之 必固强之): 월왕구천(越王句踐)은 오왕부차(吳王夫差)에게 패하여 부차의 궁중에서 종노릇을 하게 되었다. 오에 대한 복수를 잊지 않고 있는 구천은 오왕부차를 꾀어 제(齊)를 치게 함으로써 오의 국력을 소모시키게 하였다. 구천은 싸움을 지도하여 오의 군사는 제인(齊人)을 애능(艾陵)에 깨뜨리고 양자강가에 군사를 주둔하고 황지(黃池)에 강세를 보였다. 그러나 오나라의 국력은 지쳐서 오호지방(五湖地方)에서 구천에게 제압을 당하고 말았다. 그러므로 노자는 장차 거둬들이려고 하거든 일시 놓아주며 장차 약하게 하려거든 반드시 먼저 하게 하라고 말하였다.

장욕취지 필고여지(將欲取之 必固興之): 진헌공은 우(虞)를 치려고 할 때 먼저 수구의 구슬과 굴산의 말을 선사하여 우군의 마음을 기쁘게 했으며 지백은 구유(仇由)를 치려고 할 때 먼저 병거(兵車)를 주어 그 마음을 샀다. 그런데 우군이나 구유는 진헌공과 지백에게 망하고 말았다. 그러므로 노자가 말하기를 장차 빼앗으려거든 먼저 주라 하였다.

시위미명(是謂微明): 일반 사람들의 눈에는 띄지 않게 잘 그 기미

182

를 살펴서 사업을 계획하여 큰 공을 천하에 얻음은 더없이 어진 사람의 수법인 것이다. 이것을 노자는 미명(微明)이라 말하였다.

약승강(弱勝强): 나의 세력이 아직 작고 약할 때에는 결코 교만하지 말아야 하고 스스로 자기 몸을 낮추어야 한다. 이렇게 해야 천하에서 나를 해치려고 하는 자가 없을 것이다. 고로 노자는 부드러움으로 억셈을 이기고 약함으로 강함을 이긴다고 말하였다[유지승강 약지승강(柔之勝强 弱之勝强)].

천하지난사 필작어이 천하지대사 필작어세(天下之難事 必作於易 天下之大事 必作於細): 형태 있는 유(類)들은 작은 데서 큼을 이루고 오래된 물(物)은 반드시 적은 데서 많음을 이룬다. 그러므로 노자가 말하기를 천하에 어려운 일도 반드시 쉬운 데서 일어나고 천하의 큰일도 반드시 하찮은 데서 시작된다고 말하였다.

도난어기이야 위대어기세야(圖難於其易也 爲大於其細也): 사물을 제동(制動)하려면 그것이 커지고 많아지기 전에 해야 한다. 즉, 어마어마한 천 리의 제방도 눈에도 잘 보이지 않는 개미와 지렁이의 집으로도 무너지고 백간의 굉장한 집도 굴뚝에서 새어나오는 불꽃으로 타버린다. 그러므로 옛날 둑을 잘 돌보던 백규(白圭)도 제방을 순시할 때 반드시 개미가 드나드는 작은 구멍도 막았으며 불조심을 잘하는 한 집의 노인은 화재를 예방하기 위해 연기 나는 틈새를 발랐다. 그러므로 백규에게는 수난이 없었고 노옹에게는 화재가 없었다. 이것은 다 쉬운 데서 조심하여 어려움을 피하고 작은 데를 경계하여 큰 것을 멀리한 일이다.

　성인 조종사언(聖人 蚤從事焉): 옛날 유명한 의사이던 편작(扁鵲)이 하루는 채환공(蔡桓公)을 찾아보고 환공에게 말하기를 인군께서는 몸이 좀 불편하시지 않습니까? 무슨 병이고 주리(腠理), 즉 피부 안에 숨어 있을 때 빨리 손을 쓰시면 쉽게 나을 수 있습니다. 지금 임금님의 병세는 피부, 즉 주리 속에 있으니 빨리 치료를 하면 곧 낫게 될 것이라 하자 환공은 매우 못마땅한 어조로 과인은 병이 없다고 말하였다. 편작은 할 수 없이 다시 아무 말도 하지 않고 나갔다. 편작이 나간 뒤 환공은 좌우의 신하들에게 의사란 작자들은 병 없는 멀쩡한 사람을 병자로 만들어 침약(針藥)의 값을 노리고 고쳤다고 하면서 자기들의 공으로 하려 한다고 말하였다. 한 열흘쯤 지난 뒤 편작은 다시 와서 환공에게 "임금님의 병세는 지금 더 악화되어 피부 안으로 들어가고 있어 손을 써야 될 줄로 압니다"라고 말하였다. 환공은 역시 응하지 않았다. 이윽고 편작은 입만 적적 다시고 그대로 물러났다.
　환공은 매우 불쾌해서 그자는 멀쩡한 사람에게 병이 살 속에 들어가고 있다고 하면서 사람을 병신으로 만든다고 좌우 신하들에게 말하였다. 한 열흘쯤 지나서 편작은 또다시 환공을 찾아와서 하는 말이 임금님의 병세는 그동안 많이 악화되었습니다. 지금은 위장 속으로 들어갔습니다. 빨리 손을 쓰지 않으시면 큰일 난다고 하자 환공은 이번에는 편작의 말에는 대답조차 들은 체 안 하고 딴말만 하고 있었다. 편작은 무안해서 한참 앉았다가 그대로 물러났다. 편작이 나간 뒤 환공이 다시 신하들에게 말하기를 암만해도 그자가 미친 모양이지. 이렇게 건강한 나를 보고 병자라고 하니 기가 차다고 하면서 매우 언짢게 말하였다. 한 열흘쯤 지나서 편작이 또다시 환공을 찾아왔다. 들어와서 인사를 드리고 서서 한참 동안 환공의 얼굴을 쳐다보고서 소신은 물러간다며 나가버렸다. 그제야 환공도 이상스럽게 여겨져서 곧 사람을 뒤쫓아 연유를 물어오게 하였다. 편작은 병이 주리, 즉 기공(氣孔) 언저리에 있을 때는 습포(濕布)로 고칠 수 있고 조금 들어가서 살가죽 안에 잠복해 있을 때는 침과 뜸질로 고칠 수 있으나 병이 항진(亢進)하여 위장을 범했을 때는 약물로 고칠 수 있는 것이다. 그때를 다 놓치고 병이 뼛속, 즉 골수(骨髓)로 들어가게 되면 그때는 천명에 맡길 뿐이고 사람의 힘으로는 어찌할 수 없게 되는 것이다.

지금 임금님의 병세는 골수로 들어갔으므로 신은 고치자고 말하지 못한 것이라고 말하였다. 그 뒤 닷새쯤 지나서 과연 환공은 별안간 몸이 뒤틀리면서 꼼짝할 수 없게 되었다. 부랴부랴 사람을 시켜 편작을 찾았으나 편작은 벌써 도망쳐서 진(秦)으로 가버렸다. 환공은 사람 죽는다며 빨리 편작 선생을 모셔오라고 고래고래 소리를 질렀으나 소용없게 되어 드디어 죽고 말았다. 그러므로 명의들이 병을 치료할 때에는 그것이 아직 주리 속에 있어 빨리 손을 쓰면 빨리 나을 수 있는 병세의 초기를 놓치지 말아야 한다. 다들 작은 것에 손을 써서 병과 싸우는 것이다. 매사는 다 주리의 시기가 있는 법이니 그때를 놓치지 말아야 한다. 그러므로 노자는 범사에 있어서 그때를 잃지 말 것을 경고한다.

기안이지 기미조이모(其安易持 其未兆易謀): 옛적에 진공자 중이(重耳)가 여희(麗姬)의 난을 만나 국외로 망명할 때 정(鄭)나라를 지나게 되었다. 정나라 인군은 때가 불리해서 망명의 길에 오른 중이를 매우 업신여겼다. 그것을 본 신하 숙첨(叔瞻)이 정군에게 말하기를 진공자 중이는 범상한 인물이 아닙니다. 인군께서는 이 기회에 후대를 하시고 덕을 많이 베풀어 쌓음이 후일을 위하여 좋겠다고 아뢰었다. 그러나 임금은 듣지 않으므로 숙첨은 다시 간하여 말하기를 임금께서 진공자 중이에 대해 후대하실 생각이 없으면 차라리 죽여 후일에 걱정이 없도록 해야 한다고 말하였으나 임금은 들어주지 않았다. 그 뒤 중이는 자기 나라인 진(晉)나라로 돌아가서 왕이 된 뒤 군사를 일으켜 정국을 크게 파하고 팔성을 빼앗았다.

진헌공은 수극의 구슬과 굴산의 말을 선물로 싸가지고 우나라의 길을 빌려 괵을 치려고 하자 우나라 임금의 신하 대부궁지기가 임금에게 말하기를 진에 길을 빌려주어서는 안 됩니다. 속담에 입술이 떨어지면 이빨이 차다고 하였습니다. 우와 괵이 서로 붙들고 서로서로 돕는 것은 각기 자기 나라를 위함이고 결코 상대국에 덕을 입히는 것은 아닙니다. 오늘 진이 괵을 없앤다면 내일은 반드시 우가 따라서 망하게 될 것이므로 어떠한 일이 있어도 진에 길을 빌려주는 것을 애써 말렸으나 우임금이 궁지기의 말을 들어주지 않고 구슬과 말을 받고서 길을 빌려주었다. 진은 괵을 치고 돌아와서 조금 뒤에 우를 멸망시켰다. 그렇다면 숙첨과 궁지기 이 두 신하는 다들 병력을 줄이시기를 다툰 것이나 정나라 임금이나 우나라 임금은 쓰지를 못한 것이다. 그러므로 숙첨과 궁지기는 우나라와 정나라에 있는 편작이었으나 두 나라 임금이 듣지 않았기에 두 나라 모두 망하고 말았던 것이다. 그러므로 노자가 말하기를 매사에 있어서 편안할 때는 지탱하기 쉽고 싹트기 전에는 꾀하기가 쉽다고 하였다.

견소왈명(見小曰明): 옛적에 은주왕(殷紂王)이 상아로 젓가락을 만들자 그 숙부인 기자(箕子)는 그것을 보고 탄식하면서 말하기를 상아로 젓가락을 만들어 쓴다면 반드시 토기에 담아 먹지 않고 서옥(犀玉)으로 그릇을 만들어 쓸 것이다. 상아 젓가락 서옥의 그릇에는 반드시 콩잎이나 명아주 국을 담지 않고 반드시 모상표태(旄象豹胎), 즉 고기 중에도 가장 진미를 담아 먹을 것이며 그것을 입에 넣는다면 삼베나 무명옷은 입지 않을 것이고 초집 속에서 먹고 자지 않을 것이다. 금의능라(錦衣綾羅)를 입고 구중궁궐(九重宮闕)에 살게 된다면 결과가 걱정되지 않을 수 없다. 그러므로 그는 탄식하면서 걷잡을 수 없는 사치에서 천하가 망치게 될 것을 이미 알고 그 시작을 두려워한 것이다. 과연 기자의 말과 같이 오 년 뒤 은왕주는 날로 사치만이 늘어 종야음(終夜飮)의 잔치를 벌여 술로 못을 파고 술지게미로 제방을 쌓는 주지육림의 환락에 빠지면서 잔인한 포락형(炮烙刑)으로 억지로 죄인을 만들어서 기름을 끓이는 큰 솥에 구리기둥을 세워놓고 기어오르게 한 것이다. 그러면서 지게미언덕에 오르고 술못에 배를 띄우면서 포락형에 죽는 사람을 즐기다가 은왕 주는 드디어 망해버리고 만 것이다. 그래서 기자는 하찮은 상아 젓가락에서 벌써 천하의 큰 화를 알았던 것이다. 노자가 말하기를 이것을 견소왈명(見小曰明)이라 하여 하찮은 것을 잘 보는 것이 참으로 밝은 것이다 하였다.

수유왈강(守柔曰剛): 월왕구천은 종이 되어 오왕부차를 섬겼다. 몸소 창칼을 잡고 오왕의 호위병 노릇을 하였고 말을 씻는 종노릇도 달게 받았다. 그리하여 뒷날 오왕부차를 고소성에 사로잡고 오를 없애버린 것이다.

주문왕(周文王)은 옥문(玉門) 땅에서 은왕주에게 참지 못할 모욕을 당했던 것이다. 그러나 문왕은 조금도 안색을 변하지 않고 그 수치를 참고 견디어 뒷날 은왕주를 목야(牧野)에서 사로잡고 은나라를 없애버린 것이다. 그러므로 그런 것을 참는 데서 큰 공을 얻었으므로 노자가 말하기를 수유왈강이라 하였다. 말하자면 월왕구천이 패왕이 된 것은 종노릇하는 것을 치욕으로 여기지 않았으며 문왕이 천하에 왕노릇하게 된 것은 참지 못할 모욕도 흠으로 여기지 않았기 때문이다. 노자는 그러므로 성인은 치욕도 흠으로 여기지 않는다. 흠으로 삼지 않으므로 능히 흠을 제거할 수 있었던 것이다. 즉, 성인지 불병야(聖人之不病也) 이기불병 시이무병야(以其不病 是以無病也)라 하였다.

욕불욕 불귀난득지화(欲不欲 不貴難得之貨): 송나라에 어떤 촌사람이 박옥(璞玉)을 얻어 이것을 당시 재상인 자한(子罕)에게 바치기로 하였다. 그런데 자한은 이것을 사절하였다. 그래서 송나라 사람은 "이것은 진짜로 보석입니다. 저 같은 시골촌민은 가질 수 없는 귀한 것으로 재상께 올리는 것입니다"라고 하였다. 이 말을 들은 자한이 그자에게 말하기를 그대는 옥으로써 보화를 삼지만 나는 그대가 주는 보물을 받지 않는 것으로 보물을 삼는다고 하면서 거절하였다. 이는 그 사람은 옥으로 보물을 삼고 자한은 옥을 보물로 하지 않음을 보물로 하였다. 그래서 노자는 말하기를 탐욕 없는 것을 바라고 얻기 어려운 보물을 귀하게 여기지 않는다고 말하였다.

시만물지자연이불감위야(恃萬物之自然而不敢爲也): 대체 만물에는 제

188

각기 일정한 모양과 특성이 있다. 그러므로 각기 그 자질에 따라 잘 이용해야 한다. 구태여 인공을 드려 새기고 좇을 것이 없고 다만 자연에 맡길 것이다. 이와 같이 꾸미지 않고 자연에 좇으면 덕은 스스로 확립되고 사람들은 모두 순응할 것이다. 송나라에 어떤 사람이 인군을 위하여 옥으로 당나무를 만든 자가 있었다. 삼 년이란 많은 시일을 소비하여 겨우 한 가지의 당나무를 만들어 인군에게 올렸다. 그 굵직한 줄기 날씬한 가시 또는 가는 털이나 색깔과 윤택 등 너무나 비슷해서 당나무에 섞어놓으면 어느 것이 진짜고 어느 것이 가짜인지 분별할 수가 없을 만큼 교묘하게 만들어졌다. 송의 임금은 크게 칭찬하고 상으로 땅을 주고 많은 녹을 주었다. 이 말을 들은 열자(列子)는 천지조물주가 삼 년이나 걸려서 한 가지 한 잎사귀를 만든다면 천지간에 잎사귀의 나무는 극히 드물 것이다. 천지자연의 도움을 받지 않고서 한 사람의 사사로운 마음에 맡기며 자연의 이치를 좇지 않고서 한 사람의 지혜를 배우라고 하는 것은 모두 한 잎사귀를 그리는 행위인 것이다. 그러므로 엄동에 밭을 갈고 씨를 뿌린다면 아무리 농경에 정통한 후직(后稷, 주나라 시조로 농업의 신)일지라도 좋은 결실을 얻지 못할 것이며 풍년의 농사는 비록 무지하고 천한 장확(臧穫)일지라도 넉넉한 수확은 아니지만 감소하지는 않을 것이다. 한 사람의 힘으로만 한다면 후직과 같은 신(神)일지라도 부족할 것이며 자연의 이치를 따르면 비록 장확과 같은 우자일지라도 많은 수확을 얻을 것이다. 그러므로 노자가 말하기를 만물의 자연을 믿고 인위적인 기교(技巧)인 사람의 힘을 감히 가하지 말라 하였다.

불출어호 가이지천하 불규어유 가이지천도(不出於戶 可以知天下 不

闚於牖 可以知天道): 이목구비 등 뚫린 구멍은 정신이 출입하는 창문과 같아서 사람의 정신은 이것으로 외계와 교통도 하고 접촉도 하게된다. 그런데 이목은 음악이나 여색 때문에 지치게 되며 정신은 외계의 사물에 접촉하기 때문에 상하게 된다. 그리하여 몸속의 주인이 출타부재하게 되면 비록 산더미 같은 화와 복이 닥쳐와도 알 길이없게 되는 것이다. 필경 마음이나 정신은 외물에 지쳐서 안을 잊어버리고 있기 때문이다. 그래서 노자가 말하기를 나의 정신이 항상안을 지켜서 문으로 나가지 않으면 가히 천하를 알 것이며 나의 정신이 벌레 구멍으로 기웃거리지 않으면 천도를 알 수 있다고 하였다. 규(窺)는 구멍 속으로 밖을 내다보는 것이고 규(闚)는 문구멍으로밖을 내다보는 것이다.

기출미원자 기지미소(其出彌遠者 其智彌少): 조양주(趙襄主)가 왕자어기(王子於期)에게 말 조종하는 법을 배웠다. 조양주는 이윽고 왕자어기와 더불어 말을 타고 서로 쫓았다. 양주는 세 번 바꿔 타고 세번 모두 뒤떨어졌다. 양주는 어기를 보면서 하는 말이 그대는 나에게 말 조종하는 법을 가르쳐주었으나 기술을 다하지 못한 것 아닌가하자 어기는 대답하기를 기술은 다 가르쳐드렸습니다만 그것을 사용하는 데 잘못이 있다고 생각됩니다. 말을 부리는 데 가장 필요한것은 말의 몸체는 수레에 안정이 되어야 하며 타고 있는 사람의 마음은 말과 잘 통해야 됩니다. 그래야만 빨리 달릴 수 있으며 먼 데도갈 수 있습니다. 그런데 지금 인군께서는 신에게 떨어지시면 따르려고 애를 쓰시며 앞서게 되시면 이번에는 떨어지실까 걱정하시고 계십니다. 대체 말을 유인하여 먼 길을 다투어 가실 때는 때로는 앞서

기도 하고 또는 뒤서기도 합니다. 그래서 앞서고 뒤서는 승부관념에 초월해야 할 것입니다.

그런데 인군께서는 어떻게 하면 저 사람에 앞설까 어떻게 하면 저 사람에 떨어지지 않을까 이것만을 생각하시고 계시니 언제 마음이 말에 통해질 수 있겠습니까. 이것이 인군께서는 기술을 훌륭히 배우시고 있습니다만 언제나 뒤떨어지시는 까닭이 무엇인가만을 말하였습니다.

초나라 백공승(白公勝)은 속으로 반란을 도모하고 있었다. 하루는 조회를 끝내고 집에 나왔을 때 거꾸로 짚은 지팡이가 턱을 찔러 피가 땅에 떨어지는 것도 모를 정도로 반란을 일으킬 일만 골똘하게 생각하고 있었다. 정나라 사람이 이 말을 듣고 백공승은 자기의 턱까지도 잊어버리고 있었다면 앞으로는 무엇을 잊을 것인가 하고 비웃었다. 그러므로 노자가 말하기를 외골수로 멀리만 바라보면 슬기는 더욱 적어진다. 이 말은 먼 데만 쳐다보면 도리어 발밑을 소홀히 하게 된다. 그래서 성인은 항상 행하는 것만이 아니고 행하면서 생각하고 생각하면서 또한 보고 있다. 멀고 가까움을 아울러 보고 또한 생각함으로 행치 않아도 알 수 있고 보지 않아도 환하다. 또는 때를 맞춰 일을 하고 자연의 도움을 받아 공을 세우게 된다. 그러므로 성인은 불행이지(不行而知), 불견이명(不見而明), 불위이성(不爲而成)이라고 하였다.

대기만성 대음희성(大器晚成 大音希聲): 초장왕(楚莊王)은 정권을 잡은 지 삼 년이 되어도 아무런 명령을 내리지 않으므로 우사마(右司馬)가 초왕에게 수수께끼로 말하기를 "남쪽 언덕에 한 마리의 새가 앉았습니다. 삼 년이 지나도록 한 번도 날지도 않고 울지도 않고 있습니다. 대체 이 새는 무슨 새일까요?"라고 하였다. 왕은 대답하되 삼 년간 날개도 치지 않은 것은 우익(羽翼)이 성장하기를 기다리는 것이고 날지 않고 울지 않은 것은 무엇인가 엿보고 있었기 때문일 것이다(즉, 이 말은 보좌해주는 신하 또는 신하들의 태도를 의미한다). 그러나 그 새가 한 번 날기 시작하면 하늘까지 날 것이며 울기 시작하면 하늘까지 들릴 것이다. 근심할 것 없다. 그대로 두고 보아라 하였다. 그 뒤 반년이 지났다. 초장왕은 정치에 있어 폐기시킨 것이 열이고 새로 만든 것이 아홉이며 무능한 대신 다섯 사람을 하루 아침에 숙청하고 유능한 인재 여섯 사람을 민간에서 등용하고 나라는 크게 다스려졌다. 또한 군사를 일으켜 제(齊)를 치고 서주(徐州)를 빼앗고 진(晋)을 하옹(河雍) 땅에서 크게 이기고 천하제후를 송(宋)에 회합시킴으로 드디어 천하에 패왕이 되었다. 그렇게 된 이유는 장왕이 자질구레한 작은 일은 하지 않고 잠재 세력을 길렀던 것이다. 그러므로 노자가 말하되 큰 그릇은 늦게 되고 큰 소리는 드물게 울린다고 하였다.

자견지위명(自見之謂明): 초장왕이 월을 치려고 하자 그 신하 두자(杜子)가 말리면서 "임금께서는 무슨 자신이 있어 월을 치려고 하십니까" 하고 물었다. 왕이 말하기를 "지금 월왕은 매우 어리석고 정치는 혼란하여 군사는 약해지고 있으니 이 기회를 놓치면 언제 또 때가 있겠는가" 하였다. 두자가 또 말했다. "신은 대왕의 지혜가 눈과 같음을 걱정하나이다. 눈이란 것은 능히 백간의 먼 곳을 내다보면서도 바로 눈 밑에 있는 눈썹은 보지 못합니다. 지금 초는 진·진

(晉·秦) 양국과 싸워서 지치고 있습니다. 또 진·진 양국에 수백 리의 땅을 잃고 있습니다. 이것은 우리의 군사가 약하다는 증거입니다. 또 나라 안에는 장교(莊蹻), 즉 대도(大盜)들이 민간을 괴롭히고 있습니다. 그래도 관원들은 이것을 제지 못 하고 있다는 것은 우리의 정치가 혼란하다는 증거입니다. 이렇게 약하고 어지러움을 모르시고 월을 치신다고 생각하시는 것은 보시는 것이 눈과 같아서 남의 나라의 어지러움은 보시면서 우리나라의 어지러움은 보지 못하시는 것 같습니다. 그래서 황공한 말이오나 대왕의 지혜는 눈과 같다고 말씀드립니다"라고 하자 왕이 그 말을 옳게 받아들여 침략을 중지했다. 그러므로 노자가 말하기를 지혜는 남을 보기 전에 먼저 자기를 보는 데 있다고 하였다.

자승지위강(自勝之謂强): 자하(子夏)가 증자(曾子)를 찾아갔다. 증자가 자하에게 그대는 요새 몸이 살찌고 신수가 훤하니 대체 좋은 일이라도 있는가 하고 물었다. 자하가 대답하기를 나는 요새 싸움에서 이겼으니 살이 안 찔 수 없으며 신수가 훤할 수밖에 없지 않은가 하고 대답하였다. 증자는 그게 무슨 말인가 하고 또 물은즉, 자하가 대답하기를 그동안에는 내가 집에 들어와서는 성현의 도덕과 의리를 사모하고 이것을 따르려고 애썼으며 나가서는 세속의 부귀를 좇아 또한 이것을 얻으려고 애써 성현의 도의와 세속의 부귀에 대한 사모와 욕심이 내 마음속에서 서로 싸워 그 승부를 몰라 내 몸도 파리해지더니 이제는 성현의 도의가 완전 승리를 거두었다. 내 어찌 살찌며 훤하지 않을 수 있겠는가. 뜻을 이루기 어려운 것은 다른 사람을 이기는 데 있지 않고 자기를 이기는 데 있다고 말하였다. 그러므로 노자가 자승지위강(自勝之謂强)이라 하였다.

　불귀기사 불애기자 수지대미 시위요묘(不貴其師 不愛其資 雖知大迷 是謂要妙): 주문왕(周文王)은 제·요시대부터 전해오는 보물 옥판(玉板)을 갖고 있었다. 은왕주(殷王紂)가 신하 교격(膠鬲)을 시켜 그 옥판을 달라고 하였다. 그러나 문왕은 주지 않았다. 은왕주가 다시 비중(費仲)을 시켜 그 옥판을 달라고 하였다. 문왕은 두 말 않고 내주었다. 왜냐하면 교격은 현인이고 비중은 무도한 악인이기 때문이다. 주문왕은 현자 교격이 은왕주에게 가장 신임을 받고 선정하는 것을 싫어했기 때문에 비중에게 준 것이다. 은왕주의 선정은 주나라의 앞날에 방해가 되는 것이다. 그래서 비중에게 주어 악한 신하 비중으로 하여금 공을 세우게 한 것이다.

　문왕이 태공망(太公望)을 위수(渭水)가에 온 것을 귀하게 여겼기 때문에 비중에게 옥판을 내 주었다. 왜냐하면 사랑했기 때문이다. 비중과 같이 훌륭한 사람을 몰라보고 옥판을 비중에게 준 것은 어떻게 보면 크게 어두운 것 같으나 그 속에 미묘한 길이 있음을 누가 알 수 있겠는가.

제17편 비내(備內)

　사람을 너무 믿지 말라. 사람을 지나치게 믿는 것은 화의 근본이 되는 것이다. 아내나 자식도 꼭 믿을 수 없다. 이해관계로 얽매어 있는 군신은 어떠한가. 인군이 신하를 너무 믿는 데서 신하에게 살해를 당하게 되는 것이다. 한비를 평하여 은혜가 적고 덕이 박하다고 한 것은 여기서 더욱 드러나게 된다. 그러나 각박한 인정이 사실인 것을 어찌하겠는가.

　인군의 환난은 사람을 너무 믿는 데서 생긴다. 사람을 너무 믿으면 도리어 신하에게 제재를 당하게 된다. 왜냐하면 인신이 그 인군에 있어서 본래 부자형제와 같이 골육(骨肉)의 친함이 있는 것이 아니기 때문이다. 세(勢)에 얽매어 인군은 신하를 부리고 신하는 인군을 섬기게 되어 있다. 따라서 인신이 된 자는 인군의 속마음을 엿보아 잠시도 쉬지 않고 있는 것이다. 이러한 것을 모르고 인군이 방심하고 그 위에 있다가 적게는 왕위를 빼앗기고 크게는 생명을 잃게 되는 것이다. 인군이 크게 그 아들을 믿게 되면 이를 눈치 챈 간신들은 그 아들을 연줄로 하여 자기들의 음흉한 일을 꾸미게 된다. 그 실례로는 이태(李兌)가 조왕(趙王)을 가르치는 스승이 되어 그 부군을 굶겨 죽였다.

　인군이 그 아내를 크게 믿으면 이를 눈치 챈 간신들은 그 아내를 연줄로 하여 자기들의 음흉한 일을 꾸미게 된다. 그 실례로는 우이(優移)가 여희(麗姬)의 스승이 됨으로 신생(申生)을 죽이고 해제(奚齊)

를 세우려고 한 것이다. 이와 같이 아내의 가까움과 아들의 친함도 오히려 믿을 수 없거든 그 외는 누구를 믿을 수 있겠는가. 만승지왕의 왕비(王妃)나 천승지군의 후비(后妃)도 때로는 그 인군인 남편이 죽기를 원하는 일이 없지 않았다. 왜냐하면 아내와 남편은 본래가 골육의 정이 있는 것이 아니고 서로 사랑하는 마음이 있을 뿐이기 때문이다. 사랑하면 친해지고 사랑이 식으면 사이가 멀어지는 것이다. 속담에 그 어미가 좋으면 그 아들이 아비에게 안긴다고 하였다. 그렇다면 이와 반대로 그 어미가 미우면 그 아들도 버리게 될 것이다. 남자 나이 아직 오십이라면 호색이 한창이건만 부인이 삼십에 벌써 한물이 간 것이다. 한물이 간 부인으로 호색의 장부를 받들게 되면 자연 멀어지고 천대를 받게 됨은 보통 있음직한 일인 것이다.

자기 소생의 아들이 인군의 뒤를 잇지 못할까 의심하는 데에서 후비로서 그 인군이 죽기를 바라게 되는 것이다. 어미는 태후(太后)가 되고 아들이 인군이 되어 있으면 태후의 권세도 여간하여 명령해서 안 되는 일이 없으며 금령으로 그치지 않는 것이 없을 것이다. 부군이 죽었다고 하여 마음만 있으면 남녀의 즐거움이 선군이 있을 때보다 덜할 것이 없다. 그리고 만승의 권력을 흔들기란 의심할 것 없다. 여기서 후비로서 인군을 독살, 교살하는 일이 생기게 되는 것이다. 그러므로 도좌춘추(桃左春秋)에 기록되기를 천하의 인군으로 병이 들어 자연수명으로 죽은 자는 그 반도 못 되고 대개는 살해되어 죽는 편이 많다. 인군이 된 자로서 그 이유를 모른다면 화근이 생길 것이다. 그러므로 인군이 죽기를 이롭게 여기는 자가 많으면 인군은 위험한 것이다. 왕량(王良)이 말을 사랑하고 월왕구천이 사람을 사랑한 것은 다 이유가 있는 것이다. 달리는 데는 말이 필요하고 싸우는 데는 군사가 필요하기 때문이다.

의사가 환자의 종기가 난 부분을 빨아서 치료하는 것은 그 환자에게 부모형제와 같은 골육의 친함이 있어서 그런 것이 아니다. 그렇게 함으로써 자기에게 이익이 있기 때문이다. 초헌(軺軒, 관원이 타던 높은 외바퀴가 달린 수레)이나 사인교(四人轎)를 만드는 사람은 사람들이 잘되기를 바라며, 관을 만드는 사람은 사람들이 많이 죽기를 바랄는지 모른다. 그렇다면 가마를 만드는 여인(輿人, 수레를 만드는 장인)에게 어진 마음이 남보다 많으며 관을 짜는 목공에게 남을 해치려는 적심(賊心)이 많아서 그런 것일까? 그것이 아니라 사람이 잘되지 않으면 만들어놓은 초헌이 팔리지 않고 사람이 죽지 않으면 짜놓은 관이 나가지 않기 때문이다. 정이 있어 사람을 사랑한 데서 그런 마음이 생기기보다 이익이 없고 있는 데서 생기는 마음씨인 것이다. 그러므로 후비부인 또는 태자의 도당이 많아지면 인군이 죽기를 원하게 되는 것은 인군이 죽지 않으면 세력을 잡을 수 없을 뿐이고 인정으로 인군을 미워하는 것이 아니고 인군이 일찍 죽는 데 자기들의 이익이 생기기 때문이다.

인군이 된 자는 자신이 죽는 데 이익이 있다고 여기는 자들을 항상 경계해야 할 것이다. 저 해와 달이 무리지어 일산(日傘, 자루가 긴 양산으로 왕, 왕후, 왕세자가 받던 의장)을 받았다고 하여 별로 천상(天象)의 이변을 두려워할 것은 없고 나를 해치려는 적은 밖에만 있는 것이 아니고 안에도 있다는 것을 알고 나를 미워하는 데를 방비해야 한다. 또한 화는 도리어 나를 사랑하는 데서 일고 있다는 것을 알아야 한다. 따라서 밝은 인군은 캐보지 않는 일은 받아들이지 않는다. 평소에 먹어보지 않은 밖에서 들어온 비상한 음식은 먹지 않으며 멀리서 듣고 가까이에서 봄으로 궁중안팎을 자상히 살피며 찬성하고 반대하는 말을 듣고 붕당의 분야(分野)를 알아낸다. 참오(參伍)의 경험으로 종합하여 진언(進言)의 실지여하를 확인하며 법으로 대중을 다스리고 중사(衆事)의 끝을 합하여 서로 비교하고 참고함으로 사람에게 요행으로 얻는 상과 앞질러 받는 공로가 없으며 죄가 있으면 반드시 벌에 처하고 용서함이 없다.

이와 같이 하여 간사한 자들이 그 간사함을 용납할 수 없게 될 것이다. 부역이 많으면 백성들은 고통으로 생각한다. 부역이나 병역이 많으면 백성들은 권문세가의 문에 잠복하여 그 부역을 모면하려고 하기 때문에 귀인의 권세가 커지기 시작한다. 권세가 커지면 뇌물을 써서 청탁하게 된다. 이와 같이 부역으로 백성을 괴롭힌 결과 귀인은 부자가 되는 것이다. 그러므로 백성들을 괴롭히는 인신에게 상벌의 권세를 주는 것은 국가의 이익이라고 할 수 없다. 그러므로 부역이나 병역이 적으면 백성들이 편안하고 백성들이 편안하면 신하에게 무거운 권력이 없을 것이다. 신하에게 무거운 권력이 부여되지 않으면 권세는 소멸될 것이고 권세가 소멸되면 덕은 인군에게로 돌아갈 것이다.

대체로 물이 불을 이김은 자연의 이치다. 그러나 솥이 물과 물 사이를 막는다면 물은 도리에 불에 져서 솥 안에서 졸아붙고 물은 그 밑에서 타고 말 것이다. 왜냐하면 물은 불을 이길 수 있는 힘을 잃고 있기 때문이다. 지금 법으로 간사(奸詐)를 금지할 수 있음도 물이 불을 이김보다도 분명한 일이다. 그러나 법을 지키는 신하들이 때로는 솥이 되고 가마가 되어 법과 사람 사이를 막으므로 법은 아깝게도 혼자 가슴속에서 밝을 뿐이고 그 쓸 곳을 잃고 마는 것이다. 그러므로 춘추기록에 말하기를 법을 범하고 대역을 행한 자로서 아직 높은 귀인이나 대신의 힘을 빌리지 않고 얻은 자는 한 사람도 있지 않다고 하였다.

그리고 형벌은 대개 비천한 백성들에게 있기 마련이므로 백성들은 절망하고 심지어 호소할 곳조차 없어 울게 되며 간신들은 서로 두둔하고 감추어 인군을 속여 속으로는 저희끼리 서로 통하면서도 겉으로는 서로 사이가 좋지 않는 듯이 꾸며 보이므로 서로 눈이 되고 귀가 되어 인군의 틈새를 엿보는 것이다. 이리하여 인군은 더욱 가리어져 위로는 자기 과실을 들을 길이 없으며 아래로는 민정을 들을 수 없게 되어 인군이란 이름뿐이고 실력은 없어진 지 오랜 것이다. 그리하여 권신이나 간신들이 국사를 마음대로 하게 된다. 즉, 주천자(周天子)가 이것이다. 따라서 치우치게 권세를 빌려주게 되면 상하가 그 자리를 바꾸게 된다고 옛사람이 말하였다. 이것은 신하에게 권세를 빌릴 수 없음을 말한 것이다.

제18편 애신(愛臣)

애신이란 좌우의 폐신(嬖臣, 총애를 받는 신하)을 말한다. 임금이 된 자는 권병을 굳게 잡고 애신이나 간신에게 빌려주어서는 안 된다.

인군에게 특별히 사랑을 받고 총애를 받는 신하를 애신이라고 한다. 이러한 신하들이 너무나 지나치고 친해지면 그 위권(威權)이 도리어 인군을 핍박하게 하므로 인군의 몸이 위험해 지며 신하가 너무 존귀해지거나 권세가 지나치게 강해지면 인군의 명령을 제 마음대로 하게 되어 인군의 지위를 빼앗아 인군의 자리를 차지하게 된다. 후궁이나 첩실이 상하의 등급이 없이 문란해지면 적자(嫡子)가 위험해지며 인군의 형제가 서로 우애가 없어 반목하거나 다투고 있으면 종묘와 사직이 위험하게 된다.

신이 듣건대 천승의 인군으로 방비가 없으면 반드시 백승의 가신(家臣)들이 인군의 곁에서 인군의 위엄을 행사하여 그 나라를 기울게 하며 만승의 인군으로 방비가 없다면 반드시 천승의 가신이 인군의 곁에서 인군의 위엄을 또한 행사하면서 그 나라를 기울게 한다는 것이다. 이러므로 간신들이 번성하면 인군의 세력은 쇠망해간다는 것이다. 이런고로 제후들의 나라가 세력이 커지고 넓어지면 천자의 해가 될 것이며 신하들이 지나치게 부유해지는 것은 군주의 위협일 것이다. 장상(將相)들이 인군을 뒤로 돌리고 자기들의 집을 융성하게 하여 서로 세력을 다투게 되면 인군은 소외당하고 배척을 받을 염려가 크다.

온 천하의 만물은 많지만 내 몸 하나만큼 지귀한 것도 없다. 내 지위만큼 지존한 것도, 내 위엄만큼 지중한 것도, 내 세력만큼 지대한 것도 없다. 이러한 지귀, 지존, 지중, 지대는 임금이 차지한 네 개의 아름다움이 아닐 수 없다. 네 개는 밖에서 구할 수 없고 사람에게 청해서 갖는 것도 아니다. 오직 국가와 백성을 위하여 의로운 일에서 얻어질 뿐이다. 이것을 인군이 잘 간직하고 잘 사용하지 못하게 되면 인군은 쫓겨나서 밖에서 일생을 마치게 된다. 이것은 인군이 된 자로서 잘 알고 있는 일이다.

옛적에 은왕주(殷王紂)가 망한 일이나 주천자가 동쪽으로 옮겨져 천자의 지위가 낮아진 것이나 모두 그때 제후들이 지나치게 세력이 방대해졌기 때문이다. 진(晋)이 나누어져서 한, 위, 조의 삼국으로 분립된 것이나 제간공(齊簡公)이 진항(陣恒)에게 피살된 것 모두가 그때 신하들이 지나치게 부해진 데서 온 것이다. 연·송(燕·宋)이 또한 그 인군을 죽이게 된 것도 그 부귀와 권세가 인군과 신하가 서로 비등한 데서 온 것이다. 그러므로 흥하고 망한 역사적인 사실을 위로 은·주(殷·周)에서 찾아보고 아래로는 연·송(燕·宋)에서 물어볼 때 까닭은 그때 다스리는 자에게 법술의 유무에 좌우되지 않은 것이 없다. 그런고로 맹주들이 그 신하를 다스림에 비록 귀천상하가 있을지라도 법 앞에 동등하게 하였으며 사건이 발생하기에 앞서 그 의심스러운 것을 바로잡았다. 이리하여 죽을죄에 걸린 자는 용서하지 않았으며 형벌은 늦추지 않고 엄벌에 처했다. 만일 죽임을 풀어주고 형벌을 늦춘다면 이는 위엄이 흩어지는 것이다. 이렇게 되면 사직은 위태롭게 되며 인군의 위엄은 흩어지고 신하의 위엄이 서게 되는 것이다.

이런고로 대신들이 봉록이 아무리 클지라도 위엄을 빌려 대중을 모이지 못하게 하였다. 왜냐하면 대중이 모이면 딴생각이 나기 때문이다. 당여가 아무리 많아도 인군의 군졸을 쓰지 못하게 하였다. 이렇게 해서 신하들이 조정에 있을 때에는 조정대신 간에 사적인 관계를 하지 못하게 했으며 군에 있어서도 사적인 교제가 금지되고 또한 부고(府庫)에 있는 돈이나 곡식은 사적으로 대여를 못 하게 하였다. 이것은 명군들이 신하들의 간사를 미연에 막는 길이었던 것이다. 이와 같이 사종(駟從)의 수레를 신하들은 사용할 수 없었으며 기병(奇兵), 즉 칼이나 창과 같은 병기는 사적으로 사용하는 수레에 싣지 못하게 하였는가 하면 상용되지 않는 기병은 반드시 역마차에 한해서 싣게 하였다. 만일 병기를 취급하여 규정을 어길 때에는 죽을죄로 다스려 용서하지 않았다. 이는 명군이 뜻하지 않은 사변에 대비하기 때문이었다.

제19편 양권(楊權)

양이란 사람을 등용하여 쓰는 것이고 권이란 일을 알고 묘책을 세우는 것이다. 인군이 상벌의 권을 잡고서 사방을 지배하는 그 술(術)을 공언한 것이다. 즉, 주권행사를 올바로 하는 것이다. 이편은 운(韻)을 달아 지은 글이다. 특히 운문(韻文)이라 한다.

하늘에는 커다란 필연적인 사명이 있으니 주야사시의 운행이 그 것이며 사람에게도 사명이 있다. 주야의 교대와 춘하추동의 변화는 천도의 사명이며 군신상하의 분별과 선악상벌의 절차는 인륜의 사명이다. 무릇 향기 있고 아름답고 연하고 맛있는 진한 술과 살찐 고기는 먹어서 입에는 달지만 이것도 도에 지나치면 도리어 병을 만든다. 맑은 눈매, 흰 치아, 옥 같은 살결, 꽃 같은 얼굴은 감정을 즐겁게 해주지만 이것도 도에 지나치면 도리어 몸을 상하게 한다. 재능이 훌륭하고 총명하고 지혜 있는 사람은 능히 사리를 판단할 줄 알고 또 모사할 수 있으나 이것도 잘못 쓰면 도리어 인군을 위험하게 한다. 그러므로 인간만사는 지독한 인색과 지독한 사치를 버려야 몸에 해가 멀어지게 되는 것이다.

사람을 쓰는 권세의 비결은 감추고 보이지 않는 데 있다. 사람을 쓰는 마음의 자세는 비워놓고 기다리는 데 있다. 이것은 나라를 다스리는 인군의 요긴한 그릇이다. 다스리는 일은 사방신민에게 있고 행사의 주권은 중앙인군의 손에 있다. 성인은 이 요기를 잡고 있으면 사방신민이 와서 말해주고 힘써준다. 인군은 받아들이는 마음을 비워놓고 기다리면 사람들은 그 능력을 다해준다. 모든 실정은 이미 인군의 가슴속에 감추어진다. 인군은 응달에서 양지를 보고 어둠 속에서 밝음을 보기에 보는 것이 더 분명하고 더욱 확실하다. 이것은 허정한 도술 속에 인군은 자기 몸을 감추고 사해(四海)의 움직임을 보고 있는 것이다. 인군과 신하는 음과 양이 이미 통하여 좌보우필(左輔右弼)을 맹세하는 유능한 신하는 좌우에 열을 지어 서 있다. 인군은 문을 열고 받아준다. 인군은 이 원칙을 변하지 않고 바꾸지 않고 잘한 데에 상을 주고 잘못한 데에 벌을 주어 이것을 행한다. 이를 이르되 도리이행(道理履行), 즉 인군은 인군으로서의 할 일을 마땅히 하는 것이다.

대체 사람은 그 쓰임에 있어 마땅한 데가 있고 재목은 길고 짧든 쓰일 곳이 있다. 각기 적재적소에 쓰이면 인군이나 신하는 별일이 없을 것이다. 수탉은 울어 새벽을 알리고 개는 밤에 짖어서 집을 지키고 고양이는 숨어서 쥐를 잡는다. 하찮은 동물이지만 다들 그 능력을 쓰고 있는 것이다. 이러한 사람 쓰는 원칙을 인군이 갖고 있다면 인군에게 무슨 일이 있겠는가. 사람의 능력을 잘 쓰는 것이 인군인데 인군 자신에게는 장점이 필요 없는 것이다. 만일 인군에게 장점이 있다면 이는 벌써 인군으로서의 자격을 잃고 있는 것이니 일이 제대로 될 수 없다. 그러므로 위에 있는 인군이 자기의 능력을 자랑한다면 신하는 자신의 능력을 꾸며서 인군을 속일 것이며 인군이 지혜를 써서 일을 좋아하면 신하는 영특한 재주와 지혜를 써서 인군에게 아첨하게 된다.

이렇게 되면 신하가 할 일을 인군이 하고 인군의 권한을 신하가 잡게 되어 나라는 다스려질 수 없다. 이것을 막는 데는 한 길이 있는 바 그것은 신하가 하는 말을 잘 살펴야 한다. 정명(正名), 즉 정언(正言)을 제일로 삼는다. 명정물정(名正物定)이다. 말이 바르면 사람도 되어 있고 말이 바르지 못하면 행위도 변변치 못하다. 사람을 대함에 있어 성인은 그 하나를 잡고 조용히 앉으면 말하는 자는 스스로 자기를 말해주는 것이다. 행하는 자는 스스로 자기를 행하게 되는 것이다. 이때 성인이 자신의 광채를 보이지 않으면 사람은 본심을 보여주는 것이다. 그 실제를 보고 등용하면 사람은 그 일에 힘쓰게 되며 결과에 상을 주면 사람은 더욱 힘쓰게 된다.

이와 같이 범사는 사람들 자신이 정해주는 것이다. 인군은 언행여하로 등용하고 말과 실제를 보는 것뿐이다. 그리하여 그 말의 진실이 의심나면 다시 그 실행을 찾아본다. 그 언행을 살려 일에 부합되면 그 사람을 쓰는 것이다. 이 두 가지가 굳게 믿어진다면 사람은 진정을 바칠 것이다. 인군 된 자는 조심하여 인군의 직분을 다해 하늘에 맡기면 하늘은 반드시 성공으로 명해준다. 이와 같이 그 중심을 꽉 잡고 잃지 않으면 성인이 되는 것이다. 성인이 되는 길은 지교(智巧), 즉 자기 지혜와 자기 재주를 버리는 데 있다. 만일 지교를 버리지 못하면 도를 등지고 거짓을 행하게 된다. 지교는 한때 속여서 자기를 채우려는 행위이므로 상행(常行)이 될 수 없다. 만일 보통 사람이 이것을 쓰게 되면 그 몸에 반드시 재앙이 미칠 것이며 만일 인군이 이것을 쓰게 되면 그 나라는 망하게 될 것이다. 그러므로 성인은 재앙이 있고 멸망이 있는 지교를 쓰기보다 공정 무사한 천도의 이치와 신상필벌의 인륜의 사리에 돌아가야 할 것이다. 그리하여 성인은 이 지교를 항상 허정한 심정으로 대중을 대할 뿐이고 아직 지능은 쓰지 않는 것이다.

대체 위에 있는 사람이 공통적으로 조심해야 할 일은 신하들의 말을 들을 때 그 말의 내용여하를 살피기 전에 우선 말하는 자에 찬동하는 경향이 많다는 점이다. 여기에서 한쪽만 지나치게 신임하여 이에 뇌동(雷同)하는 일이 종종 발생하게 되는 것이다. 그렇다고 믿지 말라는 것은 아니다. 믿기는 하되 덮어놓고 맹목적으로 믿지 말고 그 선한 자를 가려서 교령을 내리게 된다면 만민은 모두 인군을 신뢰하고 추종하게 될 것이다.

무릇 도(道)는 지극히 넓고 지극히 커서 형용할 수 없으며 덕(德)은 조리가 명백하여 하늘이 단비를 내리듯이 널리 적시게 되는 것이다. 세상만물은 이 도를 얻어서 먹음으로 안녕과 질서의 삶을 살아가게 되는 것이다. 도는 이와 같이 큰 공을 수행하면서도 스스로 그것에 처해 있지 않다. 이것은 천도의 자연인 것이다. 이러한 천도를 본받아 인사를 대행하는 인군의 도란 과연 어떤 것인가? 인군의 도는 그 교령(教令)이 사사물물에 두루 퍼져 없어야 할 것은 쓰러뜨리고, 있어야 할 것은 일으켜주는 것이다. 그리고 언행을 살펴주는 일은 비록 다르나 하나로 통하는 것이다.

옛사람은 말하기를 도는 만물과 동화(同化)하지 않는다. 왜냐하면 동화하면 한쪽에 치우치므로 만물을 섭리(攝理)할 자격을 잃기 때문이다. 덕은 음(陰)과 양(陽)에 동화하지 않는다. 왜냐하면 덕은 음양을 조절하는 것이다. 이 역시 한쪽으로 치우치면 조절할 수 없게 된다. 형(衡)은 경중(輕重)에 동화하지 않는다. 왜냐하면 저울은 경중을 다는 것이다. 한쪽으로 치우치면 무겁고 가벼움을 공정하게 달지 못할 것이다. 먹줄은 출입(出入)에 동화하지 않는다. 왜냐하면 먹줄은 곧게 하는 법도인 것이다. 치우치면 나고 들어간 것을 곧게 하지 못할 것이다. 화(和)는 조습(燥濕)에 동화하지 않는다. 화는 일종의 악기로 건조와 습기에 치우치지 않음으로써 소리를 낼 수 있다. 인군은 군신에 동화하지 않는다. 인군은 능히 군신을 통제할 능력을 가진 것이다. 만일 한쪽으로 치우치게 되면 이미 공평하게 통제할 능력을 잃고 있는 것이다. 이 여섯은 다 도에서 출발한 것이다. 도는 짝이 없다. 그러므로 도는 단독무쌍(單獨無雙)이다. 그러므로 하나라 한다. 이런 이유로 명군은 도의 단독무쌍을 귀히 여긴다. 인군과 신하는 도가 같을 수 없다. 신하는 말을 하여 인군에게 청하고 인군은 그 말을 듣고 일을 준다. 그리하여 신하는 말을 실제에 행한다. 말과 실제가 일치될 때 인군과 신하는 조화를 이루게 되는 것이다.

　말을 듣고 있는 도중에 혹시 미심쩍은 데가 있으면 반드시 반문해서 반드시 말하는 자로 하여금 그 사리를 찾아내 귀에 들게 해야 한다. 이렇게 함으로써 그 말을 자상히 알고 일을 정해주게 되며 또는 말하는 자의 성분과 성격을 알게 된다. 그 성분을 분명히 알게 되면 어디에 속해 있는지 속셈이 무엇인지 물체의 종류를 자연 알게 될 것이다. 그리고 상대의 말을 듣는 태도로는 조급한 성질과 모습을 버리고 한가하고 느긋한 얼굴로 얼른 알아듣지 못하는 체한다. 이것은 어둠 속에서 밝음을 찾고 어리석은 체하면서 슬기를 갖는 길인 것이다. 이렇게 함으로써 말하는 자는 자상히 말해주게 되며 사실을 알리기에 힘쓸 것이다. 입술과 치아는 발언하는 기관이다. 내가 먼저 말을 시작하지 않으면 상대방도 입술과 치아가 있으므로 말을 하게 된다. 나는 더욱 흐리멍덩해서 잘 모르는 체하면 상대방은 사리를 뚜렷하게 분석해서 내 귀에 넣어준다. 그리하여 물이 웅덩이로

고이듯 바퀴살이 바퀴통으로 모이듯 옳고 그름이 자연히 드러나 하정상달(下情上達)이 되어 조금도 어긋나지 않는다.

허정무위(虛靜無爲)는 도의 정신이며 삼오비물(參伍比物)은 일의 원칙이다. 참고하자면 밖으로는 사람에 비교하며 안으로 마음에 합하여 중심에 변함이 없다면 동하며 흩어지는 물체는 잃어지지 않을 것이다. 이때 몸가짐과 행동함은 허정의 도에 들어맞아 조금도 낭패하지 않는다.

신하가 하는 말에 인군이 기뻐하는 기색이 보이면 신하는 천연하게 상긋거리면서 더욱 일에 힘을 올리며 이번에는 반대로 싫어하는 눈치가 보이면 신하는 속으로 시무룩해서 일은 하지 않고 원망하게 된다. 그러므로 인군은 싫건 좋건 밖으로 나타내지 말고 마음을 비워놓아야 한다. 기쁨도 버리고 싫음도 버리고 있노라면 도는 찾아와 살게 된다. 마치 새집을 나무에 지어놓으면 새가 와서 깃들이듯이 도라는 것도 역시 찾아오게 된다. 이것을 도사(道舍), 즉 도가 와서 살게 되므로 도의 집이라 한다.

신하들이 하는 일에 인군이 참여하지 않으면 신하는 자기 의사대로 일을 하여 성공을 얻게 되므로 영광과 사랑을 받게 되며 인군이 신하가 하는 일에 상의할 대상으로 참여하지 않으면 신하는 자기의 생각에서 성사됨을 기뻐하게 된다. 이때 인군은 굳게 안 바라지의 문을 닫고 방에서 뜰을 내다보면 지척(咫尺), 즉 거기에 있는 길고 짧은 것은 이미 마음속에 갖추어진다. 즉, 안 바라지는 내 마음을 말한 것이다. 거기서 상을 줄 만한 자에게 상을 주고 벌을 줄 만한 자에게는 벌을 준다. 이렇게 상을 받고 벌을 받게 되는 것은 각자가 스스로 만드는 것으로 선에는 반드시 상이 미치고 악에는 반드시 벌이 미치는 것이므로 누가 감히 그 형상(刑賞)을 믿지 않겠는가? 이것은 상벌의 엄연한 규정을 하나의 실례로 보여주는 것이다. 하나의 실천으로 다음의 실천은 자연 짐작이 되는 것이다. 이미 규정이 설정되었다면 하나의 예로 나머지 것들은 보지 않아도 알 수 있는 것이다.

인군이 신령치 못하면 신하는 장차 큼을 노려 손을 대보려고 할 것이다. 왜냐하면 신령하다면 그 속을 추측해서 알 수 없을 것이나 그렇지 못하면 인군의 동정이 빤히 드러나서 신하가 쉽게 보기 때문이다. 인군의 하는 일이 가당치 않으면 신하는 인군의 하는 일이 으레 그런 것으로 여기게 된다. 하늘과 같이 높고 땅과 같이 두터우면 사람은 감히 측량을 못한다. 인군의 마음가짐이 하늘과 같고 땅과 같으면 신하들이 깔보고 손을 대려거나 또는 으레 그런 것이라고 업신여기는 말하자면 상인하고(上因下考)의 가당치 않은 데서 벗어날 수 있다. 이것을 심신의 근심이 벗어나는 누해(累解)라고 말한다.

땅에는 이름 없는 풀이 없고 하늘은 까닭 없이 덮이지 않는다. 땅과 하늘같이 공평무사하고 자연공정하거든 누구에게 덜 친하며 누구에게 더 친할 수 있겠는가. 이처럼 하늘과 땅의 공정 공평과 높고 후함을 상징하여 성인이라 한다. 인군은 마땅히 이 성인경지에 들어서 심신의 근심에서 벗어나고 사사로움에서 뛰어나야 한다.

인군이 그 궁내(宮內)를 다스림에 있어 그 내관과 사적으로 친하여 흉허물 없이 되어서는 안 된다. 여기에 말하는 궁내는 인군의 기밀을 말한다. 기밀이 새어나옴은 흔히 귀에 입을 대고 새지 말라고 부탁 당부하는 근친근시자의 입에서 터지기 때문이다. 그 궁외(宮外)를 다스림에 있어 관에 한 사람의 감찰자를 두어 신하들이 제 마음대로 하게 하여서는 안 된다. 요컨대 두 마리의 수탉이 한 홰에 오르는 투

쟁과 시기와 질투를 막아야 한다. 이렇게 하면 어찌 백관에게 임금의 자리가 옮기고 바꾸고 겸병(兼倂)되는 근심이 있을 수 있겠는가.

대신의 문에 사람의 출입이 많아지면 인군의 위권(威權)은 그쪽으로 옮겨간다. 무릇 정치의 극치는 신하가 인군을 추측해서 알지 못하게 하는 데 있다. 신은불측(神隱不測)으로 신하가 인군의 마음을 헤아릴 수 없게 하는 것만이 정치의 극치인 것이다. 그리하여 말과 실행이 일치하면 백성은 각기 그 자리에 충실할 것이다. 이것은 정치의 지요(至要)한 점이다. 이 지극히 요긴함을 버리고 다시 다른 것을 찾는다면 이는 확실히 대혹(大惑)인 것이다. 교활한 백성은 더욱 많아지고 간사한 무리는 조정에 넘친다. 이 역시 대혹을 증명하는 것이다.

옛사람 말에 신하를 부자로 만들고 그 신하에게 힘을 빌려서는 안 된다는 말이 있다. 신하를 귀인으로 만들고 그 신하에게 핍박을 받지 말아야 한다. 이 얼마나 거북한 신세일까? 거꾸로 된 것이다. 한 사람만을 전적으로 믿으면 그곳으로 세력이 쏠려서 인군을 능욕하게 된다. 그렇게 되면 그 도회(都會)나 나라는 한꺼번에 잃게 될 것이다. 정강이가 크더라도 다리보다 더 커서는 안 될 것이다. 정강이가 다리보다 더 커지면 걷지도 달리지도 못할 것이다. 신하가 무겁게 되더라도 인군 이상으로 무거워지면 안 된다.

인군이 그 신비의 위엄을 잃으면 신하는 범이 되어 그 뒤를 쫓게 된다. 왜냐하면 인군의 하찮음을 알고서 잡아먹을 틈을 노리기 때문이다. 그래도 인군이 원체 어두워서 자기 뒤를 범이 따르고 있음을 모르고 있다면 이번에는 그 범은 위엄을 감추고 발톱을 감추고 개가 된다. 왜냐하면 겉으로는 주인에게 꼬리를 흔들어 보이면서 속으로 잡아먹을 음모를 하기 때문이다. 그래도 인군이 알아채지 못하고 내 버려둔다면 개는 점점 많아져 무리지어 모여든다. 말하자면 붕당은 많아져 그칠 줄을 모르게 된다. 범이 성군작당하게 되면 그 어미인들 그냥 두지 않는다. 이렇게 되면 신하들은 거의 범이 되고 있으니 인군에게는 신하가 사실상 없는 것이다. 이렇게 되고서 어찌 나라가 망하지 않을 수 있겠는가?

인군이 신상필벌의 법을 세우면 큰 범도 겁을 먹게 된다. 인군이 용서 없이 형을 행한다면 큰 범은 자기의 길을 밟아 자취를 끊게 될 것이다. 이와 같이 법이나 형이 참으로 믿어지게 되면 범은 변하여 사람으로 되어 다시 그 본질로 돌아가게 될 것이다. 왜냐하면 군군신신(君君臣臣)으로 군신상하의 질서가 섰기 때문이다.

나라를 바르게 다스려보고자 할 때에는 반드시 신하들의 붕당이나 불순한 도당을 도모하는 자들을 쳐서 이를 해산시켜야 한다. 그 붕당을 해산시키지 않으면 저들은 더욱 무리를 모아 난을 일으키게 된다.

그 영토를 위하여 다스리고자 하는 자는 주는 것에 후해야 한다. 공신에게 적당하게 주지 않으면 욕심 많은 사람은 줄수록 더 욕심을 부리게 된다. 그들이 욕심을 부려 요구하는 대로 줘야 한다면 이는 원수에게 도끼를 빌려주는 셈이다. 빌려주는 것이 불가하다면 그들은 빌린 도끼로 장차 나를 치려고 할 것이다.

옛날 황제(黃帝)가 말하였다. 상하일일백전(上下一日百戰)이라 하였거늘 상하의 계급 간에는 하루에도 백 번 더 싸운다는 것이다. 왜냐하면 상위(上位)의 자리는 인간의 중요한 보배인 것이다. 군리(君利)는 만인이 모두 얻으려 하는 것이다. 여기서 아래에 있는 자는 항상 부럽고 욕심이 동하는 것이다. 가만히 있자니 욕심이 치밀고 얻자니 취해지지 않으므로 겉으로는 천연하나 마음속으로는 하루에 백 번도 더 싸우고 있는 것이다. 이와 같이 아래에서는 선망의 마음을 감추고 위에 대하여 시험해보려는 불순한 생각이 없지 않다. 그러므로 위에 있는 자는 법도를 잡고서 아래의 불순한 생각이 있는 자를 가끔 끊어버려야 한다. 그러므로 법도가 서 있다는 것은 인군의 보배이며 당여가 갖추어진다는 것은 신하의 보배인 것이다. 신하가 아직 그 인군을 죽이지 못하고 있다는 것은 당여가 갖추어 있지 못하기 때문이다. 만일 위에서 한 치쯤 잃게 된다면 아래에서는 이것으로 한 자나 두 자를 만드는 것이다. 인군이 법도를 조금이라도 잃게 되면 아래에서는 거기에 의하여 수배의 이익을 만들게 된다. 인군이 어찌 조심하지 않을 수 있겠는가.

나라를 다스리는 인군은 지방에 있는 도회를 크게 만들지 않는다. 왜냐하면 불순한 신하가 이곳을 근거로 반역하게 되기 때문이다. 도리를 아는 신하는 그 집을 귀하게 하지 않는다. 왜냐하면 또한 가신(家臣)이 자기를 능멸하게 되기 때문이다. 도리를 아는 인군은 그 신하를 귀하게 만들지 않는다. 왜냐하면 그 신하를 귀하게 만들면 장차 그 신하의 세력이 인군을 지나게 되기 때문이다. 신하가 귀해지고 부해지면 장차 인군을 갈아치우는 준비를 하기 때문이다. 인군이 그러한 위태(危殆)를 준비하려면 빨리 태자를 두어야 할 것이다. 왜냐하면 태자는 인군의 다음이며 나라의 중진(重鎭)이기 때문이다. 신하나 백성들은 사면에서 인군을 모의하고 있기 때문에 마치 인군은 사방을 둘러싼 울타리 속에 갇혀 있는 셈이다. 이 울타리 안에서 뛰쳐나오려면 반드시 몸에 법도를 잡아야 한다. 법도를 잡고서 신하 가운데 도당이 많고 세력이 많은 자를 꺾어 내리고 그렇지 못한 자는 조금씩 보태주어 그들끼리 서로 돕고 서로 감추지 못하게 해야 한다.

그러나 갑자기 꺾으면 부작용이 생기므로 마치 보름달이 조금씩 이지러지듯 해야 하며 보태주는 것도 갑자기 보태주어서는 역시 부작용의 염려가 없지 않으므로 꺼질 듯하는 불이 얼른 식지 않을 정도로 해주어야 한다. 이와 같이 인군은 명령을 간명히 하고 죄를 물어 죽임에 있어서도 유의해서 형벌을 잘 행해야 한다. 한 둥지에 두 수컷이 올라 있다면 한 마리는 쏘아 떨어뜨려야 할 것이니 인군은 언제나 자기를 밀어내려고 하는 자를 대비하여 수중의 화살을 늦춰서는 안 된다. 한 둥지에서 두 수컷이 있으면 자리를 다투어 서로 싸울 것은 정해진 일이다. 이는 부당한 짓을 하면서 지위를 다투는 신하를 숙청하는 것과 같다. 늑대가 양의 우리 속에 들어 있으면 양이 번식할 수 없다.

이는 권세 있는 신하들이 미약한 관리를 골리고 순진한 백성들에게 탐욕을 부리는 것을 비유한 것이다. 한 집에 두 귀인이 있으면 일은 제대로 되지 않는다. 왜냐하면 두 귀인은 서로 질세라 명령을 내리기 때문에 복종하는 자들이 어리둥절해서 할 바를 모르기 때문에 결국은 이것도 저것도 안 되고 말 것이다. 비록 가까운 부부일지라도 가정사를 운영함에 있어 서로 양보하지 않고 자기 고집만을 내세워 서로 다투면 자녀들은 누구의 말에 순종해야 할지 몰라 가정일도 엉망이 될지 모른다.

인군은 궁궐 뜰에 무성한 나무들이 너무 지나치게 번성하지 못하도록 가끔 가지를 쳐야 한다. 가지가 무성하면 궁궐을 덮을까 염려된다. 이는 신하들이 위세가 너무 커지면 인군을 능가(凌駕)하게 된다. 자주 나무를 쳐서 나뭇가지가 밖으로 뻗어나가지 못하게 해야 한다. 가지가 밖으로 뻗으면 인군의 처소가 가려진다. 이는 신하의 집이 충실해지면 궁궐은 비어 인군은 갇힌다. 그래서 나뭇가지는 자주 쳐야 한다. 그러면 도당은 꺾일 것이다. 가지가 크고 원둥거리를 적게 해서는 안 된다. 가지는 굵고 밑동이 가늘면 봄바람을 이기지 못하게 되고 가지는 장차 밑동을 해치게 된다. 봄바람은 만물을 발생하게 하는 것이다. 이는 인군의 은혜가 더욱 신하에게 영광과 이익을 내리는 것에 대한 비유이다. 그러나 가지를 크게 하고 밑동을 적게 하면 더욱 무게를 보태어 밑동이 견뎌내지 못하여 봄바람에 꺾이고 만다. 이는 신하가 커져 장차 인군을 해칠 우려가 있다는 의미이다.

공자(公子)가 많아지면 종실의 걱정이다. 공자는 서자를 말한 것이고 종실은 태종적자를 말한 것이다. 이것을 그치게 하는 방법은 자주 나무를 쳐서 가지를 무성하게 하지 말아야 한다. 가지를 자주 치면 무리 짓는 도당은 흩어질 것이다. 그 뿌리를 캐내면 아무리 큰 나무일지라도 신령하지 못할 것이다. 그 못을 메워라. 못에 물이 맑으면 맑은 물에 얼굴을 비치는 자가 많아진다. 이는 부화뇌동(附和雷同)으로 멋도 모르고 떠드는 도당이 많아진다는 의미이다. 그 물속에 무엇이 들어 있는가 가끔 그 속을 더듬어보고 무엇이 들어 있거든 꺼내봐야 한다.

인군의 권위를 신하에게 나눠주지 않고 인군이 잘 쓰면 그 신령하고 무섭기가 번개 같고 뇌성 같아서 감히 두려워 않을 자가 없을 것이다.

제20편 식사(飾邪)

인군 된 자가 법도술수(法度術數)로써 신하를 쓰지 않으면 간신이 법을 문란케 한다.

거북점 산통을 흔들어 산가지를 뽑아서 길흉을 점친바 대길의 조(兆)가 나타났다고 하면서 연(燕)을 친 것은 조(趙)이다. 거북점 산통을 흔들어서 산가지를 뽑아서 길흉을 점친바 대길의 조짐이 나타났다고 하면서 조를 친 것은 연이었다. 그러나 연장군 극신(劇辛)이 조를 쳤으나 이기지 못하고 패했기 때문에 연의 사직은 위태롭게 되었다. 또 제나라 사람 추연(鄒衍)은 음양(陰陽)의 설로써 연에서 벼슬을 했으나 공이 없고 국토만 깎였다. 그런데 같이 거북점을 쳐서 태길의 조짐을 얻고 연을 친 조씨는 뜻을 연에 얻어 만족하였으며 뒤에는 제를 쳐서 뜻을 제에 얻어 계속 만족하였다. 자주 병사를 일으켜 국력은 많이 쇠약해졌으나 그래도 자주 이겼기 때문에 기세가 등등하여 당시 강국인 진(秦)과 어깨를 나란히 하고 승부를 다투어보자고 싸움을 걸어왔다.

여기서 생각할 문제는 조씨의 거북점은 신명(神明)해서 대길의 조짐이 빗나간 것은 아닌 것 같다. 조씨는 일찍이 거북점의 산통을 흔들어 산가지를 뽑고서 대길의 조짐이 나타났다고 해서 북으로 연을 쳐서 이를 위협하면서 진의 군사를 쳐서 기습하려고 할 때에도 또 대길의 조가 나타났다고 해서 위도(魏都) 대량(大梁)을 치기 시작하였다. 연을 위협하면서 대량을 친 것은 하나의 전략으로 위에 대한 것은 이름뿐이고 기실은 뜻이 진을 도모하는 데 있었던 것이다. 그런데 진은 지난날 한토(韓土)로서 지금은 조의 속령(屬領)으로 되어 있는 상당(上黨)을 기습하여 조의 허점을 찔렀기 때문에 조나라 왕이 연의 이지(貍地)에 도달했을 때는 조의 육성(六城)은 차례로 진의 병사에게 빼앗겼다. 조나라 왕이 연의 양성(陽城)에 도달했을 때는 진은 조의 업성(鄴城)을 점령했다. 조장군 방원(龐援)은 패병을 이끌고 밤낮으로 행군하여 연에 돌아왔을 때는 조의 보성(堡城)은 대부분 진에 빼앗긴 뒤였다. 여기서 생각해볼 것은 조의 거북점은 멀리 연을 위협하는 대길을 보기에 앞서 마땅히 진에게 허를 찔려 대흉(大凶)쯤은 봄 직도 하였으나 이것을 보지 못한 것은 무슨 이유일까?

그런데 진은 그 대길로써 땅을 열어 실리를 차지하면서 동시에 연을 구원한다는 미명까지 얻었다. 조는 그 대길로써 땅은 잃고 군사는 상하고 인군은 패전의 울화로 병사하였다. 그렇다고 해서 진의 거북점을 기만하여 태길의 조가 빗나간 것은 결코 아니다. 처음 위 안이왕(魏安釐王) 때 위는 수년간 동으로는 정도(定陶)와 위(衛)를 쳐서 얻었고 또 수년간 서쪽으로 진과 싸워서 도리어 국토를 잃게 되었다. 이것은 하늘에 있는 길성(吉星)인 풍융(豊隆), 오행(五行), 태을(太乙), 왕상(往相), 섭제(攝提), 육경(六耕), 오괄(五括), 천하(天河), 은창(殷槍), 세성(歲星) 등 길성이 수년간 서방으로 진의 영역에 있었기 때문에 진은 동으로 향하여 위에 이긴 것이 아니고 또 천결(天缺), 호역(弧逆), 형성(形成), 형혹(熒惑), 규(奎), 태(台) 등 흉성이 수년간 동방으로 위의 분야에 있었기 때문에 위는 서쪽으로 진에 패한 것도 아니다. 구책의 예언과 귀신의 명가(冥加)는 과연 있는지 없는지 알 수 없는 일이다. 그런데 이러한 구책의 예언, 성숙(星宿)의 방위(方位)에서 혹은 좌에서 혹은 우에서 이롭고 혹은 배면에서의 싸움이 혹은 전면에서 싸움이 이롭다고 해서 거기에 의존하여 전승을 약속할 수는 도저히 없는 일이다. 필경, 성숙과 구책과 귀신의 일은 눈에 보이지 않아 다 믿을 수 없다. 그러므로 이런 것을 믿고 전쟁을 한다는 것은 지극히 어리석은 것이다.

옛날 성왕들은 백성을 사랑하는 데 힘을 다하고 일을 명법(明法)에 더하여 열심히 하였다. 법이 밝으면 충신은 나오고 죄는 반드시 벌하므로 간신은 물러서며 국토는 넓어지고 인군이 존귀해진 것은 진이었다. 그와 반대로 도당을 만들어 서로 감추어 줌을 정도로 삼고 사곡(私曲)을 행하여 토지는 깎이고 인군의 위엄도 낮아진 것은 산동 육국인 것이다. 난약(亂弱)한 자가 망함은 인간의 상도이며 치강한 자가 왕을 하는 것은 고래의 정법이다. 이러한 우승열패의 원리는 고금을 통하여 조금도 다를 바가 없는 것이다.

월왕구천은 대명(大明)이라는 거북점의 영험을 굳게 믿고 오와 싸워 이기지 못하여 몸은 오왕의 종이 되고 처첩도 노예가 되었던 것이다. 구천이 그 뒤 환국하게 되자 거북점을 내버리고 백성을 가르치고 군사를 훈련하여 오왕부차가 드디어 구천에게 생포되고 말았다. 그렇다면 귀신을 믿고 법을 등한시하거나 제 실력을 기르지 않고서 제후에 의존하는 나라는 결국 위태롭게 된다. 그 실례로 조(曹)는 제(齊)를 믿고 송(宋)이 시키는 말을 듣지 않았기 때문에 제가 초를 치는 틈을 타서 송은 조를 멸하였다. 또한 초는 오를 믿고 제가 시키는 것을 듣지 않았기 때문에 월이 오를 치는 동안 제는 초를 멸하였다. 허(許)는 초를 믿고 위가 시키는 말을 듣지 않았기 때문에 초가 송을 치는 동안 위는 허를 멸하였다.

정(鄭)은 위를 믿고 한이 시키는 말을 듣지 않았기 때문에 위가 초를 치는 동안 한은 정을 멸하였다. 한은 소국으로서 대국에 등 대고 인군은 법을 게을리하여 마침내 국토는 깎이고 말았다. 위는 제를 믿다가 초에 멸하고 말았다. 이와 같이 자주의 힘을 갖추지 못하고 의타의 생각으로 있던 소국은 더욱 망하고 말았다. 그러므로 남을 믿고서는 족히 국토를 보전할 수 없다. 그 실례를 한에서 보지 않았는가? 초는 한(韓)을 위하여 위를 쳐서 군사를 위의 허(許)와 언(鄢)에 더해왔고 제는 위의 임(任)과 호(扈)를 쳐서 위를 꺾었으나 그들의 강함을 더해주었을 뿐 한은 그 이해득실을 알지 못하였다. 이것은 모두 법금을 밝혀서 나라를 다스리지 못하고서 이웃 나라에 의존하다가 사직을 멸망시킨 증거인 것이다.

그러므로 다스리는 이치에 밝으면 나라는 비록 작더라도 부해질 것이며 상벌이 믿어지면 백성은 비록 적더라도 강해질 것이며 상벌에 법도가 없으면 나라는 비록 크더라도 군사는 약해질 것이다. 군사가 약해지면 국토를 보전할 수 없고 백성도 그 백성이 될 수 없다. 땅도 없고 백성도 없으면 요·순과 같은 성왕일지라도 왕의 역할을 할 수 없을 것이며 하·은·주(夏殷周) 삼대의 명왕일지라도 강해질 수 없을 것이라고 나는 말한다.

인군으로서 상을 주되 공이 없는 자에게 과분한 상을 주며 인신으로서 아무런 공도 없이 유명무실한 상을 받는다면 이는 아무런 효과도 없는 남상(濫賞)으로 마구 주고 마구 받을 뿐이다.

인신으로서 현재 행하고 있는 법을 말하지 않고서 옛날 선왕들이 행한 일, 행한 공을 말하면 옛날의 공에 밝은 자라 하여 인군은 이에 국정을 맡긴다. 나는 말하거니와 이는 현재의 사람으로서 옛날의 공 있기를 바라며 또는 옛날의 상으로써 현재의 사람을 상주는 것이다. 이와 같이 하여 인군은 공이 없는 자에게 과분한 상을 준다면 신하는 안일을 바라고 요행을 꾀하게 될 것이며 신하로서도 공이 없이 상을 받는다면 모처럼의 상도 존귀해 보이지 않을 것이다. 그 결과 백성들은 손을 놓고 일을 하지 않게 될 것이다. 그러므로 상이 지나치면 백성을 잃게 되며 형(刑)이 지나치면 백성은 사나워진다. 즉, 될 대로 되라는 격으로 법을 두려워하지 않게 된다. 상을 주어도 선을 권면할 수 없으며 형을 갖추어도 악을 금할 수 없다면 나라는 아무리 클지라도 반드시 위태로워질 것이다. 그러므로 소지자(小知者)와는 큰일을 도모할 수 없으며 소충자(小忠者)에게 국법을 맡겨서는 안 된다. 초공왕(楚恭王)이 진(晉)여공과 싸워서 애능(艾陵)에서 패하여 공왕은 눈에 부상을 당하였다. 그런데 그 싸움이 한창 치열해질 때 초사마관(楚司馬官) 자반(子反)은 목이 타서 물을 청하자 그 부하인 곡양(穀陽)이 물 대신 술을 따라주었다. 자반이 곡양에게 이것은 술이로구나 하니 곡양이 대답하기를 술이 아니고 물이라 하여 자반이 술을 물로 따라주는 대로 마셨던 것이다. 원래 술을 좋아하는 자반이므로 전쟁 중에는 술을 마시는 것이 금지되어 있었지만 목마른 참에 그 금법도 잊고서 마신 결과 취하게 되어 본진으로 돌아와서 곯아떨어지고 말았다. 그때 공왕이 부상을 당한 눈이 몹시 아픈 것을 참으면서 다음 싸움을 의논하기 위하여 사람을 자반의 진막으로 보내어 자반을 불렀다.

자반의 부하들은 공왕의 명령을 받고 당황하여 차마 술에 취해서 자고 있다고 말할 수 없어 저녁 식사 뒤 별안간 복통이 일어서 자고 있다고 핑계를 댔다. 왕이 이 말을 전해 듣고 문병을 겸하여 상의하기 위해 몸소 자반의 처소로 와보니 앓는 것이 아니고서 술에 취하여 정신없이 자고 있음을 보고 공왕은 아무 말도 하지 않고 되돌아가 측근자에게 말하기를 오늘 싸움에서 과인은 눈에 부상을 입고 오직 믿는 것은 사마 자반이었건만 자반 역시 법을 어기고 술에 취해서 자고 있으니 필경 자반은 초의 사직이 망하건 흥하건 생각조차 없는 사람이다. 또 우리 군졸의 노고도 생각지 않고 저 혼자만 취해 있으니 과인은 더 싸울 용기가 없다 하고 철군 명령을 내려 돌아가서 자반의 목을 베고 대륙(大戮)을 행하였다.

여기서 생각해볼 것은 자반의 부하 곡양이 자반에게 술을 권한 것은 고의로 자반을 미워서 한 것이 아니고 자반을 위하여 한 것이지만 결과는 도리어 자반을 죽인 것으로 되고 말았다. 그래서 옛사람의 말에 소충(小忠)은 대충(大忠)의 적이라고 경계하였다. 만일 그때 소충이라는 입장에서 자반의 죄를 용서해주었다면 이는 아래 사람과 함께 무사주의로 나가자는 주장밖에 안 된다. 그렇게 되면 법의 위신이 떨어져서 치안에 방해가 될 수밖에 없다.

위(魏)가 한창 강성할 무렵에는 형법을 밝히고 헌령을 지켜 공이 있는 자에게는 반드시 상을 주고 죄가 있는 자에게는 반드시 벌을 주어 그 강하기가 천하를 바로잡고 위엄이 사방에 떨치더니 그만 법이 물러서 함부로 상주기를 시작하자 나라는 쇠약해지고 말았다. 조국이 한창 강성할 때는 사람도 많고 군사도 강하여 땅을 제·연(齊燕)에 열더니 급기야 법이 해이해지고 정계요로의 인물들도 부패해져 나라가 쇠망하고 말았다.

연나라도 한창 당년에는 법을 밝히고 명령이 설 때에는 동으로 제나라를 누르고 남으로 중산의 땅을 겸병하더니 급기야 법이 풀리고 명령이 서지 않게 되었다. 좌우 신하들이 공연히 다투고 인군도 아랫사람들이 하자는 대로 하게 되더니 군사는 약해지고 국토는 이웃에게 빼앗기고 말았다. 이것으로 볼 때 법을 밝게 한 나라는 강해지고 법이 무른 나라는 약해졌다. 강약이 이렇게도 명백하건만 세상 인군들은 이 이치를 알고서도 행치 않으니 이 어찌 개탄할 일이 아니겠는가. 옛말에 집에 일정한 생업이 있으면 흉년에도 굶주리지 않을 것이며 나라에 견고한 율법이 있으면 위태로울 때에도 멸망에 이르지 않을 것이다. 상법(常法)을 버리고 사의(私意)로 행하게 되면 신하들은 잔꾀를 부리게 된다. 이렇게 잔꾀를 쓰게 되면 율법금령이 확립될 수 없고 따라서 민심은 방종에 흐르고 말 것이다. 그리하여 치국의 길은 막히고 만다. 치국의 길을 열고 법을 해치는 자를 제거하면 신하들은 자기 지능에 미혹되지 않을 것이며 명예에 거짓이 없을 것이다.

옛적에 순임금이 홍수를 다스림에 있어 그 부하관원들이 명령대로 하지 않고 순의 명령에 선행해서 제 마음대로 일을 행하여 공을 올린 자도 순임금은 명령을 어긴 자로 형벌하였다. 우임금이 제후를 회계산(會稽山)에 모이게 하였으나 방풍씨(防風氏)가 오게 될 날짜보다 하루 늦게 참여하였기에 우임금은 이를 처벌하였다. 이와 같이 순은 명령에 선행했다고 형벌하고 우는 명령에 후행했다고 처단하였다. 옛날 성군들은 명령대로 할 것을 지시하고 그 과불급을 다 위반으로 처단하였다.

옛말에 거울은 그 맑음이 흔들리지 않아야 곱고 미움이 그대로 비칠 것이며 저울은 그 밝음이 흔들리지 않아야 가볍고 무거움이 그대로 달릴 것이다. 만일 거울이 흔들리면 밝지 못할 것이며 저울이 흔들리면 바르지 못해 그 역할을 다하지 못할 것이다. 이것은 법이 동요되어서는 안 된다는 것을 말한 것이다. 선왕들은 도(道)를 일상생활의 기본으로 삼고 법을 근본으로 삼았다. 근본이 다스려지면 살고 근본이 어지러워지면 망하게 된다. 지능에 명통(明通)한 선비가 어느 때나 있는 것은 아니며 있다고 하더라도 인군이 채택해주지 않으면 치도는 그치고 만다. 그러므로 지능은 내가 단독으로 갖고 있는 것으로 남에게 전할 수 없는 것이다. 이와 같이 도와 법은 아주 안전한 것으로 지켜서 잘할 수 있지만 지능만으로는 과실이 많은 것이다.

저울에 달아서 경중을 알고 그림쇠에 걸어서 방원(方圓)을 잡는 것은 만전(萬全)의 길이다. 명군은 백성으로 하여금 법을 알게 하고 법을 행하게 함은 이 만전의 원칙에서 살게 하려는 것이다. 그러므로 편하고도 공이 있는 것이다. 저울을 버리고 그림쇠를 던지고 자기의 눈짐작에 맡긴다면 이는 혹난(惑亂), 즉 의혹되고 어지러운 길인 것이다. 난주(亂主)는 백성으로 하여금 지혜를 꾸미게 하고 이 만전의 길에 살게 하지 않으므로 수고하고도 공이 없는 것이다.

생각건대 법금을 버리고 청탁을 들어준다면 신하들은 누구나 임금에게 허명(虛名)을 팔아 벼슬을 살 것이며 아래에 대해서는 사은(私恩)을 베풀어 도당을 만들 것이다. 이렇게 되면 이익은 신하에게 있고 위엄을 잡게 되므로 백성들은 충성하여 인군을 섬길 필요를 느끼지 않고 애써 귀인대신들만 사귀게 될 것이다. 백성들이 위에 사귀기를 힘쓰게 되면 화재(貨財), 즉 돈이나 물건은 권세 있는 대신들이나 귀인의 집으로 흘러들고 청탁을 하는 사람들만이 조정에 쓰이게 될 것이다. 그 결과 공 있는 자와 유능한 인재는 물러서게 될 것이다. 이리하여 인군은 미혹되어 어찌할 바를 모를 것이며 백성들은 모여서 좇아갈 길을 잃고 말 것이다. 이러한 결과를 초래케 된 까닭은 인군이 법금을 버리고 공로자를 뒤로하고 허명만 듣고 사람을 쓰고 청탁만 들어 조정을 채운 실수에서 오게 된 것이다.

대체 법을 잘 깨뜨리는 자들은 거짓으로 재물에 의탁하여 인군에게 잘 보이기를 구하는 자들이다. 말하자면 천하에 드물게 있는 예를 들어서 인군에게 그럴듯하게 말한다. 이런 데서 폭군이나 난주(亂主)는 속아 넘어가고 현량한 신하들이 침해를 받는 까닭이 되는 것이다. 실례를 들건대 그자들은 옛날 이윤(伊尹)이 어떻고 관중(管仲)이 어떻고 하면서 그분들의 공업을 내세운다. 이것은 자신들이 법을 어기고 지혜를 꾸미는 수단으로 하면서 옛날 비간(比干)의 어짊과 오자서의 충성을 잘 내세운다. 이것은 저희들이 사악을 행하기 위하여 인군을 위협하고 충고인 체 억지를 쓰는 구실로 삼는 재료로 쓰는 것이다. 대체 이윤을 들고 관중을 쓴 것은 현명한 인군을 말한 것이며 비간을 죽이고 오자서를 처형한 것은 난폭한 인군을 말한 것이다. 이러한 고사를 들어서 인군에게 자기를 말하는 그 취지는 한편으로는 그 인군을 위협하는 데 쉽게 하고 다른 한편 인군이 자기들에게 벌을 행케 하는 데 어렵게 하려는 두 길을 보고 있는 것이다. 그러나 이것은 불세출의 일로서 세상에 그런 유(類)가 흔할 수 없는 일이다. 이러한 자들을 마땅히 금하는 것이 인군으로서의 법치상 당연한 일이다. 지금 인신들은 자기의 지혜를 내세우기 위하여 법을 잘못이라 한다. 신하의 마음은 공법(公法)을 지나서 사지(私智)를 내세우려고 한다. 이러한 자들을 금하는 것이 인군의 도(道)인 것이다.

명군의 도(道)는 반드시 공사(公私)를 분명히 하고 법제를 자세히 밝히며 사은(私恩)을 버린다. 그러면 명령은 반드시 행해지고 금하면 반드시 그치게 된다. 이것은 인군의 공의(公義)인 것이다. 반드시 그 사사로움을 이루어 붕우에 믿음이 있으며 반드시 상으로만 권할 것도 아니며 벌로만 그칠 것도 아니다. 이것은 인신들이 갖는 사의(私義)인 것이다. 이러한 사의가 행해지면 나라는 어지러워질 것이며 공의가 행해지면 나라는 다스려질 것이다. 그러므로 공사를 분명히 가려야 한다. 인신에게는 사심도 있고 공의도 있다. 몸가짐이 결백해서 그 행위가 공정하여 관직에 있어서 사사로운 마음이 없음은 인신의 공의인 것이다. 오행(汚行)은 사욕을 마음대로 부려서 몸을 평안히 하고 싶고 집을 부유하게 하려는 것은 인신의 사심인 것이다.

요컨대 명군이 위에 있으면 인신은 사심을 버리고 공의를 행할 것이며 난주가 위에 있으면 인신은 공의를 버리고 사심을 행하게 될 것이다. 인군과 신하는 생각이 다른 것이다. 인군도 자기 계산에서 신하를 부리며 신하도 자기 계산에서 인군을 섬긴다. 인군과 신하는 각자 자기를 위한 계산에서 맺어진 관계인 것이다. 그러므로 신하는 몸을 희생하면서까지 나라를 이롭게 하려고 하지 않을 것이며 인군은 나라를 해치면서 신하를 이롭게 하려고 하지 않을 것이다. 이것이 인군과 신하가 품고 있는 이기(利己)의 마음인 것이다. 즉, 위아지정(爲我之情)이다. 이와 같이 군신이란 원래 계산으로 맺어진 것이다.

그러므로 위기에 처하여 죽음을 결심하고 지력을 다하는 임난필사(臨難必死) 진충갈력(盡忠竭力)이란 나라를 사랑하기 때문이라기보다 존엄한 법 때문인 것이다. 이 이치를 잘 아는 선왕들은 밝은 상으로 권면하였고 엄한 벌로 위협했다. 상벌이 밝으면 백성은 생명을 바치는 것이다. 생명을 바치게 되면 군사는 강해지고 인군은 높아지는 것이다. 이와 반대로 형상(刑賞)이 분명하지 않으면 백성은 공 없이도 상을 얻으려 할 것이며 죄가 있어도 행여나 형을 면하려 할 것이다. 이렇게 되면 군사는 약해지고 인군의 위엄도 떨어진다. 이것은 난망(亂亡)의 길인 것이다. 그래서 성왕이나 현신양좌(賢臣良佐)들은 지혜를 다해 치도에 힘쓰게 될 것이다. 옛말에 공사를 분명히 하고 법금을 철저하게 하지 않을 수 없다 하였다. 선왕은 이것을 잘 알고 있었던 것이다.

제21편 안위(安危)

국가의 안위존망의 까닭을 논하여 안술(安術)에 일곱이 있고 위도(危道)에 여섯이 있음을 논함.

국가는 칠술(七術)에서 안정을 얻고 육실(六失)에서 위태를 갖게 된다. 다시 말하면 안술(安術)에 일곱 가지가 있고 위도(危道)에 여섯 가지가 있는 것이다. 안술의 일곱은 무엇인가? 첫째, 상과 벌은 시비를 가리는 데 있으며, 둘째, 복과 화는 선과 악에서 만들어지며, 셋째, 죽고 사는 것은 법도에서 정해지며, 넷째, 진퇴는 현(賢) 또는 불초에서 되고 사랑과 미움에서 되어서는 안 되며, 다섯째, 우자와 지자는 천성적으로 있을 뿐이고 사람들의 칭찬이나 헐뜯는 데에 없으며, 여섯째, 일을 단정(斷定)하되 일정한 표준으로 하고 결코 억측해서는 안 되며, 일곱째, 인군은 신실하여 거짓이 있어서는 안 될 것이다. 다음으로 육실이란 무엇인가? 첫째, 매사를 법도에 미치지 못할 정도로 깎아내려서는 안 되며, 둘째, 매사를 법도의 범위 밖으로 깎아 떨어뜨려도 안 된다. 지나치는 것이나 미치지 못하는 것은 어느 것이나 중정(中正)을 잃기는 한 가지다. 셋째, 사람들이 해롭게 여기는 것을 자기만이 이롭게 여겨서는 안 되며, 넷째, 사람들이 화근으로 여기는 것을 자기만이 즐겁게 생각해서는 안 되며, 다섯째, 사람들이 안전하게 여기는 것을 자기만이 위험하게 여겨서는 안 되며, 여섯째, 사랑할 데를 친하지 못하며 미워할 데를 멀리 못 하는 것이다.

만일 인군으로서 이상과 같이 나라를 다스릴 때에 육실이 있게 되면 사람들은 사는 것을 귀찮게 생각하게 될 것이며 또한 보람 있는 죽음을 원치 않게 될 것이다. 사람들이 사는 데 낙이 없게 되면 인군을 대단하게 여기지 않을 것이다. 보람 있는 죽음을 잊고 있다면 인군의 명령이 행해지지 않을 것이다. 그렇다면 어떻게 할 것인가? 한 나라의 사람으로 하여금 지혜와 능력을 일에 다하게 하되 국민 된 자세와 정신을 갖게 하며 모두 정해진 법도와 제도에 힘을 다하게 한다면 나아가 싸우면 이기게 되고 들어와서는 각기 산업이 안정될 것이다. 이것을 가히 국태민안(國泰民安)의 치세(治世)라고 말할 수 있다. 이렇게 되면 사람들은 다들 보람 있는 삶에 즐기고 그릇된 일에 몸을 아끼게 될 것이다. 또한 그 결과로 나라 안에는 그릇된 생각을 갖는 소인은 적어지고 모범이 되고 의표(儀表)를 보여주는 군자가 많아지기에 사직(社稷)은 항상 존립하게 될 것이며 국가는 오래 평안하게 될 것이다.

속담에 말하기를 광분하는 수레 위에는 중니(仲尼)가 있지 않고 난파된 배의 아래에는 백이(白夷)는 없다고 하였다. 이 말은 도덕이 높은 공자나 절개가 훌륭한 백이는 위험한 곳을 미리 알고 있으므로 휩쓸리지 않는다고 한 말 같다. 일국의 법령은 나라를 싣고 가는 배이며 수레인 것이다. 타고 가는 배나 수레가 안전하다면 사람들은 거기에 몸을 부탁하고 좋은 지혜와 올바른 행위로 살기에 힘쓸 것이며 만일 그 수레와 배가 불안전하여 위험하게 되면 사람들은 일신의 안전도 얻지 못하여 서로를 다투는 행위를 예사로 하게 될 것이다.

나라를 다스리는 데 가장 요긴한 것은 인군이 법령을 내리되 굶주린 자에게 밥을 먹이고 헐벗은 자에게 옷을 입히듯이 하라. 굶주린 자가 먹고 헐벗은 자가 입는 것은 자연의 이치일 것이다. 옛날 성현들은 이러한 자연 법리에 사람들을 순응케 하므로 그 공적은 오래도록 죽백(竹帛), 즉 역사에 남고 그 가르침은 후세에까지 사람들의 마음에 잊지 않게 되었다.

지금 세상은 그렇지가 않아서 배곯은 데 먹을 것을 주기는 고사하고 도리어 주었던 것을 빼앗고 있으며 헐벗은 데 입을 것을 주기는 고사하고 도리어 주었던 것을 빼앗는 형편이니 배곯고 떨어서야 옛날 맹분(孟賁)이나 하육(夏育)과 같이 용기 있는 사람이 있다 한들 어찌 행할 수 있겠는가. 이와 같이 나라를 다스리되 자연 법리를 무시하면 아무리 잘하려고 해도 잘되지 않을 것이다. 굳고 강한 용기 있는 사람도 그 법령을 능히 지켜 행할 수 없게 된다면 위에 있는 인군도 자연 불안하게 될 것은 말할 것도 없을 것이다. 또 인군이 몹시 욕심이 많아 백성에게 세금을 무겁게 매기고 출렴(出斂)을 많이 만들어내라 졸라대면 백성들은 갖고 있는 것이 없으니 무유(無有)로 대할 수밖에 없이 될 것이다. 다시 말해 생활할 수 있는 일정한 재산이 없는 백성은 떳떳한 마음도 떨어져 극한에 이르면 인군에게 대항하게 될 것이다. 타고 가는 수레나 배가 이렇게 불안전하다면 백성들은 어찌 그 배나 수레를 사용하려고 하겠는가. 모든 공업(功業)도 중지될 것이며 모든 공명도 추락되고 말 것이다.

들건대 옛날 명의편작(名醫扁鵲)은 심한 병을 치료할 때 칼로 환자의 뼈를 도려냈으며 성인은 위험한 나라를 구원할 때 충언으로 인군의 귀를 때렸다고 한다. 뼈가 도려지면 잠시는 몹시 아프지만 이것으로 건강이 길이 몸에 남을 것이며 귀에 거슬리면 잠시 불쾌한 심사는 마음에 있을 것이나 오랜 복리는 나라에 있게 될 것이다. 그렇다면 심한 환자의 건강 회복은 수술에 대한 아픔을 참는 데서 얻어질 것이며 잘못되어 가는 나라의 구원은 충고에 대한 불쾌를 달게 받는 데서 얻어질 것이다.

환자로서 수술에 대한 아픔을 잘 참는다면 편작은 자기의 기술을 다해줄 것이며 위험에 빠진 인군으로서 충고에 대한 불쾌를 잘 견디어준다면 자서(子胥)는 그 충성을 아끼지 않을 것이다. 이와 같이 아픔을 견디고 거슬림을 받아주는 데서 신체는 장수하며 국가는 안전해질 것이다. 만일 병들어서도 잠시 아픔을 참지 못한다면 편작의 묘술을 받을 기회를 놓칠 것이며 나라가 어지러워도 충언을 받아들이는 아량(雅量)이 없으면 성인의 뜻을 잃게 될 것이다. 이렇게 되면 만대의 복리도 끊어질 것이며 천추의 공명도 사라질 것이다.

또 인군이 된 자가 요·순과 같이 성군이 되려고 하지 않으면서 신하에게만 오자서와 같은 충신이 되기를 바란다면 이것은 은왕주(殷王紂)와 같은 폭군시대에 은나라 사람으로 하여금 다들 비간(比干)과 같은 충신이 되기를 바라는 격으로 이는 불가능한 일이다. 그 이유는 자신이야 인군의 노릇을 잘하건 못하건 사람들은 다들 비간과 같은 충신만 있게 된다면 인군 된 자는 나라를 잃지 않을 것이다. 그러나 인군은 현재 권력을 잡고 있는 신하로 하여금 전성자(田成子)와 같은 역도(逆徒)가 되지 않도록 하지 못하면서 오직 권력을 잡지 못하고 있는 신하들로 하여금 다들 비간과 같은 충신이 되기를 요구한다면 이는 모순인 것이다. 이래서야 어찌 나라가 평온하기를 기대할 수 있겠는가.

요·순과 같은 성군은 나오지 않고 걸·주와 같은 폭군만 서게 되면 백성들은 자기의 지능을 발휘하고 자기의 결함을 고쳐가면서 살

만한 즐거움을 얻지 못하게 된다. 사람들이 자기의 지능을 발휘할 기회가 없다면 국가에 공을 세울 수 없을 것이며 자기의 결함과 시대의 불행을 참고 지키고 있다면 살아도 사는 즐거움이 없어진다. 이와 같이 공이 없는 정치로 낙이 없는 백성을 다스린다는 것은 거의 불가능한 일이 될 것이다. 이렇게 되면 국가의 상하질서는 혼돈에 빠지게 될 것이다.

생각건대 국가의 안위는 시비를 밝히고 밝히지 못하는 데 달려 있고 강하고 약한 데 있지 않으며 국가의 존망은 국력이 충실한지 충실하지 못한지에 달렸고 국민의 수가 많고 적은 데 있지 않다. 그 실례를 들어본다면 제(齊)는 만승대국이었지만 인군과 신하의 명실(名實)이 분명치 못하여 인군은 그 존엄함이 국내에 알려지지 않고 도리어 신하들이 명과 실을 장악하였기 때문에 전성자(田成子)가 마침내 그 인군의 자리를 빼앗고 말았다. 걸송(桀宋), 즉 전국시대 송강왕(宋康王)은 시비를 가리지 못하고 마구 상을 주었으며 모략하고 알랑거리는 소인의 무리들은 거짓을 꾸며 영광을 얻게 되고 마구 죄를 주어 선천적인 곱사등을 쪼개는 폭정이 베풀어졌다. 꾸며내는 거짓은 옳게 인증되고 천성의 정직은 도리어 그르게 여겨지는 폭정이 난무하여 소(小)로써 대(大)를 이길 수 있게 될 것이며 신하로서 인군을 죽이고도 남게 되는 화를 초래하게 되는 것이다. 그러므로 일국의 안위는 법치 여하에 말하게 되며 사직의 존망은 실력 여하에 달릴 것이다. 그러므로 명군들은 국내의 수비를 굳게 하고 있기 때문에 밖으로 변경에 땅을 잃을 일이 없다. 그러나 안으로 조정에서 정권을 잃고 밖으로부터 적국의 침해를 당하지 않는 나라가 있음은 일찍이 듣지 못하였다.

옛날 주무왕이 은(殷)을 빼앗은 것은 마치 잃어버린 물건을 뜰에서 줍는 것같이 하였다. 그때 만일 은주왕(殷紂王)이 조정에서 유실됨이 없었던들 주무왕은 감히 털끝만치의 땅을 변경에서 침략하지 못했을 것이다. 하물며 천위(天位)의 자리를 바꾼다는 것은 생각조차 할 수 없는 것이다.

명군의 정치는 사람들로 하여금 그 법도를 충실하게 지키게 한다. 그 법을 성심성의로 만들며 백성도 이를 충실히 지키고 따라서 후세에 길이 그 성덕을 사모하게 된다.

요임금은 교칠(膠漆)과의 약속은 하지 않았지만 그 치도(治道)는 당세에 행해졌으며 순임금은 극히 작은 땅도 갖지 않고서 후세에 이르기까지 그 성덕을 찬미하게 되었다. 이와 같이 치도를 오래오래 남기고 성덕을 후세에 전함을 일러서 명주(明主)라고 한다.

제22편 수도(守度)

인군이 나라를 다스리는 길은 오직 법도를 지키게 하는 데 있다. 예로써 옛날의 용맹자이던 맹분과 하육이란 두 사람과 도척이란 심한 탐욕자를 자주 말했음을 이해하기 바란다.

성왕(聖王)이 법을 제정함에 있어 상(賞)을 주어 선행을 권면하며 벌을 주어 포악을 제지하기에 족하며 그 마음의 준비는 법령을 완수하기에 족하였다.

이러한 치세에 처해 있는 신하로서 공이 많음으로써 위세가 높아지며 노력함으로써 상이 있으며 충심을 바친 자에게는 명예가 또한 아름다워진다. 이리하여 사랑해서는 훈훈한 봄바람에 다시 살아나듯이 미워해서는 쌀쌀한 가을 찬 서리에 초목이 떨어지듯이 신상필벌의 기상과 정신을 그대로 보여주게 된다. 이러한 군신관계를 말하여 상하상득(上下相得)이라 한다. 즉, 인군은 진정을 바치는 신하를 얻었고 신하는 또한 알아주는 인군을 만난 것이다. 이와 같은 상하상득의 기운이 돌고 있어 인군을 보필하는 중신들은 정당한 일과 법도에 충실하여 그 곧고 강직하기가 옛날 임비(任鄙)와 같기에 힘쓰며 적에 대항하여 싸우는 군사들은 죽기를 결단하고 옛날의 용맹으로 이름난 맹분(孟賁)이나 하육(夏育)이 되기를 원하고 충성과 절개를 수도하는 선비들은 금석과 같은 굳은 마음을 품고 옛날의 충신 오자서(吳子胥)의 충절에 죽기를 맹세한다. 이러한 아름다운 인화 속에 있는 인

232

군은 베개를 높이 하고 몸만 잘 지키면 될 것이다.

옛날 잘 다스린 인군들은 중벌로 경죄를 다스리고 엄형으로 소죄를 다스렸다. 이것은 법의 근본정신인 이형거형(以刑去刑)이며 이죄치죄(以罪治罪)인 것이다. 이렇게 하므로 간사한 소인들은 군자의 행실을 따라가기에 힘쓰며 천하에 지독한 도둑인 도척(盜跖)이라도 청렴결백으로 이름 있는 증자(曾子)나 사어(史魚)와 같이 청렴해지려고 힘쓰게 된다. 무엇으로 이렇게 말할 수 있으며 또 알 수 있는가를 생각해보라. 사람은 자기 생명과는 천하라도 황금이라도 바꾸지 않는다. 아무리 지독한 탐도(貪盜)인 도척일지라도 떨어지면 다시 기어 나올 수 없는 험준한 골짜기에서 황금노다지를 캐지 않는다. 왜냐하면 황금에 욕심 없는 것은 아니지만 골짜기에 달리어 황금을 캐기 전에 벌써 몸은 이 세상에서 없어지기 때문이다.

천하에 무서울 것 없는 맹분과 하육일지라도 상대방의 힘을 알지 못하고는 섣불리 자기의 용맹을 발동하지 못할 것이다. 도척이 아무리 탐심이 강해도 훔쳐낼 낌새가 안전하기를 계산하지 않고서는 그 탐심을 실행으로 옮기지 않는다. 여기에 착안한 명군들은 백성에게 반드시 법을 지키게 함으로써 아무리 용맹이 강한 맹분과 하육도 이 법 앞에서는 능히 이길 수 없어서 굴복하게 되니 아무리 탐심이 지독한 도척일지라도 이 법 앞에서는 꺾여 손해를 보게 하였다. 이와 같이 맹분과 하육도 감히 범할 수 없도록 금하며 도척도 감히 가질 수 없도록 지키는 것이다. 이렇게 하여 사나운 자도 이 법 앞에서는 경계하게 되며 맹분하육과 같은 거물의 용자도 조심하게 되며 도척과 같은 거도(巨盜)의 두목도 바르게 된다면 천하는 공정평화해질 것이다.

그런데 세상 인군들이 그렇지 못하여 멋대로 법을 버리고 자기주장만 내세우고 백성들의 소리는 듣지 않고 있다. 이들도 마음속으로는 어떻게 하면 백성들의 마음을 백이숙제(伯夷叔齊)와 같이 청렴한 사람으로 만들까 하고 생각을 하고 있으나 사실은 정반대로 역도와 도둑을 길러 걷잡을 수 없는 중대한 화를 만나게 되는 것이다. 그럴 수밖에 없는 것이 지금 이 세상에 백이숙제와 같은 사람은 백 년에 한 사람도 만나지 못하지만 전성자나 도척 같은 사람은 어느 때 어느 곳에서도 만날 수 있기 때문이다. 그러므로 법으로 백이숙제를 만들고 법으로 전성자 도척을 없애야 한다. 나라에 입법도량(立法度量)이 잘 시행되어 신용이 있다면 백이숙제는 그 옳은 것을 잃지 않을 것이며 도척은 그 그른 것을 세우지 못할 것이다.

법이 철저하면 세상 사람들은 자기의 지혜와 능력을 내세우고 그렇지 못한 불초자의 지위와 권리를 빼앗지 못할 것이다. 또한 힘셈을 자랑해서 약한 자를 침해하지 못하고 작당해서 고독한 자를 누르지 못하게 될 것이다.

국가를 요(堯)의 법에 부탁한다면 정사(貞士)는 그 분위(分位)를 잃지 않을 것이며 간인(姦人)은 그 요행을 바라지 못할 것이다. 천금을 궁술의 명수인 예(羿)의 화살에 매달아놓으면 백이숙제도 도둑을 맞지 않을 것이며 도척이라도 감히 이를 훔치려고 하지 못할 것이다. 왜냐하면 요는 간악한 무리를 색출하는 데 밝았으므로 천하에 악당이 없고 예는 활을 쏘아 빗나감이 없으므로 천금을 잃을 리 없는 것이다. 천하에 악당이 길지 못하며 도척도 없어진다. 이렇게만 되면 그림에 재여(宰予)를 싣지 않고 육경(六卿)을 들지 않을 것이며 서(書)에 자서(子胥)를 나타내고 부차(夫差)를 밝히지 않을 것이다. 왜냐하면 세상은 제대로 되어 서로 빼앗고 때리고 망하고 없어지는 비참한 일이 없기 때문에 이러한 일에서 악이건 선이건 등장하였던 사람을 그림에서나 글에서나 알릴 것이 없다.

또 싸움에 유명하던 손자(孫子), 오자(吳子)가 남긴 지략도 모략도 필요 없이 되어 폐지해 버리고 도척과 같은 흉측한 마음을 가진 자들은 감추어지므로 인군은 구중궁궐 옥당(玉堂) 안에 편안히 앉아 달콤한 그날그날을 보내기에 바빠 눈을 부라리고 이를 갈면서 빼앗으려는 흉악한 환난에 만날 겨를이 없을 것이다. 신하는 탄탄히 만들어진 금성(金城)을 걷어붙이며 입술에 거품을 뿜으면서 욕지거리를 하거나 실패에 탄식을 연발하는 화근도 없을 것이다. 참으로 잘 살 수 있는 세상이 될 것이다.

범을 놀리는 자는 우리를 짜서 범을 가두며 사람을 다스리는 자는 법을 만들어 악을 막는다. 만일 범을 다룰 때 우리를 사용하지 않는다거나 악을 막을 때 법을 쓰지 않는다거나 거짓을 방지하여 부계(符契), 즉 증표를 쓰지 않는다면 비록 맹분하육의 용기를 갖더라도 법을 다루지 못할 것이며 요·순과 같은 성지자일지라도 다스리기 어려울 것이다, 우리를 짜서 범을 가두는 것은 범이 쥐에게 해를 당할까 무서워서 대비하는 것은 아니고 비록 연약하고 겁이 많은 부녀자 또는 아이들도 능히 범을 지배할 수 있게 하기 때문이며 법을 만들어 악을 막는 것은 증자(曾子)나 사어(史魚) 같은 선량한 사람들이 법을 범할까 이것을 피하는 것이 아니고 비록 용렬한 인군일지라도 능히 전성자 도척과 같은 악인을 제재하기 위해서이며 또 부계를 만들어 거짓을 막는 것은 신용을 지켜 다리의 기둥을 앉고서 홍수에 빠져 죽은 미생(尾生)과 같은 정직한 사람에 대비하기 위해서가 아니라 백성들로 하여금 서로 속이지 않게 위해서이다.

인군은 세상에 드물게 있는 옛날 비간(比干)과 같이 절개에 죽은 사람이 있기를 바라지 말며 또 세상에 흔해빠진 난신들의 거짓 없기를 요행으로 하지 말고 비록 겁이 많고 마음이 약한 자일지라도 능히 강폭을 굴복시킬 수 있는 법을 믿으며 비록 용렬한 인군일지라도 능히 흉악을 제지하고 지위를 지킬 수 있는 법과 권세를 확실히 장악하게 한다. 이와 같이 법술은 통치의 근간이며 힘인 것이다.

오늘날 인군을 위하여 충성된 계책을 세우며 천하를 위하여 백성에게 복리를 맺어주려는 자에게 이보다 더 훌륭하고 효과적인 계획은 없을 것이다. 이렇게 할 때 인군은 망국자의 그림에 오르지 않을 것이며 충신은 실신(失身)자의 화제(畵題)에 쓰이지 않을 것이다. 반드시 지위가 높아지고 반드시 상을 준다는 법이 밝아지면 사람들은 법도에 진력할 것이며 관직에 목숨을 걸게 될 것이다. 맹분하육도 법 앞에는 그 용맹이 쓸모없어지고 사람은 누구나 죽음으로써 삶을 바꾸지 않게 될 것이며 도척도 법 앞에서 그 탐욕을 부리지 못함은 재화보다 신명을 귀중하게 여기기 때문이다. 이와 같이 나라를 지키는 도리는 준비되었다고 장담할 수 있을 것이다.

제23편 용인(用人)

이 편에서는 용인의 요령을 법으로만 할 것이 아니라 실효를 구하는 데 있음을 말한다.

사람을 쓰는 요령은 한갓 법으로만 할 것이 아니라 실제 효과를 구하는 데 있다. 들건대 자고로 사람을 쓸 줄 아는 인군은 반드시 순천순인(循天順人)을 하였다. 즉, 하늘이 주시는 때를 좇고 인심의 소재와 동향을 살펴서 상벌을 분명히 하였다. 순천하면 과히 힘을 쓰지 않아도 효과는 클 것이며 순인하면 형벌을 덜하고도 금령은 지켜지는 것이다. 상벌이 분명할진대 백이(伯夷)의 청렴과 도척의 탐욕이 혼동할 리 없으며 세상의 흑백이 가려질 것이다.

일을 해보려는 신하는 공적을 말함으로 지위와 관등을 받게 될 것이며 또는 맡은 직무에 자기의 재능을 보임으로써 신임을 받게 된다. 이리하여 신하는 각기 재능에 따라 적당한 배치를 얻으므로 관직을 넘지 말며 소임을 소홀히 하여 하찮게 여기는 마음을 갖지 말 것이며 또는 맡은 일이 많다고 하여 책임을 인군에게 돌려서는 안 될 것이다. 이렇게 단속함으로써 안으로는 내심 원망을 품는 근심이 일지 않을 것이며 밖으로는 적에 내통하는 환난도 없을 것이다.

명군은 신하에게 일을 시킴에 있어 서로 간섭하지 못하게 함으로 다투지 않게 하며 또는 신하에게 한 몸에 두 개의 짐을 지지 않게 함으로 기술을 기르고 사람의 우열을 보아 일을 줌으로 서로 다투지 않게 한다. 이와 같이 쟁송(爭訟)이 그치고 기장(技長)이 서게 되어 강한 지와 약한 자가 붙을 리가 없고 애당초 맞지 않는 자가 자리를 함께할 리가 없다. 이리하여 온 백성으로 하여금 강약, 우열, 지우, 현불초(强弱, 優劣, 智愚, 賢不肖)로서 서로 상처를 받지 않게 하는 것은 용인치술의 중요 요령인 것이다.

인군이 법술을 버리고 마음이 내키는 대로 일을 처단한다면 비록 요(堯)와 같은 성지자라도 한 나라를 다스리지 못할 것이며 법도를 버리고 제 뜻대로 아무렇게나 한다면 비록 해중(奚仲)과 같은 명공(名工)일지라도 한 수레바퀴도 만들지 못할 것이며 척도(尺度)를 폐하고 목측(目測)을 해서 길고 짧음을 가름한다면 비록 정확하기로 유명한 왕이(王爾)일지라도 꼭 중앙을 잡지 못할 것이다.

평범한 인군일지라도 법술을 지키며 서툰 공인(工人)이지만 규구(規矩)와 척도를 잡는다면 좀처럼 실수가 없을 것이다. 그러므로 인군은 현자도 명공도 할 수 없는 것을 버리고 평범하고 서툴지만 정확을 기할 수 있는 법술과 척도를 지킨다면 사람들은 있는 힘을 다해 줄 것이며 공명(功名)은 저절로 얻게 될 것이다.

명군은 상벌을 설정하여 사람을 선으로 인도하며 벌을 전시하여 악을 피하게 한다. 이것이 명군으로 하여금 상을 마련하고 벌을 설정하는 근본취지인 것이다. 그러므로 현자는 상에 힘써서 억울하게 오자서(吳子胥)가 오왕부차(吳王夫差)에게 불행한 꼴을 만나지 않으며 불초한 자도 죄를 피하며 천성적인 등곱새도 송강왕(宋康王)에게 무참하게 등의 쪼갬을 당하지 않았을 것이다. 앞을 못 보는 장님은 평지에서 깊은 골짜기로 떨어지지 않을 것이며 우둔한 자 또는 불구자도 각기 분수를 지키고 위치를 지켜 위험한 곳에 빠지지 않을 것이다. 이렇게 자연 위치를 따라 사람을 쓴다면 상하에 진심이 통하고 은덕이 맺어 매사는 형통해질 것이다.

옛사람이 말하되 사람의 마음은 알기 어렵고 감정은 중용을 잃기가 쉽다고 하였다. 그러므로 성인은 이러한 결함을 막기 위하여 푯대를 세워서 직접 눈으로 보게 하고 종을 울려서 직접 귀로 듣게 하며 법을 만들어서 직접 마음을 가르친 것이다. 인군이 된 자는 이처럼 명백하고도 행하기 쉬운 세 개의 법술을 버리고 알기 어려운 마음을 믿고서 다스리려고 하기 때문에 일에 공정을 잃고 실수를 하게 되어 위로는 군주가 신하에게 노여움을 쌓게 되며 아래로는 신하가 군주에게 원망을 쌓게 된다. 쌓인 노여움으로 쌓인 원망을 거느리게 될 때 어찌 충돌이 일어나지 않겠는가. 이것은 군신 모두를 위험에 빠지게 한다.

명군이 세우는 푯대는 보기가 쉬움으로 신상필벌의 규약은 성립되고 교령은 알기 쉬움으로 그 말은 쓰이고 그 법은 행하기 쉬움으로 금령은 지켜진다. 이와 같이 눈에 보이고 귀에 들리고 마음에 일러주는 이 세 가지가 성립되고 위로 인군이 공평무사한 일을 행하게 되면 아래로 신하는 정해진 법에 따라 일을 다스리게 되며 세워진 푯대를 바라보고 움직이며 그어진 먹줄대로 깎으며 접힌 혼솔을 좇아 꿰매게 될 뿐이다. 이렇게 질서가 확립됨으로써 위로는 인군이 멋대로 위엄을 부리는 독기가 없어지고 아래로는 신하에게 우둔하고 서툴러 벌 받는 일은 없을 것이다. 이렇게 되자 인군은 총명하여 신하에 대해서 까닭 없이 노하지 않을 것이며 신하는 진심과 충성을 다하여 죄가 되는 일은 하지 않게 될 것이다.

듣건대 일을 행하여 걱정이 없음은 요·순도 불가능했다. 세상에는 전혀 일이 없을 수 없다. 부단히 무엇인가 일어나고 있는 것이다. 그러므로 인군이 작록과 부귀를 소중히 여겨 나누기를 잘하지 못하면 국가의 위난을 구원치 못할 것이다. 그래서 명군들은 백성에게 염치를 권면하고 바르게 살고 인의를 높이 들어 부정과 부패가 없는 명랑한 백성을 만들려고 한다.

그런데 옛날 개자추(介子推)란 사람은 인군으로부터 아무런 작록도 받지 않았지만 오직 마음에서 끓어오르는 붉은 마음과 의리로 진문공을 따라 망명도생에 같이 올랐다. 도망치는 도중에 문공은 며칠을 먹지 못하고 마시지도 못하여 문자 그대로 몹시 배고프고 목이 말랐다. 이를 본 개자추는 인자한 마음을 누를 수가 없어 허벅다리의 살을 떼어 짐승의 고기라고 속여서 문공에게 올렸다. 그 뒤 문공은 본국으로 돌아와서 개자추의 충성과 은덕에 깊이 감동하여 글로 그림으로 개자추의 충성을 널리 후세에 오래도록 전하였다.

대개 인군의 기쁨은 신하들이 자신을 희생하면서 인군 또는 나라에 힘을 다해주는 데 있으며 신하들이 야욕에 눈이 멀어 인군의 위엄을 빼앗으려고 하는 데 고통을 느낀다. 또 신하는 자기 재능에 맞는 직을 받는 것을 좋아하고 한 몸에 두 짐을 지는 것을 고통으로 여기게 된다. 그러므로 명군은 이러한 신하의 고통을 덜어주는 데 애쓰며 신하는 이러한 인군의 소망을 채워주기에 힘쓰게 된다. 현군과 명신 상하의 이익이 이보다 더 좋을 수는 없다.

그런데 지금의 인군 중에는 신하들의 이러한 심정과 가정형편을 모르고 있으며 중대한 일을 가볍게 생각하고 하찮은 경죄를 무겁게 다루며 작은 잘못을 오래 기억하면서 사람을 두고두고 업신여기며 괴롭히기를 좋아하며, 필벌로 다스려야 할 자를 도리어 덕으로 갚으므로 법의 위신이 말이 아니다. 이것은 마치 자기 손을 자기가 끊고 이것을 옥(玉)으로 기우는 것과 같다. 세상에는 간악한 신하가 많아 이와 같이 인군의 자리가 박탈당하는 경우가 없지 않다.

인군이 신하에게 감내하기 어려운 일을 명령하고 이것을 하지 못할 때 책망하거나 벌을 주면 그 신하는 인군을 원망하게 되며 또 신하가 자기의 재능대로 일을 못 받고 딴 일에 종사하게 되면 내심 신하는 인군을 원망하게 되며 신하가 수고를 해도 위로할 줄 모르며 신하에게 불행한 일이 있어도 동정할 줄 모른다. 인군이 기쁠 때는 소인도 마구 칭찬하여 현자나 불초자를 가릴 것 없이 함께 상을 주며 마음에 거슬려서 노하게 되면 군자라도 마구 헐뜯어 청렴한 백이와 도둑놈 도척을 가릴 것 없이 함께 욕을 보인다. 이와 같이 인군의 행위가 정상적이지 않으면 인군에게 배반하는 마음을 가지게 될 것이다.

예를 들건대 연왕(燕王)으로 하여금 안에서는 자기 백성을 미워하게 하고 밖으로 노국 사람을 사랑하게 한다면 어찌 될 것인가? 아마 연인을 자기 인군이라 하여 복종하려는 마음도 생기지 않을 것이며 나랏일에 애써 공을 세우려고 하지 않을 것이다. 또한 노국 사람들은 다른 나라 인군으로 자기들을 사랑해주므로 고맙기는 하나 그렇다고 하여 생명을 던져가면서 봉사해줄 리는 없을 것이다.

이렇게 되면 연인은 인군으로부터 미움을 받기 때문에 힘을 다해 그 직에 힘쓰지 않을 것이며, 또한 노국 사람들에게도 환영을 받지 못하여 결국은 안팎으로 손해를 보는 고립무원의 인군이 된 것이다. 이와 같이 틈을 엿보는 신하로써 고립 무원한 인군을 섬기게 되면 매우 불안하고 위태(危殆)로운 일이다.

활을 쏘는 자가 푯대를 세우지 않고 캄캄한 밤에 아무렇게나 쏘아

댄 화살촉이 극히 작은 물체를 맞췄다면 이 사람을 활을 잘 쏘는 명수라고 할 것인가? 그와 마찬가지로 인군이 된 자가 분별없이 노하여 사람을 마구 살육하고 죄를 준다면 벌을 잘 주는 무서운 인군이라 할까? 이것은 법에서 벌주는 것이 아니고 미쳐서 사람을 해치는 것으로 악인들은 무서워하지 않는다. 가령 죄는 갑(甲)에게 생겼는데 화는 을(乙)에게로 돌아간다면 사람들은 내심으로 원망이 맺어질 뿐이다.

그러므로 지치(至治)의 나라에는 정당한 상벌이 있을 뿐이고 인군의 감정발로인 희로(喜怒)에서 주어지는 상과 벌은 없는 것이다.

성인은 법을 다룸에 있어 형법으로 소정의 죄량(罪量)에 따라 비록 극형에 처하는 일은 있으나 잔인하게 독사가 쏘듯이 독으로써 사람을 괴롭히지는 않으므로 악인들도 이 공정하고 인간적인 법에 복종하게 된다.

화살 위를 떠난 화살은 과녁을 맞히고 집행하는 상벌은 병부에 해당되면 이는 성군인 요(堯)가 다시 이 세상에 난 것이고 명인인 예(羿)가 다시 사대(射坮)에 선 것이다. 이렇게 정확하고 질서가 잡혀 있다면 위로 은주하걸(殷紂夏桀)이 잘못하여 추방당하는 환난이 없을 것이며 아래로 인군을 못 만나 심장을 쪼개는 재화는 없을 것이므로 인군은 베개를 높이고 신하는 일에 즐길 것이다.

군신의 도(道)는 천지를 덮고 군신의 덕은 만세에 닿아서 그야말로 태평성대 살기 좋은 세상이 될 것이다.

대개 인군들은 구멍을 파는 쥐는 잡을 생각을 하지 않고 담장을 겉치레만 해서 백토와 적토를 바르기에 노력을 들이나 하루아침에 불어오는 폭우질풍에 견디지 못하고 반드시 무너지고 말 것이다. 이와 마찬가지로 눈앞에 닥쳐오는 화를 제거하지 않고 오직 맹분과 하육이 사력을 다해서 지켜주기를 바라며 울타리 안에서 생기는 근심을 조심하지 않고 오직 금성철벽(金城鐵壁)으로 국경만을 굳게 한다. 또한 좌우에 있는 현신들의 헌책(獻策)은 쓰지 않고 오직 천 리 밖에 맺고 있는 대국의 힘만 믿는다면 돌개바람이 하루아침에 불어올 때 맹분이나 하육의 용기는 미처 구원하지 못할 것이며 대국의 친교도 미처 이르지 못할 것이니 재화가 이보다 더 클 수는 없을 것이다.

세상에서 인군을 위하여 충성과 계책을 바치는 자들은 반드시 연왕이 노국인을 기쁘게 한 어리석은 짓이 없게 해야 할 것이다. 오늘의 인군으로 하여금 까마득한 옛날 성현의 한 일만을 사모하지 않게 할 것이며 먼 월나라에 있는 헤엄 잘 치는 사람이 중국에 빠진 자를 구원하려는 당치도 않는 생각을 버리도록 해야 할 것이다. 이렇게 하면 상하는 친해지고 안으로 공을 세울 수 있고 밖으로 이름도 날리게 될 것이다.

제24편 공명(功名)

공명을 세우는 요건으로 인화와 지위를 말하였다. 명군들이 말하는바 얻은 공명에는 네 가지 요건이 있으니 첫째, 천시(天時)를 얻고 둘째, 인심을 얻고 셋째, 기능을 갖고 넷째, 세위(勢位)를 잡으면 공명(功名)을 세운다.

천시를 얻지 못한다면 비록 요·순과 같은 성지자도 겨울에 밭을 갈아서는 한 이삭도 얻을 수 없을 것이며 인심에 거슬린다면 비록 맹분이나 하육과 같은 용맹자가 있더라도 힘으로는 한 사람의 마음도 끌지 못할 것이다. 그러므로 춘시를 만나면 그리 힘을 들이지 않고도 이삭이 난다. 인심을 얻으면 시키지 않아도 사람은 자진해서 할 것이다. 기능이 있다면 서두르지 않아도 일은 빨리 행해진다. 세위를 얻으면 자신이 가만있어도 공명은 이루어진다.

마치 물은 아래로 흐르기 마련이며 배는 물 위에 뜬다. 자연의 법리를 지키고 무궁한 명령을 행할 수 있음을 말하여 명군이라 한다. 대체 사람은 남보다 훨씬 뛰어난 재능을 갖고 있더라도 때를 만나지 못하면 아무리 현재(賢材)라도 어리석고 못생긴 사람조차 지배할 수 없게 된다. 가령 한 자 남짓한 짧은 나무일지라도 높은 산 위에 세우면 능히 천 길의 골짜기를 내려다볼 수 있다. 이것은 그 나무가 길어서 그런 것이 아니고 그 서 있는 위치나 높이 때문이다. 폭군인 하왕 걸(夏王桀)도 천자라는 높은 지위에 있었기 때문에 잘했든 못했든 능히 천하를 지배하게 된 것이다. 걸(桀)이 현재(賢材)이기 때문이 아니라 처해 있는 지위가 컸기 때문인 것이다.

요임금도 그때 보잘것없는 하나의 필부(匹夫)로 있었다면 능히 천하에 천자가 되기는 고사하고 감히 이웃사람 두서너 집도 그의 명령을 듣지 않았을 것이다. 이것은 요임금이 어리석고 못생겨서 그런 것이 아니고 처해 있는 지위가 낮기 때문인 것이다.

천균(千鈞, 균은 근(斤)으로 통함)의 무거운 무쇠뭉치도 배에 실으면 물 위에 뜰 것이고 치수(錙銖, 아주 작은 무게)로 아주 가벼운 물체라도 배를 잃으면 물속으로 가라앉을 것이다. 이것은 천균의 무쇠뭉치가 가벼운 것이 아니며 치수가 무거운 것은 결코 아니다. 세를 얻었느냐, 얻지 못했느냐에 관계된 것이다. 그러므로 짧은 나무로 천 길의 골짜기를 볼 수 있는 것은 서 있는 위치가 높기 때문이며 불초한 인군이 현능한 사람을 부릴 수 있는 것은 지위와 세력이 컸기 때문이다.

인군은 천하대중이 힘을 합해 같이 받들고 있으므로 그 위치는 매우 안전하며 국민대중이 마음을 같이하여 세웠으므로 그 지위는 매우 높은 것이다.

이리하여 신하는 자기의 장점과 자기의 재능을 다하여 충성을 바치고 인군을 높이며 인군은 또한 이러한 충신을 거느리고 있으므로 장락(長樂)이 있고 공명을 이루는 것이다. 이는 명실이 서로 합쳐서 이루어진 것이며 인군과 신하는 마음과 뜻이 서로 응해서 세워진 찬란한 결과인 것이다. 이러므로 인군과 신하는 목적하는 바는 같으나 부리는 것과 부림을 당하는 것은 다른 것이다. 그래서 인군으로 항상 근심하는 것은 인군이 하는 일에 신하가 응해주지 않을까 염려하는 것이다. 고장난명(孤掌難鳴)이란 말이 있듯이 아무리 한쪽 손으로 쳐서 비록 빠르게 해도 소리가 나지 않는다. 이와 마찬가지로 인군과 신하는 서로 손을 잡고 같이해야 일을 할 수가 있는 것이다. 또 신하의 걱정은 하나가 되지 않는 데 있다. 가령 오른손으로 원형(圓形)을 그리면서 동시에 왼손으로 방형(方形)을 그린다면 원형도 방형도 다 그려지지 않는다.

인군이 원형을 그릴 때는 신하는 방형을 그려야 할 것이다. 이와 같이 일을 할 때는 각기 놀지 말고 인군과 신하는 하나가 되어야 할 것이다. 그러므로 잘 다스려지는 나라는 비유하면 인군은 북채와 같고 신하는 북과 같다. 북채로 북을 울려야만 북은 소리를 낼 수 있는 것이다. 또 기능은 수레와 같고 일은 말과 같다. 그러므로 신하에게 일하고 남는 힘이 있으면 잘 응해줄 것이며 기술에 남는 재주가 있으면 일을 운영하는 데 편리할 것이다. 공을 세우려 하는 인군은 힘이 남더라도 만족하게 여기지 않을 것이며 어떠한 친교가 있더라도 이것으로 서로 믿는 데 만족하게 여기지 않을 것이며 또 공명을 이루려고 하는 자는 세가 많더라도 만족하게 여기지 않을 것이다. 왜냐하면 가까이 있는 자와는 이미 가까워졌지만 멀리 있는 자와는 아직 친선이 맺어져 있지 않다면 이는 명실상부하게 국교친서라고 할 수 없기 때문이다.

인군에게 요·순의 성덕이 있고 신하에게 백이의 청렴이 있더라도 위세가 천하에 실리지 않으면 공은 세울 수 없고 이름도 낼 수 없는 것이다.

예로부터 공명을 이룬 자는 많은 사람들이 힘을 모아 도와준 것이다. 가까이 있는 자는 그 성공에 결부되어 신의를 맺으며 멀리 있는 자는 그 고명(高名)을 찬미하고 위세를 따른다. 그리하여 지방에 있는 거족(巨族)이나 호걸들은 모두 그 세력을 추존하게 된다.

이렇게 하여 태산에 비할 수 있는 대업을 국가에 길이 서게 되며 해와 달과 같이 혁혁한 이름이 오래 천지에 남게 된다. 이것은 요(堯)가 남면(南面, 임금이 앉는 자리 방향)해서 천자의 이름을 지킨 것이며 순(舜)이 북면(北面, 임금이 남면하여 앉은 데서 신하로서 임금의 섬김을 이르는 말)해서 신하로서 공을 바치게 된 것이다.

제25편 육반(六反)

공사(公私)의 명실상반(名實相反)되는 육개조(六個條)를 들어 허명(虛名)을 천하게 보고 실행(實行)을 귀하게 할 것을 논함.

죽는 것을 두려워하고 어려움을 멀리하려는 자는 싸움터에서 항복하기나 패주하는 백성이다. 그런데 세상 사람들은 이를 높여서 생을 귀하게 하는 선비라고 한다. 도를 배우고 개인적인 방도를 지켜서 군주에 화합(和)하지 않는 자는 법을 떠나려는 백성이다. 그런데 세상 사람들이 이를 높여서 문학을 하는 선비라고 한다. 농상(農桑)에 힘쓰지 않고 제후의 도움을 받아 넉넉하게 노는(優遊) 사람들은 일하지 않는 것을 찾는 백성이다. 그런데 세상 사람들은 이를 높여서 유능한 선비라 한다. 말솜씨가 좋고 애써 지혜를 꾸미는 자는 거짓을 꾸미는(僞作) 백성이다. 그런데 세상 사람들은 이를 높여서 말 잘하고 지혜로운(辯智) 선비라 한다. 난폭하여 싸우기를 잘하며 인명에 상해를 주는 자는 폭력과 악을 따르는 무리인 것이다. 그런데 세상 사람들은 이를 높여 용기를 겸한 선비라고 한다. 도둑을 놓아주고 간사함을 숨겨줌은 죽을죄(死罪)에 처할 자인 것이다. 그런데 세상 사람들은 이를 높여 약자를 돕고 강자를 물리치는 정의감 있는 대장부의 호탕한 기분을 가진 임협(任俠)의 선비라고 한다. 이 여섯 백성은 세상에서 그릇된 칭찬을 받는 자들인 것이다.

위험을 무릅쓰고 지조(志操)에 따라 죽음은 절개(節介)에 죽는 백성이다. 그런데 세상 사람들은 이를 어리석고 못남으로 여겨 실계무모 (失計無謀, 실책하고 꾀 없는 사람)의 백성이라고 한다. 남는 일에(餘事) 귀를 기울이지 않고 오로지 법령에 따름은 법을 온전히 하는 백성이다. 그런데 세상 사람들은 이를 우열로 여겨 바보 같고 지혜가 없는(樸陋無智) 백성이라 한다. 홀로의 힘으로 스스로 하는(獨力自作) 생활은 이득을 생기게 하는 백성이다. 그런데 세상 사람들은 이를 우열로 하여 능력도 재주도 없는(寡能短才) 백성이라 한다. 착하고 진실하여(嘉尚敦厚) 순수함은 단정하고 솔직한 백성이다. 그런데 세상 사람들은 이를 우열로 하여 미련하고 어두운 백성이라 한다. 임금의 명령을 중하게 여기고 공적인 일을 외경(畏敬)함은 윗사람을 높이는 백성이다. 그런데 세상 사람들은 이를 우열로 하여 마음이 약하고 겁쟁이 백성이라 한다. 도둑을 막고 간사를 그치게 함은 옹폐(壅蔽)를 덜어 윗사람을 밝게 하는 백성이다. 그런데 세상 사람들은 이를 우열로 하여 아첨하고 헐뜯고 속이는 첨유참무(諂諛讒誣)의 백성이라 한다. 이 여섯 백성은 세상에서 무릇 헐뜯는 참소의 백성인 것이다.

간사하고 속이기를 잘하며 보탬이 되지 않는 간위무익(姦僞無益)의 백성이 여섯 종류로서 세상 사람들이 이를 칭찬하는 것이 저렇고 밭을 갈고 싸우고 보탬이 되는 경전유익(耕戰有益)의 백성이 여섯 종류로서 세상 사람들이 이를 헐뜯는 것이 또한 이렇다. 이것을 육반(六反, 공적인 것과 사적인 것, 명분과 실제가 상반되는 것)이라 한다. 벼슬이 없는 포의무관(布衣無官)의 사람이 자기의 개인적 이익에 따라서 그 사람을 좋게 말하면 세상 임금은 이 허튼소리(虛聲)를 듣고서 이를 예(禮)로써 대한다. 그리고 예가 있는 곳에 반드시 작록(爵祿)의 이득이 더해진다. 서민 백성이 자기들의 개인적인 손해에 따라서 그 사람을 헐뜯으면 세상 임금은 세속에 옹폐(雍蔽)되어서 이를 천(賤)히 한다. 그리고 천함이 있는 곳에 반드시 벌하고 죽이는 주륙(誅戮) 해(害)가 가해진다. 필경 명분과 상(賞)은 사사로운 악행으로 벌할 자에 있으며 훼해(毀害)는 공선(公善)으로 마땅히 상(賞)할 자에 미치게 되는 격이다. 이와 같이 되기 때문에 부강을 찾아도 이 어찌 얻어지겠는가? 예로부터 이르되 정치는 마치 머리를 감는 것과 같다. 빠지는 머리카락이 있더라도 반드시 감는 것이 이득이다. 머리가 풀려서 빠지는 털을 버리는 것은 손실 같지만 머리를 생장시키는 더 큰 이득이 있다. 얼마 안 되는 머리카락을 아껴서 총체의 이익을 잊는다면 이것은 고비에 처했을 때의 권도(權道)를 모르는 사람이다. 이와 마찬가지로 소수의 죄인을 형법에 따라 죽이는 것은 다수의 양민을 보전하려는 처리 방도에 지나지 않는다.

침질(鍼)로 종기를 찔러 짜면 아프고 약을 마시면 입에 쓰다. 그렇다고 해서 고통 때문에 이를 행하지 않으면 몸은 건지지 못하고 병은 낫지 않는다. 형벌도 이와 같아서 가해지는 자에게는 쓰라림과 아픔이 많다. 그러나 이것은 부득이한 일이다.

지금 군신상하의 관계는 부자지간과 같은 은혜와 애정이 있는 것이 아니다. 그러므로 법도에 연유하지 않고 오직 도의로써 아래의 간악을 금하려고 하면 반드시 서로 간극(間隙)이 생긴다. 부모와 자식의 관계도 아들을 낳으면 서로가 경하하고 딸을 낳으면 아들보다는 대우(待遇)가 못하게 된다. 남녀 어느 쪽이나 자혜로운 어머니의 회임(懷妊)으로부터 낳은 것이지만 이렇게 구별 짓는 것은 장래의 편익을 생각하며 앞으로 오랜 이익을 계산하기 때문이다. 부모가 자식에게 대하는 것조차 오히려 계산적인 생각으로 서로 대하게 되면 부자의 관계가 없는 군신지간에서는 오직 이해로서 흩어지고 모이게 됨은 당연한 것이다. 그런데 지금 세상의 학자들이 인군에게 말하는 것을 보면 다들 이익을 추구하는 마음은 버리고 서로 사랑하는 길로 나갈 것을 말한다. 이는 인군의 신하에 대한 사랑이 부모의 자식에 대한 사랑보다 더 큰 사랑을 요구하는 것이다. 이는 필경 법술을 말하는 자의 논담사려(論談思慮)에 익지 못하고 다만 인의(仁義)의 피상적인 현상만을 듣고 거짓 속이는 자들로 명군으로서는 받아들일 바가 아니다.

대체로 성인의 다스림은 법금을 강조한다. 법금이 밝으면 관직의 다스림에 있어서 상과 벌을 반드시 행하게 된다. 상벌이 공정하면 백성은 쓰이고 관(官)은 다스려질 것이다. 그 결과 나라는 부유해지고 나라가 부유하게 되면 병력이 강해져서 패왕의 위업은 드디어 이루어진다. 패업은 인군의 큰 이득이며 인군대리(人君大利)를 끼고 정치를 행하게 되며 관에 임하는 자는 제각기 기량에 알맞게 되며 상벌에 사사로운 쏠림(私曲)이 없으면 백성으로 하여금 그 공과 죄에 반드시 상벌이 있음을 명확히 알게 한다. 사민(士民)이 힘을 다하고 죽기를 다하면 공훈은 세워지고 작록은 얻어진다. 작록만 얻어지면 이에 부귀도 이루어진다. 부귀는 신하의 큰 이득이며 인신대리(人臣大利)를 마음에 지니고 직분에 힘쓰게 되며 설사 죽음에 이르는 힘을 쓰더라도 인군을 원망하지 않는다. 이는, 즉 인군은 어질지 않고 신하가 충성하지 않고도 인군은 법금상벌을 바르게 하고 사민은 사력을 다하여 일에 힘쓰게 된다. 이와 같이 상하 이익을 교환하는 조리(條理)를 착실히 지키면 자연 임금에게는 패업이 이루어 질 것이며 신하에게는 부귀의 영광이 있게 될 것이다.

간사함은 반드시 알아야 하고 알면 반드시 목이 베이고 목이 베이면 두 번 다시 일어나지 않는다. 만일 이에 반하여 그 간사에 등한하고 어두워서 알아차리지 못하면 간사는 계속해서 생기게 된다. 이것을 뽑지 않으면 간사함은 더 커간다. 만일 얼마 안 되는 재물일지라도 사람들이 볼 수 없는 으슥한 곳에 내던져두면 증자(曾子)나 사어(史魚)와 같은 고결(高潔)한 사람일지라도 그냥 보고 지나갈지 의문이지만 백량이란 대금을 사람들이 잘 보이는 시중에 걸어놓으면 도척(盜跖)과 같은 도둑일지라도 감히 훔치려 하지 못할 것이다. 이는 세상 사람이 보고 안 보는 데서 갈라지기 쉬운 사람의 마음인 것이다. 그러므로 명군은 나라를 다스림에 있어서 그 감수(監守)를 굳게 하여 그 죄를 무겁게 하고 백성을 사령하는 데 법금으로써 하고 염치도의(廉恥道義)로써 하지 않는다.

어미가 아들에 대한 사랑은 아비의 배는 되지만 아비의 영(令)이 아들에 행해지는 것은 어미의 십 배는 된다. 관리는 백성에 대하여 사랑이 없지만 그 영이 백성에 행해지는 것은 부모의 만 배는 된다. 부모는 사랑을 쌓아도 영은 궁해서 행해지지 않고 관리는 위엄을 쓰지만 백성은 듣고 따른다. 엄함과 사랑의 계산은 이같이 분명한 답을 얻을 수 있다. 또 부모가 자식을 위하여 바라는 것은 어디로 가든지 무엇을 하든지 안전하고 죄에 멀어지기를 바란다. 그런데 임금으로서 백성에 대한 요구는 국난이 있으면 그 사력을 다하고 평화로울 때 그 힘을 산업에 다하게 한다. 부모는 두터운 사랑으로써 자식을 편안함과 이로움으로 인도하려고 하지만 자식은 듣지 않고 인군은 애리(愛利)가 없이 백성을 사력을 구하지만 영은 행해진다. 명군은 이 이치를 알기 때문에 은혜와 사랑의 마음은 기르지 않고 위엄의 세를 알리는 것이다. 어미의 두터운 사랑이 있는 곳에 자식의 실패가 많음은 사랑하고 돕는 정으로 심약하기 때문이며 아비의 은혜와 사랑을 엷게 하여 책동(策動)하는 곳에 자식의 성공을 위한 엄격한 마음이 강하기 때문이다.

지금 한 집안 사람이 산업을 다스림에 있어서 평소에 서로 굶주림과 추위를 참고 노고에 힘써서 대단히 부지런하면 하루아침에 군여(軍旅)의 난(難)·기근(饑饉)의 재난을 당할지라도 궁색을 면할 수 있고 이에 반하여 가내에 있는 자들이 평소에 의식을 삼가지 않고 편안함과 즐거움을 일삼아 사치스러운 생활을 하였다면 하루아침에 천재흉황(天災凶荒)을 만나면 가장 사랑하는 처도 다른 데로 가게 되며 가장 사랑하는 자녀도 팔리어 일가족이 흩어지는 대재앙을 입게 된다. 필경 법도란 먼저는 고난을 후에는 긴 이득을 얻는 것이고 인도(仁道)란 우선 당장의 편함만을 탐하여 후에 궁하게 되는 것이다. 성인은 법과 인의 경중을 따져 큰 이득이 있는 것을 취한다. 그러므로 법의 각박함을 쓸지언정 인의 온정을 버리는 것이다.

학자들은 형벌을 가볍게 하라고 한다. 이는 난망의 술(術)이다. 대체로 상벌을 반드시 행하는 것은 선함을 살아나게 하고 간사함을 금지하려는 까닭이다. 상이 후하면 바라는 것을 빨리 얻을 수 있고 벌이 무거우면 싫은 것을 급히 막을 수 있다. 사람의 마음은 이득을 바라며 반드시 손해를 싫어한다. 손해는 이득의 반대이다. 바라는 것이 반대되면 싫어하지 않을 수 없을 것이다. 바른 정치를 바라는 자는 반드시 어지러움을 싫어한다. 어지러움은 다스림의 반대이다. 따라서 다스림을 매우 바라는 자는 반드시 후한 상을 베풀고 어지러움을 매우 싫어하는 자는 반드시 중벌을 행하게 된다. 지금 형벌을 가

법계 하라는 설(說)을 취하는 자는 어지러움을 그렇게 싫어하는 것도 아니며 따라서 다스림을 그렇게 바라는 자도 아니다. 이러한 자는 다만 술법이 없을 뿐만 아니라 공평하고 의로운 공의(公義)의 실행함이 이지러지고 있는 것이다. 이러므로 어짊·못남·지혜로움·어리석음을 분별하고 진퇴를 좌우함은 상벌의 경중(輕重)에 있을 뿐이다. 그리고 형벌을 무겁게 함은 죄인을 미워서가 아니고 사람으로 하여금 범법하여 형벌에 빠지는 일이 없도록 하기 위한 징계인 것이다.

도적을 다스림은 소정의 법규를 범한 그 도둑만을 다스림이 주된 것이 아니다. 만일 그 도둑만을 다스린다면 그것은 시체를 염하는 데 지나지 않는다. 도둑질을 벌하는 것도 또한 그 본인을 처단하는 것이 주가 아니다. 만일 본인만을 다스린다면 이는 형벌에 따른 죄인의 다스림에 지나지 않는다. 형벌의 본래 의도는 비록 하찮은 도둑이라도 벌하여 천하를 징계하고 민중의 악을 미연에 방지하는 데 있다. 이미 법을 깨뜨리고 형벌을 범한 자를 일일이 다스려보았자 하등의 공도 없을 것이다. 그러므로 고어(古語)에 이르되 '간사함의 죄를 무겁게 다스려 한 장소 내(一境之內)의 사악함을 그친다'라고 하였다. 이것이 치죄(治罪)의 법이다. 중벌을 받는 자는 도적, 즉 범인이지만 이것을 보고 아파하는 자, 무서워하는 자는 양민인 것이다. 그렇다면 적어도 다스리려고 하는 자는 형을 무겁게 하는 데 대하여 하등의 의심도 하지 않을 것이다.

또 후한 상에 있어서도 다만 공로에 대해 상을 줄 뿐만 아니고 일국의 사람들을 움직이게 하는 것이다. 상을 받은 자는 그 이득이 달콤하여 만족하고 아직 상을 받지 못한 자는 상을 받으려고 노력할 것이다. 이는 한 사람의 공로에 상을 주어 나라의 백성에게 권면하는 셈이다. 적어도 다스림에 마음을 두는 자는 상을 후하게 하는 데 하등의 의심이 있을 수 없을 것이다. 이 이치를 모르는 자들은 말하기를 '무거운 형벌은 백성을 상하게 한다. 가벼운 형벌에 의지하여 간사함을 그치게 하는 것이 좋으니 반드시 무겁게 할 것이 없다'고 한다. 이는 치도(治道)를 제대로 알지 못하는 자들의 말이다.

생각건대 형벌이 무거움으로 인하여 범죄를 그치는 자는 형벌이 가벼워진다 하여 반드시 그치리라 단정할 수 없으나 형벌이 가벼움으로 범죄를 그치는 자는 무거워도 반드시 그칠 것이다. 그러므로 조정에 중형제도를 두면 간사함은 모조리 그치며 백성은 상처 입지 않을 것이다. 소위 무거운 형벌(重刑)이란 큰 형벌로써 작은 죄를 다스리는 것이다. 백성은 원래가 작은 이득을 뜻밖의 요행으로 생각하고 큰 죄를 범하기를 원치 않을 것이므로 형벌이 무거우면 간사함은 반드시 그치게 된다. 소위 가벼운 형벌이란 가벼운 형벌로써 대죄를 다스리는 것으로 백성은 원래가 그 이득의 큼을 잊지 못하고 그 죄의 작음을 업신여김으로써 형벌이 가벼우면 간사함은 그치지 않는다. 옛 성인의 말에 사람이 산에 걸려 쓰러지지 않으나 개밋둑에는 걸려 쓰러지는 수가 많다. 산은 크기 때문에 조심하지만 개밋둑은 작기 때문에 업신여기기 때문이다. 지금 형벌을 가볍게 하면 백성은 반드시 이를 업신여길 것이다. 죄를 범해도 처벌하지 않음은 백성을 어지러움(亂)으로 인도하는 것이다. 이미 범하여 처벌을 가함은 백성에 대하여 함정(陷穽)을 설정한 것과 다를 것이 없다. 그러므로 가벼운 형벌은 백성의 개밋둑인 것이다. 가벼운 형벌은 치도에 있어서 국가를 어지럽게 하는 것이 아니면 백성을 함정으로 유인(誘引)하는 것으로 이야말로 백성을 상하게 한다고 할 수 있다.

지금 학자들은 성왕(聖王)의 성덕(聖德)을 찬양하여 서책에 전하여 내려오는 말을 길거리에서 이야기하면서 당세의 실정을 생각하지 않는다. 그리고 '임금은 백성을 사랑하지 않고 과세(課稅)가 항상 무겁고 쓸 수 있는 재물이 넉넉하지 못하여 백성들은 위에 있는 사람을 원망하기 때문에 천하는 크게 어지러워진다'고 한다. 이 의미를 뒤집어 말하면 그 쓸 수 있는 재물을 넉넉히 하여 사랑을 더하면 형벌은 가볍게 해도 백성은 다스려진다고 하는 말이다. 그러나 이 말은 부당하다. 대체로 사람이 스스로 형벌을 초래하는 것은 이미 충분한 재물을 가진 위의 부당한 자도 가끔 형벌을 범하는 것이다. 쓸 수 있는 재물을 넉넉히 하고 후하게 사랑할지라도 형벌을 가볍게 하면 역시 어지러워진다.

부잣집의 사랑스러운 자식은 재물이 넉넉하기 때문에 사치스럽게 된다. 또한 사치가 심하다고 차마 가책(苛責)을 못 한다. 그 결과 사랑스러운 자식은 교만하고 방자하여 제멋대로 한다. 사치 끝에 집은 가난해지고 교만하고 방자한 결과는 성질이 사납고 악해지게 된다. 이는 쓸 수 있는 재물은 충분하고 사랑은 두텁고 형벌을 가볍게 하는 데서 오는 것이다. 대체로 인간의 인성이란 쓸 수 있는 재물이 족하면 노력을 게을리하게 되며 윗사람의 단속이 느슨해지면 백성은 잘못을 범하게 된다. 재물이 족하고도 힘을 기울이는 자는 옛날의 성자(聖者)인 신농(神農)이다. 윗사람의 단속이 느슨해져도 행실을 잘 다스린 자는 옛날의 군자(君子)인 증자(曾子)와 사어(史魚)인 것이다. 세상 사람들은 신농·증자·사어에 미치지 못하고 있음은 이미 명백한 사실인 것이다.

노자(老子)의 말에 '족(足)함을 알면 욕(辱)되지 않고 그칠 줄을 알면 위험을 면한다'고 하였다. 욕을 두려워(危辱)함으로 분수를 알아 만족할 줄을 아는 것 외에 더 구하지 않는 사람은 노자인 것이다. 지금 백성에게 재물을 족하게 함으로써 다스려질 수 있다고 생각하는 것은 백성을 모두 노자로 만들어보자는 것이다. 그것은 기대할 수 없는 일이다. 걸(桀)은 귀하기가 천자의 지위에 있지만 그 높은 지위에 만족하지 않았으며 그의 재부는 온 천하를 가졌음에도 그 곳간이 충분하다고 생각하지 않았다. 지금 임금이 된 자가 어떻게든 백성을 족하게 할지라도 결국은 천하를 가진 천자만큼 족하지 못할 것이다. 그리고 걸은 천자로서 그것을 꼭 충분하다고 생각하지 않았다.

이와 같이 사람의 욕심에는 한도가 없는 것으로 아무리 백성을 족하게 할지라도 그로써 충분히 다스려지리라고는 생각할 수 없다. 고로 명군은 나라를 다스림에 있어 그 시사(時事)에 맞도록 재물을 생산하고 그 세금을 부과함에 공평하게 하여 빈부의 차이가 심하지 않게 해야 하는 것이다. 그 작록을 후하게 하여 현능(賢能)을 다하게 한다. 또한 형벌을 무겁게 하여 간사를 금지하며 백성으로 하여금 노력하게 하여 부를 얻게 하고 일을 하는 데 공을 이루어 귀함을 이룩하게 하며 죄를 범하면 벌을, 공이 있으면 상을 받게 하여 사혜소인(私惠小仁)의 얻음을 바라지 않도록 하였다. 이는, 즉 제왕(帝王)의 정치이다. 사람이 다 자고 있을 때는 눈 뜬 자와 장님을 가릴 수 없으며 사람이 입을 다물고 있을 때는 말하는 자와 벙어리를 구분할 수 없다. 깨워서 사물을 보게 하고 물어서 대답하게 하면 벙어리와 장님은 구분된다. 이와 마찬가지로 그 사람의 말을 들어보지 않으면 술수가 있는지 없는지 알 수 없으며 일을 맡겨보지 않으면 명민한 자인지 어리석은 자인지 알 수 없다. 그 말을 듣고서 그 마땅함을 찾아 맡겨 그 몸에 맡겨서 그 공을 따져 밝히면 비로소 술수가 없는 어리석은 불초자는 궁지에 빠지게 된다. 힘이 센 역사(力士)를 얻으려고 자칭 힘이 세다는 사람의 말을 듣고는 평범하고 변변하지 못한 범용(凡庸)의 사람도 옛날 역사인 오확(烏獲)과 변별(辨別)할 수 없을 것이다. 그러나 중량이 무거운 정조(鼎俎, 솥과 도마를 아울러 이르는 말)를 들게 하면 당장에 피약(疲弱)한 자와 강건(强健)한 사람과의 차이는 나타날 것이다. 이와 같이 관직은 재능의 선비를 시험하는 정조(鼎俎)인 것이다. 이에 일을 맡기면 어리석음과 지혜로움의 분별이 가려질 것이다. 그 결과 계략이나 술수가 없는 자는 쓸 것이 없고 불초한 자에 맡길 수 없는 사실을 확인하게 된다. 이 말은 쓸모가 없는데 꾸며서 잘하는 체하고 지혜가 없는데도 있는 체하는 바 용주(庸主, 어리석고 변변하지 못한 임금)는 그 말 잘하는 변술에 현혹(眩惑)되어 그 가치를 사실 이상으로 믿고 이를 높이 평가한다. 이는 보지도 않고 말해보지 않고 유능함을 결정하는 것으로 도저히 벙어리와 장님을 간파(看破)하지 못하는 격이다. 밝은 군주(明主)는 그 말을 들으면 반드시 그 쓰임을 따지며 그 행동을 보면 반드시 그 공을 구(求)한다. 그렇게 하여 과당대언(過當大言)의 학문도 논담(論談)이 안 되며 긍과무망(矜誇誣妄, 굉장히 자기자랑을 하거나 남을 속이는 것)의 행함도 장식(裝飾)이 될 수 없게 된다.

제26편 팔설(八說)

이 편은 공사상반(公私相反)의 팔조(八條)를 들어 법술의 요지(要旨)를 분명히 한다.

세속 사람들은 관직이 있는 자로서 그 친구나 또는 지인(知人)을 위하여 사적으로 잘 보아주면 그 사람을 칭찬하여 불기(不棄, 버릴 수 없는 사람)라고 하며 공적인 재물(公財)로써 분배시여(分配施輿) 하여 민간에 잘해주면 그 사람을 칭찬하여 인인(仁人, 어진 사람)이라고 하며 재능이 있으면서도 사관(仕官)을 싫다 하고 봉록을 가볍게 여기면 그 사람을 칭찬하여 군자라고 한다. 또 법을 어겨가면서 친족이나 그 밖에 가까운 사람을 돌보아주면 그 사람을 칭찬하여 유행(有行, 애증지심이 있는 사람)이라고 하며 관직을 등한히 하고 사교를 잘하면 그 사람을 칭찬하여 유협(有俠, 남자다운 기상이 있는 사람)이라고 한다. 그리고 세상을 멀리하고 산속에나 바위틈에 숨어 살면 그 사람을 칭찬하여 고오(高傲, 남에게 지기 싫어하는 사람)라고 하며 가끔 항쟁하여 영(令)에 거슬리는 행위를 하면 그 사람을 칭찬하여 강재(剛材, 억센 사람)라고 하며 사사로이 은혜를 행하여 대중의 마음을 끌어들이는 사람을 칭찬하여 득민(得民, 정치를 잘하여 백성들이 충심으로 따르는 사람)이라고 한다.

이렇게 말을 하는 그 내용을 생각해본다면 불기란 것은 결국 관리로서 충실하지 못하고 간곡(姦曲)한 것이 있으며 인인이라는 것은 결국 공적인 물에 손해를 끼치게 하는 자이다. 군자란 백성으로서 부리기 어려운 자이며 유행이란 법제를 무시하는 자이며 유협이란 관직을 소홀(疎忽)히 여기는 자다. 고오란 국민의 의무를 게을리하는 자이며 강재란 명령을 무시하는 자이며 득민이란 군상을 고립시키는 데 지나지 않는다. 이 팔행(八行)은 필부(匹夫)의 사예(私譽, 하찮은 명예)로서 인군의 대실(大失)이며 이에 반하면 필부의 사훼(私毀, 하찮은 사람의 허물)로서 인군(人君)의 공리(公利)인 것이다. 인군으로서의 사직(社稷)의 이해(利害)를 살피지 못하고 필부의 사예를 조장시키면 국가위난(危難)은 면할 수 없을 것이다.

사람에게 일을 준다는 것은 존망치란(存亡治亂)이 나누어지는 기틀이 되는 것이다. 이에 대한 술법이 없으면 나라는 패망할 것이다. 대개 인군들이 사람을 쓰는 것을 보면 말을 잘하고 슬기가 있는 변지(辯智)의 선비이거나 수신(修身)의 선비인바 지혜로운 선비를 쓰는 목적은 세(勢)를 잡는 데 유용하기 때문이며 수사(修士, 수양하는 선비)를 쓰는 목적은 일을 안심하고 처리시킬 수 있기 때문인 것이다. 지혜로운 선비의 계략(計略)을 자본으로 세를 얻으려고 하나 잘못 쓰면 도리어 속게 되며 수사의 고결을 자본으로 일을 끊으려고 하나 도리어 일은 흐려지기 쉽다. 왜냐하면 지혜로운 선비는 야심이 많고 수사는 혼재(惛材, 흐리멍덩한 사람)이기 때문이다. 그러므로 술수 없이 사람을 쓰다가는 지혜로운 선비에게 오히려 감기우고 수사에겐 실망하게 되는 것이다. 이는 무술(無術)의 근심(患)인 것이다.

명군의 도는 덕의를 천히 하고 법술을 귀히 한다. 사람을 선택할 때 혹은 말을 거꾸로 하여 마음에 없는 일을 말해서 시험하며 혹은 시키려고 하는 일에 반대되는 일을 시켜보기도 하며 여러 사람의 말을 참고해야 한다. 오직 한 사람의 총신(寵臣)만의 말에 의존해서는 안 된다. 그렇게 하므로 지혜로운 선비도 거짓으로 속일 수 없게 된다. 공(功)을 계산하여 상을 행하며 능력에 따라서 일을 맡기며 백성들의 말(衆口)에 곧음을 살펴 그 공과를 보아 허물이 있는 자에게 벌을, 공이 있는 자에게 상을 각각 주어 그 적절한 곳에 적의(適宜)한 처리를 하기 때문에 어리석은 자는 일을 맡을 수 없고 지혜로운 자는 감히 속이지 못하게 되어 대체로 실패하는 경우가 없을 것이다.

무릇 밝게 살피는 명찰(明察)의 선비가 알아들을 수 있는 일을 일반대중에 향하여 펴는 명령으로 해서는 안 된다. 왜냐하면 일반대중은 다 밝게 살필 수 없기 때문이다. 어진 자로서 비로소 행할 수 있는 어려운 일을 일반대중에게 향해 펴는 법으로 해서는 안 된다. 왜냐하면 일반대중은 다 어진 자가 될 수 없기 때문이다. 저 양주(楊朱)나 묵적(墨翟)은 천하의 사람들이 명찰의 선비라고 칭찬을 한다. 양주는 자애설(自愛說)을 제창하고 묵적은 겸애설(兼愛說)을 제창하여 그 설들이 상반해서 천세 후까지도 시비를 어느 쪽도 정하지 못한다. 이러한 자들은 아무리 밝게 살필지라도 관직의 장(長)으로 하기에는 부족하다.

포초(包焦)와 화각(華角)은 천하 사람들이 현자(賢者)라고 하였으나 포초는 나무를 안고 말라 죽었으며 화각은 돌을 지고 황하에 몸을 던졌다. 저들이 아무리 현자라 할지라도 밭가는 싸움에서의(耕戰) 뛰어난 인물이 될 수 없었다. 그러므로 지혜로운 선비는 그 말 잘함을 다하고 수양하는 선비는 행함을 다하나 그것은 당시 세상에 아무런 도움도 되지 않았다. 인군으로서의 그 쓸모없는 말 잘함을 택하고 실공에 먼 행동을 높여서는 부강은 얻어질 수 없는 것이다. 대개 박애와 변지(辯智)에 능하기로는 공자나 묵자는 세상에서도 드문 현인이었지만 저들은 제 손으로 경작하지 않았으므로 나라를 위해서는 아무것도 얻어진 것이 없다. 또 효를 닦고 욕심을 멀리하라는 증삼(曾參)이나 사어(史魚)와 같은 사람은 세상에 드문 현자였으나 저들 역시 몸으로써 국가를 위해 싸우지 않았으니 나라를 위해서 헌신한 것이 없다.

대개 필부에게는 개인적인 편리만이 있고 인군에게는 공리(公利)가 있기 때문에 역작(力作)을 하지 않아도 봉양이 족하며 사관(仕官)을 하지 않아도 이름이 높아짐은 이를 필부의 개인적이 사용이라 하고 문학의 공담(空談)을 걷어치우고 법도를 밝히고 개인적인 이용을 막고 공로 있는 자를 중히 여김은 이는 인군의 공리인 것이다. 법을 설정하고 백성을 인도(引導)하면서 일방(一方) 문학의 공담을 귀히 하면 법을 사범(師範)으로 하는 백성도 의심이 생겨서 법을 신용하지 않을 것이며 공로를 상주고 백성을 권(勸)하면서 행함을 닦는 선비를 높이면 백성은 생산이식(生産利殖)에 게을러진다. 이와 같이 문학을 귀히 하여 법을 의심케 하며 수행을 높여 공로를 의심케 해서는 모처럼 바라는 부강은 얻어지지 않을 것이다.

진홀간척(搢笏干戚), 즉 띠에 꽂은 홀(笏)과 춤추는 사람이 갖는 방패와 도끼는 유방철섬(有方鐵銛), 즉 큰 창과 날카로운 활촉에 대적할 수 없으며 등강주선(登降周旋)이라 하여 오르고 내리고 회선(回旋) 등의 예(禮)로써 고대 선비들이 행한 예법은 하루에 백 리를 달리는 데 [전국시대에 무사를 선발(選拔)하는 법] 미치지 못하며 이수석후(貍首射侯, 과녁, 살쾡이는 다른 동물을 잘 잡으므로 그 머리를 과녁에 그림)는 강한 쇠니, 즉 강노(强弩)의 급발(急發)에 당할 수 없으며 간성

262

거충(干城距衝, 거충은 성을 공격하는 데 쓰는 수레(車)로서 문왕 때 공격과 수비할 때 쓰는 무기)은 흙산에 구덩이를 파서 성을 치고 독한 화약 등 전투용 무기를 따를 수 없다.

필경 옛사람들은 덕행을 급무(急務)로 하고 중세인(中世人)은 지모(智謀)로써 경쟁해왔으며 당세(當世)는 기력으로써 다투는 시대인 것이다. 옛날 세상에는 일도 적어서 준비도 간단하고 질박하고 조야하여 정밀(精密)을 다하지 않았다. 그래서 요조[珧銚, 요(珧)는 신속(蜃屬), 조(銚)는 작은 수레(小車)]로서 그 형상(狀)이 조개모양(蜃具, 신구)의 수레로서 추거(椎車, 고대에 이용한 장식 없는 수레)를 만들었다. 또 옛날 세상에는 사람이 적었으므로 서로 친하였으며 사물은 많아서 서로 나눠주고 나눠먹은 것은 통상적인 일이었다. 그러므로 읍양(揖讓, 예를 갖춰 겸손해함)하여 천하를 타인에게 전하는 자도 있었다. 그러나 읍양을 행하고 자혜(慈惠)를 높이고 인후(仁厚)에 의지함은 다 옛날 추정(椎政), 즉 꾸밈이 없는 질박한 정치인 것이다. 생각건대 오늘날 다사다난한 때에 옛날의 사고를 가지고 산다는 것은 지혜로운 자가 취해야 할 것은 아니다. 경쟁의 세대에 처하여 읍양의 발자국을 좇는 것은 성인으로서 할 정치는 아니다. 법은 때와 함께 변하고 금지령은 정치와 함께 변한다. 필경 지혜로운 자는 추거(椎車)에 타지 않으며 성인은 추정(椎政)을 행하지 않는다. 보통 법은 일을 만들기 위함이며 일은 공을 얻기 위함이다.

법을 세울 때 거기에 수반되는 어려움이 있을지라도 그 어려운 일을 저울질하여 그래도 성사시킬 수 있다면 그 법을 세우게 될 것이며 성사시키려고 할 때 그것에 수반되는 해가 있을지라도 그 해를 저울질하여 그래도 공이 많을 것 같으면 곧 그 일을 계획하게 될 것이다. 어려움이 없는 법과 해가 없는 공이란 천하에 있는 것이 아니다. 이해공과(利害功過)는 공히 비교적인 것이다. 그러므로 천 길이나되는 길고 큰 성곽의 도읍을 뽑아버리고 십만 대중을 파(破)하는 데사상(死傷)된 자가 군의 이 분의 일에 미치고 갑옷과 투구의 병기도대부분 좌절(挫折)하여 그 출혈과 손상이 적지 않을지라도 전승하여국토를 넓힘을 경하(慶賀)하게 되는 것은 그 작은 손해를 보지 않고큰 이익을 계산하기 때문이다.

모든 이득에는 반드시 약간의 손해가 수반되는 것으로 머리를 감을 때 머리카락을 버리게 되며 침을 놓고 찜질함으로써 병을 치료할 때 다소의 피를 흘리지 않으면 안 된다. 정치를 할 때에 있어 그어려움을 생각해야 하며 어렵다고 포기하는 것은 수단이 없는 탓인것이다.

선왕의 말에 이르기를 규(規), 즉 그림쇠는 오래되어 마멸(磨滅)되고 표준은 자극을 받아 크게 흔들린다. 원형을 그리는 제구가 마멸되면 원(圓)을 바르게 그릴 수 없으며 준거가 흔들리면 균형을 잡을수 없다. 마땅히 고치고 바꿈으로 원을 바르게 그리며 수평을 바르게 취할 수 있을 것이다. 그러므로 좋은 장인(良工)은 현재의 것에 구속받지 않는다고 하였다. 이는 권도(權道)에 통한 말이다. 그래서 말씀에 논지가 충분히 서 있더라도 실용에 못 미치는 것이 있으며 말잘함에 서투른 곳이 있어도 실용에 간절한 것이 있다. 예로부터 성인은 무해의 말을 구하고 무익의 일에 힘쓰지 않는다.

저울과 추는 사람에게 사사로운 것이 아니다. 사람 또한 그렇게되기를 바라지 않는다. 각각 제자리를 지켜서 상관하지 않는 것은정렴(貞廉)하여 이익에 멀어져 있기 때문이 아니다. 즉, 추는 사람에게 많고 적지 않으며 저울은 사람에게 가볍고 무겁게 하지 않는다. 이는 구하여 찾아도 얻을 수 없기 때문이다. 명군(明君)의 나라는 관에서 감히 법을 업신여기지 않으며 벼슬아치는 감히 사리를 꾀하지 않으며 뇌물도 행해지지 않는다. 그것은 결국 나라의 모든 일이 형석(衡石, 저울과 추)과 같이 공평하기 때문이다. 따라서 신하로서 간사함을 품은 자는 반드시 드러나게 마련이며 드러난 자는 반드시 죽음을 당하게 된다. 그러므로 도가 있는 인군은 청렴의 벼슬아치를 구하지 않고 반드시 간사함을 알아낼 수 있는 수단에 힘쓰는 것이다.

자혜로운 어머니가 약한 자식에 대한 사랑이란 타인은 도저히 따를 수 없는 것이다. 그러나 그 자식이 좋지 못한 행실을 할 때에는 스승에게 보내야 하고 질병이 있으면 의사의 말을 따라야 한다. 스승을 따르지 않으면 형벌에 걸리게 될 것이며 의사에 보이지 않으면 죽음에 가까워진다. 자모가 자식을 형벌에서 구하고 죽음에서 구하는 데 도움이 되지 않는다면 자식을 생존시킨 것은 어미의 사랑에서 얻어진 것이 아니다. 어머니와 자식의 근본적인 마음은 은혜와 사랑이고 임금과 신하의 권(權)은 계수(計數)에 있다. 어미도 오히려 사랑으로써 그 자식을 생존케 할 수 없는데 임금이 어찌 사랑으로써 나라를 유지할 수 있겠는가? 명군이 부강의 이치에 통해 있으면 그것으로써 희망을 이룰 수 있다. 부강의 법이란 그 법금을 명확하게 하며 그 계모(計謀)를 치밀하게 하는 것이다. 법이 밝으면 안으로 변란(變亂)의 환란이 없을 것이며 계략에 다다르면 밖으로 사로(死虜)의 화(禍)가 없을 것이다.

그렇다면 나라를 존재케 함은 인의(仁義)가 아니다. 인(仁)은 자혜(慈惠)로서 재물을 가볍게 하는 것이고 폭(暴)은 마음이 난폭하여 죽임을 쉽게 할 수 있다. 자혜하면 사람을 차마 해롭게 못 하며 재물을 가볍게 하면 사람에게 주기를 좋아한다. 마음이 강하면 원망과 미워함의 마음이 아랫사람에 나타나고 죽임을 쉽게 할 때는 함부로 죽이는 망살(妄殺)의 해가 사람에게 가해지기 쉽다. 사람을 차마 해롭게 못 하는 마음에는 벌(罰)에 용서함[宥赦(유사)]이 많고 사람에게 주기를 좋아하면 상(賞)에 공이 없는 경우가 많다. 미워하는 마음이 나타나는 결과 아랫사람은 윗사람을 원망하게 되며 함부로 죄를 주는 망주(妄誅)가 가해지는 결과 백성은 배반하기에 이른다. 그러므로 어진 사람이 조정에 있으면 아랫사람은 방종하여 경솔하게 금지된 법을 범하며 요행을 위로부터 바라는 것이다. 또 사나운 사람이 위에 있으면 법령이 무리허망(無理虛妄)하여 인군과 신하의 마음은 서로 떨어지고 백성은 원망하여 난심(亂心)을 일으키게 된다. 그러므로 인(仁)·폭(暴) 어느 것이나 나라를 망치는 것이다.

자신의 먹을 것도 공급하지 못하는 주제에 굶주리는 사람에게 밥을 권함은 그 굶주린 사람을 살게 할 수 없으며 잡초를 제거하고 콩과 밤을 생장시키지 못하는 자가 대시상사(貸施賞賜, 금품을 베풀고 상을 줌)를 권하여도 백성을 부유하게 할 수는 없을 것이다. 지금의 학자들이 하는 말은 본래의 농상(農桑)에 힘쓰지 않고 말작[末作, 상공(商工)을 의미]을 좋아하며 말로만 주는 근본적으로 구제할 수 없는 은혜를 찾아서 백성을 즐겁게 하는 자로서 이른바 밥을 권하는 말만으로는 명군에 이르지 못한다. 글이 지나치게 간략하면 해석이 많아서 제자는 말 잘함을 하게 되며 법이 생략되어 있으면 해설이 번거로워 사람의 송사(訟事)가 많아진다. 그러므로 성인의 글은 반드시 간략하지 않고 논지를 밝게 하며 명군의 법은 반드시 생략하지 않고 사리를 상세히 한다. 사려(思慮)를 다하여 득실을 헤아림은 지혜로운 자도 어렵게 여기며 생각할 것 없이 의심할 것 없이 앞서 말을 들어 후공(後功)을 캐는 것은 어리석은 자도 쉽게 여기는 것이다. 명군은 어리석은 자의 쉽게 할 수 있는 것을 잡고 지혜로운 자도 어렵게 여기는 것을 피한다. 그러므로 지혜로운 생각을 쓰지 않고서도 나라는 잘 다스려지는 것이다.

맛의 산·감·함·담(酸·甘·鹹·淡, 시고 달고 짜고 싱거움)을 맛보는 데는 임금의 입으로 단정하지 않고 임금의 요리를 관장(管掌)하는 관리인 재윤(宰尹)에 의지하여 결정하게 되면 음식을 만드는 자는 인군의 입보다도 재윤의 입을 더 중요하게 알 것이며 또 소리의 높고 낮음과 맑고 둔탁함을 들음으로써 임금의 귀로 단정하지 않고 악정[樂正, 악관(樂官)의 장(長)]에 의지하여 결정하면 악공들은 임금의 귀보다 악정의 귀를 중요하게 여긴다. 이와 같이 나라를 다스리는 옳고 그르고 좋고 나쁜 점을 살핌에 있어 임금의 명술(明術)로써 결단하지 않고 총인(寵人)에 의지하여 결정하게 되면 신하들은 임금을 가벼이 여기고 총인을 중요하게 여기게 된다. 인군의 지위에 있으면서 스스로 보고 듣지 않고 재단(裁斷)의 권한을 아래의 신하들에게 위탁함은 인군으로서 잠시 남의 나라에서 붙어먹는 것밖에 안 된다.

사람이 입지 않고 먹지 않아도 배고프고 추워하지 않으며 죽어도 그만 살아도 그만이라는 생의 즐거움도 죽음의 꺼림도 잊게 된다면 상처 입은 가련한 백성인 것이다. 한 울안에 사나운 승냥이와 이리와 양순한 양을 넣으면 양은 떨고 있을 뿐이다. 생살여탈(生殺與奪)의 중요한 권한이 간신의 손아귀에 있으면 임금의 정사를 원만하게 행할 수 없을 것이다. 호랑이도 그 무기인 발톱과 어금니를 쓰지 못한다면 한낱 문지기에 다를 것이 없다. 일국의 인군으로 백성을 사랑하여도 은택을 베풀 수 없으며 또 미워하여도 처벌할 힘이 없다면 이는 발톱과 어금니를 잃은 호랑이와 표범으로서 다람쥐와 다를 것이 없다.

신하로서 뜻을 마음대로 하면 호협하다 하고 임금으로서 뜻을 마음대로 하면 어지럽다(亂) 하며 신하로서 윗사람을 가볍게 보면 교만(驕)이라 하고 인군으로서 아랫사람을 가볍게 여기면 폭(暴)이라 한다. 그 행함이 그 실제와 같이 하면서 아랫사람에게는 칭찬이 가고 윗사람에게는 비방이 돌아간다. 즉, 신하는 크게 얻어지고 인군은 크게 잃는 결과가 되는 것이다.

대개 명군의 나라에는 귀한 신하가 있으나 중신(重臣)은 있지 않다. 작위가 높고 관직이 큼을 귀신이라 하고 언로가 열리고 권력이 행해진다면 이는 중신인 것이다. 명군의 나라에는 신하에 대하여 권위와 등급을 올리는 데 있어서 반드시 공이 있는 선비를 선발하여 관작을 주게 되므로 귀한 신하가 있으며 논하는 것이 법도에 어긋나고 행하는 것이 허위(虛僞)에 차면 반드시 주벌(誅)에 붙이게 되므로 중신이 없는 것이다.

제27편 현학(顯學)

현학이란 학문으로써 세상에 이름난 자, 즉 유자와 묵자의 무리를 말한 것이다. 그들은 옛날 선왕을 칭찬하고 인의 도덕을 말하여 세상에 떠들고 있지만 사실인즉, 사회와 인간에게 이익을 주는 것은 없고 공허한 문장과 말에 지나지 않음을 통박한 글이다.

세상에서 학문으로써 이름난 자는 유가(儒家)가 아니면 묵가(墨家)인 것이다. 유가에 지극한 자는 공구(孔丘), 즉 공자이며 묵가에 지극한 자는 묵적(墨翟)인 것이다. 공가가 돌아간 뒤에는 자장(子張)의 유(儒), 자사(子思)의 유, 안씨(顔氏)의 유, 맹씨(孟氏)의 유, 칠(漆)조씨의 유, 중양씨(仲梁氏)의 유가 있어서 점점 후세에 전해왔으며 묵자가 죽은 뒤에는 상리씨(相里氏)의 묵, 상부씨(相夫氏)의 묵, 등릉씨(鄧陵氏)의 묵이 있어 오늘에 이르렀다. 유는 나누어 져서 팔파(八派)로 묵은 갈리어 삼파로 되어 그 주장이 상반되어 같지 않으면서도 각각 공자와 묵자의 참 정신은 자파가 갖고 있다 고집하며 떠들어대고 있다. 그러나 아깝게도 공자와 묵자는 다시 세상에 나타나지 않으니 누구의 말을 듣고서 후세 학파의 본말(本末)을 알아낼 수 있겠는가.

공자도 묵자도 함께 요·순의 도를 부르짖으면서 그 귀취는 같지 않으면서도 제각기 요·순의 본지를 전한다고 떠들어대고 있다. 그러나 요·순도 또다시 이 세상에 다시 오지 않으니 누구의 말을 듣고 유묵 어느 것이 참인지 아닌지를 단정할 수 있겠는가. 은(殷), 주

(周)의 이대(二代)는 칠백 년이고 우(虞), 하(夏)의 이대는 이천 년으로 까마득하니 유·묵 어느 쪽이 참인지 결정하기가 참으로 어렵다. 지금 요·순의 도를 삼천세 까마득한 옛날로 올라가서 물어보려고 하여도 그것은 물어도 알 수 없는 일이다. 참고로 대어 볼 데도 없고 그 정부(正否)를 증명해낼 수 없는 일을 알려고 한다면 그것은 우매한 짓이며 살피며 조사할 수 없는 일에 의지하려는 것은 자기도 속이고 세상도 사람도 속이는 일인 것이다. 이렇게 선왕을 칭찬하고 요·순을 말하는 자들은 어두운 자가 아니라면 속이는 자들인 것이다. 이러한 우매한 학문과 잡반(雜半)의 행실, 즉 요·순을 따르면서 한편 요·순 아닌 것도 같은 그러한 잡동사니 학문을 명군으로서는 애당초 받아들일 것이 못 된다.

묵가에서는 부모가 죽어 장사를 지내게 될 때 겨울은 동복으로 여름에는 하복으로 시체를 염하고 오동나무로 만든 관의 윗부분 테두리는 겨우 세 치로 하고 상주가 복상하는 날짜는 삼 일간으로 끝나게 하였다. 세상 인군들은 묵가에서 이렇게 간소한 상례(喪禮)로 하는 것을 매우 검소하고 간단해서 본받을 예절이라고 칭찬하여 그들을 높여주고 있다.

유가에서는 부모가 돌아가서 장례를 행할 때 삼년상을 치러 가산은 바닥나고 상주는 극히 애통해하는 나머지 육체는 수척하여 지팡이를 짚고 겨우 걸어 다니게 되며 그중에도 더욱 극진한 자는 묘막을 만들고 삼년수묘(三年守墓)까지 하게 된다. 세상 인군들은 또한 이들을 칭찬하여 효라 하고 본받을 일이라 하면서 또한 높은 대우를 해주고 있다.

묵가에서는 지나치게 검소하고 유가에서는 지나치게 형식을 중히 하고 있다. 묵가에서 하는 일이 너무나 박해서 잘못이라 할 것 같으면 유가에서 까다롭게 하는 것을 옳다고 해야 할 것이며 또는 유가에서 하는 일이 너무나 형식으로 잘못이라면 묵가에서 하는 일이 검박해서 옳다고 해야 할 것이다. 말하자면 공자의 효행을 옳다고 한다면 묵자의 못된 풍습은 그르다고 해야 할 것이다. 이와 같이 유가와 묵가의 사치와 검소가 이렇게 다르건만 인군들은 다 좋다는 것이다.

여기에 칠조개(漆雕開)란 사람과 송영자(宋榮子)란 사람이 있다. 두 사람 다 훌륭한 사람이다. 그런데 칠조개의 지조는 내가 잘못이 없을 경우 어떤 사람이 나에게 대들어도 나는 얼굴빛 하나 움직이지 않고 눈동자 하나 꼼짝 않는다. 그러나 내게 잘못이 있다면 비록 천한 하인에게 절하고 사과할 것이며 잘못이 없이는 제후이건 대신이건 그냥 두지 않는다. 이것은 칠조개의 강직한 성품이며 행실이다. 그래서 세상 인군들은 모나고 염치 있는 사람이라 하여 숭배한다.

송영자의 지조는 그렇지 않다. 남하고 싸우기를 싫어하고 원수가 되려 하지 않으며 잘못이 있건 없건 남의 잘못으로 감옥살이를 하더라도 수치로 여기지 않으며 남에게 까닭 없이 모욕을 당해도 내버려 둔다. 세상 인군들은 이를 너그러운 인격자라 하여 숭배한다.

칠조개의 모남을 옳다고 하면 송영자의 너그러움을 그르다고 해야 할 것이며 송영자의 너그러움을 옳다고 하면 칠조개의 사나움을 그르다고 해야 할 것이다. 한 사람은 모나고 강직하고 한 사람은 너그럽고 용서하는 마음이 있건만 인군은 겸하여 숭배하고 있다. 이것은 이래도 흥 저래도 흥 하는 격이 되어 어리석은 학설 속이는 말이며 뒤범벅인 수작에 인군은 똑같이 귀를 기울이고 들어주는 것이다. 그러니 천하에서 말하는 사람들이 말에 중심이 없고 행실에 푯대가

서지 않는다. 대체 얼음과 숯불은 그릇을 같이하여 오래갈 수 없으며 차고 더운 것은 동시에 오지 않는다.

이러한 잡학(雜學)과 법치의 학설은 양립(兩立)되고서 다스려질 수는 없다. 지금 주의와 주장이 혼동되고서야 어찌 편안하기를 바라며 듣고 행하는 것이 이러고서야 어찌 사람인들 잘 다스려질 수 있겠는가. 지금 세상 학자들은 정치를 말하면서 땅 없는 자에게는 땅을 주라고 자본 없는 자에게는 자본을 주라고 외친다. 그럴듯한 말이지만 한번 생각할 문제는 여가에 갑과 을, 두 사람의 농부가 있다. 논밭의 많고 적음도 논밭의 기름짐도 똑같고 가족의 수나 모든 환경조건도 똑같다. 이렇게 동등할 경우에 특히 풍년이라고 해서 더 수확한 것도 없고 그 부산물의 수입이 더 있는 것도 아니지만 먹고 입고 생활하는 데 아무런 지장이 없으며 자녀를 기르고 가르치는 데도 완전한 갑(甲)이라면 이것은 반드시 일을 한 힘일 것이며 절약하고 검소한 덕일 것이다.

모든 조건이 똑같은 을(乙)은 특히 기근, 역병, 화난, 죄과의 앙화나 재난도 없었건만 매우 빈궁해서 가족을 부양하기 어렵게 되어 있다면 이것은 생활하는 방법이 극히 사치했거나 그렇지 않으면 생산하는 일에 게을렀을 것이다. 사치하고 게으른 자는 가난할 것이고 노력하고 검소한 자는 잘살게 될 것이다. 그런데 위에 있는 인군이 잘사는 자에게서 거둬들여 가난한 자에게 나눠준다면 이것은 필경 힘써 일하고 검소한 생활을 하는 자의 재산을 빼앗아 사치하고 게으른 생활을 하는 자에게 나눠주는 것으로 있을 수 없는 일이다. 그러나 모든 조건은 똑같은 것에서 출발시켜야 될 것이다. 이러한 경우 게으르고 사치한 자를 도와준다면 어찌 백성에게 힘쓰고 검소한 생활을 요구할 수 있을까? 백성에게 부지런히 일하고 검소한 생활을 요구한들 이는 될 수 없는 일이다.

지금 여기에 사람이 있어서 그 주의주장으로 말해본들 위험한 곳에는 들어가지 않으며 병역에 나가지 않는다. 내가 조금만 희생한다면 온 천하를 이롭게 할 수 있다 하여도 자기의 정강이 털 하나라도 뽑지 않는다고 한다. 그런데 세상 인군들은 이런 사람을 자신을 위하여 철저한 사람이라 칭찬하며 숭배를 아끼지 않는다. 여기서 생각해볼 것은 위에 있는 인군이 좋은 집과 많은 토지를 상품으로 내걸고 작록을 설정해놓은 것은 백성의 생명을 이것으로 바꾸자는 것이다. 그런데 뒤에 있는 인군은 그렇지 않아서 부귀와 영화를 가볍게 여기고 생명만을 귀중하게 여기는 사람을 높이고 귀하게 보면서 한쪽 백성들이 죽어주기를 바란다면 있을 수 있는 일일까? 또 서책을 쌓고 담론을 일삼고 자제들을 모아놓고 문학을 가르쳐주며 쓸데없는 말솜씨만 늘게 하는 학자들이 있다면 세상 인군들은 이를 예(禮)로 대우하면서 말하기를 현사(賢士)를 공경하는 것은 선왕의 도라고 말한다. 이리하여 학자에게는 상을 주고 농사를 짓는 경자에게는 겨우 세금만 무겁게 한다. 이와 같이 하면서 백성들만이 부지런히 일하고 의론(議論)을 적게 하라는 것은 웃지 않을 수 없는 일이다. 관청에 세금 바치는 자는 농민이고 인군이 길러주는 것은 학자인 것이다. 이렇게 하고서야 어찌 백성들이 부지런히 일하기를 바라며 학자들이 쓸데없는 언설을 적게 하기를 바랄 수 있을까?

또 나는 애국하는 사람이고 나라에 충성을 다하는 사람이다 하면서 입으로 절개를 자랑하고 지조를 내세우면서 만일 자기를 비난하거나 원망하는 자가 있다면 그냥 두지 않고 암살을 하거나 격투를 해서 없애버린다면 세상 인군들은 법으로 그런 자를 징계하는 것이 아니고 도리어 명예를 존중하고 절개와 지조를 생명같이 여기는 자라 칭찬하면서 높여준다.

또 싸움터에 나가서 목을 걸고 싸우는 사람에게는 상을 주지 않고 지방에서 마을에 팔려 목숨을 던지는 자들을 용기 있는 자라고 칭찬하면서 백성들에게 빨리 싸움터에 나가서 적과 싸우기를 바라면서 사사로운 싸움이 없기를 원한다면 그것은 가능하지 않을 것이다.

나라가 평온하여 태평시대에는 이러한 공론을 일삼는 유자나 만용(蠻勇)을 일삼는 협자(俠者)들을 길러주고 난리가 나야만 갑옷을 입는 군사를 쓰게 된다. 그렇다면 인군이 평소에 녹을 먹이면서 기르는 자는 일단 유사시에는 아주 쓸모없는 사람이고 유사시에 쓸 수 있는 사람은 그와는 반대로 평소에는 내던지고 돌봐주지 않는다. 이것이 망해가는 원인이 되며 나라가 어지러워지는 까닭이 되는 것이다.

또 인군들이 학자의 말에 귀를 기울일 경우에 그 말이 옳다고 여긴다면 마땅히 그 학자를 대우하고 관직을 줌과 함께 그 취지를 널리 공포해야 할 것이며, 만일 그 말이 옳지 않다고 여긴다면 그 사람을 버리고 그 말이 미치는 폐단을 미리 막도록 해야 할 것이다. 지금 그 말이 옳아도 쓰이지 않고 그 말이 그르다 해도 별반 관심을 두지 않으니 이와 같이 옳고 그르고 버리고 취하는 것이 정당하지 않아 옳아도 쓰지 않으며 옳지 않아도 버리지 못한다는 것은 확실히 국가 난망의 길이 아닐 수 없다.

담대자우(澹坮子雨)는 매우 용모가 단정하여 군자의 모습을 갖추고 있었으므로 공자는 이 사람에게 큰 기대를 갖고 임금에게 추천하여 벼슬을 주게 하였다. 그러나 몇 차례 같이 앉아 의사를 교환해보아도 그 행실이나 말하는 것이 용모와는 딴판으로 실망했다. 또 공자는 재여(宰予)의 언변을 듣고서 그 우아한 말솜씨와 풍부한 말의 형식이 너무나 훌륭하여 재여에게 필시 비범한 지혜가 있으리라 기대하고 이를 임금께 추천하여 벼슬을 주게 하였다. 그러나 그 뒤 몇 차례 말을 교환해보고 느낀 것은 말솜씨는 그럴 듯하나 말의 내용은 너무나 실속 없었던 것이다. 여기서 공자는 탄식하면서 내가 용모를 보고 사람을 취한 결과 담대자우에게 실패를 했고 말솜씨를 듣고서 사람을 취했다가 재여에게 실패했다고 하였다.

공자와 같이 현명한 지혜를 갖고서도 사실을 잘 몰랐다고 개탄하였거늘 지금의 인군들의 귀는 공자보다 더 어리고 인군의 눈은 공자보다 더 어두운 것이다. 그리고 새로운 사람들은 말도 더 잘하고 용모도 그럴듯하게 꾸미는 것이다. 그 사람의 용모와 말만을 보고 듣고서 채택한다면 어찌 실패치 않을 수 있겠는가. 하나의 예를 들건대 변사 맹묘(孟卯)의 말에 쏠렸다가 화양(華陽)에게 진장군(秦將軍) 백기(白起)에게 참패를 당했으며 조(趙)는 마복군(馬服君) 조괄(趙括)의 말솜씨에 넘어가서 역시 장평(長平)에서 진장군 백기에게 참화를 만났다. 이와 같이 위나라 임금과 조나라 임금은 다 함께 말에서 얻은 중대한 화난이었던 것이다.

검(劍)을 감정하는 사람으로서 쓰인 재료와 겉모양만 보고서는 과연 그 칼이 명도인지 아닌지는 구야(區冶)와 같은 명공일지라도 장담할 수 없으나 실제로 그 칼을 써서 물에서는 따오기나 기러기를 베어보며 뭍에서는 망아지를 쳐서 끊어본다면 비록 장확(臧穫) 같은 노복일지라도 그 칼의 잘 들고 무딘 것을 대번에 알아낼 것이다. 또 말이 명마인지 아닌가를 알기 위하여 말 입을 벌리고 입시울, 즉 치문

(齒吻)을 보고 모양을 살피는 것으로는 말을 잘 감정하는 백낙(伯樂)도 그 말의 준마인가, 둔마인가를 확실히 말할 수 없을 것이다. 실제로 수레를 걸고 멍에를 메이고 어디서 어디까지 거리를 정해놓고 달리게 한다면 비록 무식한 노복인 장확도 그 말이 준마인지 둔한 말인지 여하를 즉시 알아낼 수 있을 것이다.

사람을 용모와 복장을 보고 지껄이는 언변을 듣고서는 현명한 공자도 인물 여하를 몰랐다. 그러나 관직으로 시험하고 결과를 실제로 추구한다면 비록 범인일지라도 그 사람의 지자냐 우자냐를 의심치 않고 알아낼 수 있을 것이다. 그러므로 명군이 사람을 씀에 있어 그 재능과 그 공적을 보고서 등용하게 되므로 재상은 반드시 관리 중에서 기용하고 대왕은 반드시 장교 중에서 발령하는 것이다.

대체 공이 있는 자에게 상을 내리고 벼슬을 올려주고 급을 높여주면 더욱 맡은 일에 열의를 다할 것이다. 작록이 커지고 관직이 잘 다스려지게 하는 것은 왕의 도리이다.

반석(盤石)이 천 리에 깔려 있다고 해서 그 나라는 부하고 국토가 넓은 나라라고 말할 수 없으며 상인(象人), 즉 허수아비 같은 인물이 백만이 있다고 해서 그 나라는 강하다고 말할 수 없을 것이다.

돌이 크지 않은 것은 아니고 수가 많지 않은 것은 아니나 이것으로는 그 나라를 부강하다고 말할 수 없는 것은 반석으로 곡식이 생산할 수 없고 상인, 즉 허수아비는 적을 막아낼 수 없기 때문이다.

지금은 돈만 있으면 고관대작도 얻을 수 있다. 이것을 상관(商官)이라고 이른다. 아마 돈놀이로 얻어진 벼슬이므로 상관이라고 한 것 같다. 이러한 상관이나 상공으로 업을 삼는 사람들을 말하자면 손으로 경작하지 않고 먹는 자들이다. 이들의 손으로는 토지가 개간되지 않으므로 결국 반석이 천 리에 깔린 셈이다. 또 유자(儒者)나 협자(俠者)는 나가서 싸운 군공도 없이 영화를 얻고 부귀를 누리고 있으나 쓸모가 없는 인간들인 것이다. 즉, 허수아비 백만의 숫자를 채운 것밖에 안 된다.

반석과 우인(偶人, 허수아비)이 쓸데없는 줄은 알면서도 상관과 유협이 쓰지 못할 백성임을 모른다면 이것은 알고 저것은 모르는 어리석은 자라 말하지 않을 수 없다.

그러므로 적국의 군왕이 비록 우리의 도덕과 문물을 좋아한다 하더라도 우리는 그들로 하여금 조공을 바치고 신하가 되라고 할 수 없으나 내가 지배하는 관내(關內)의 제후들이 비록 나의 행실을 비난한다 하더라도 나는 반드시 그들에게 폐물(幣物)을 갖고 들어와 배알하게 할 수 있다. 이와 같이 나에게 힘이 많다면 족히 사람을 굴복시킬 수 있지만 나에게 힘이 적다면 도리어 굴복하게 되는 것이다. 그러므로 명군은 실력을 양성하기에 힘쓰는 것이다. 엄한 가정에는 사나운 종이 있을 수 없고 사랑하는 어미에게는 도리어 불량한 자식이 있는 것이다. 이것으로 보아 위엄과 세력은 능히 사나움을 금할 수 있을 것이다. 후한 덕과 은혜로서는 어지러움을 그치게 할 수 없는 것이다.

무릇 성인이 나라를 다스림에 있어 백성 스스로 선한 사람 되기를 믿지 않고 사람들이 잘못을 저지르지 못하게 할 뿐이다. 사람들이 스스로 선해지기를 바란다면 어떤 지역 내에서 그런 자발적인 인물은 10명도 안 될 것이다. 사람들이 잘못을 저지르지 못하게 하는 방법을 쓴다면 일국의 사람으로 하여금 다 같이 법치에 복종시키게 될 것이다. 이와 같이 정치를 아는 사람은 많은 사람들이 따를 수 있는 방법을 쓰고 소수의 사람들이 따라올 수 있는 방법은 버리는 것이다. 그러므로 덕을 쓰지 않고 법을 쓰게 되는 것이다.

대체 자연의 곧은 나무를 사용하여 화살을 만들려고 하면 백세(百世)를 기다려도 화살은 손에 들어오지 않을 것이다. 자연의 둥근 나무를 사용해 수레바퀴를 만들려고 하면 천세를 기다려도 바퀴는 얻지 못할 것이다. 자연의 곧은 살 자연의 둥근 바퀴는 백세에 하나를 얻기가 어렵지만 세상에서는 수레를 타고 새를 쏘는 것은 무엇에 의한 것인가? 이는 적당한 도구로서 곡직교요(曲直矯揉)의 법을 강구했기 때문이다. 가령 이 세상에 간혹 자연적으로 곧은 화살과 둥근 모양의 나무가 있다 하여도 양공(良工)은 이것을 귀하게 여기지 않는다. 왜냐하면 타는 사람은 한 사람이 아니고 쏘는 사람은 한 발만이 아니며 드물게 있는 것으로 자주 사용하는 데 따를 수 없기 때문이다. 상벌을 믿지 않고서 저절로 선량해지는 사람 있기를 명군은 바라지 않으며 혹시 있다 치더라도 그리 귀중하게 여기지 않는다. 왜냐하면 국법은 조금도 소홀히 할 수 없고 다스리는 사람은 한 사람만이 아니기 때문이다. 그러므로 술법을 가진 인군들은 우연한 선을 좋아하지 않고 필연의 길로 가는 것이다.

누군가가 어떤 사람에게 말하기를 반드시 너를 지혜자로 만들고 오래 살게 해준다고 한다면 세상 사람들은 이 사람을 미친 사람이라고 할 것이다. 왜냐하면 지혜는 천성적이며, 수명은 천명으로 자라기 때문이다. 즉, 천성과 천명은 사람에게 배울 수 없고 얻을 수 없기 때문이다. 배울 수 없고 얻을 수 없는 성명(性命), 즉 사람의 힘으로는 불가능한 것을 말하기 때문에 광인(狂人)이라고 말하는 것이다. 이와 같은 것은 천수(天受)의 성(性)을 가르쳐주는 것으로, 즉 여러 사람을 가르쳐 인의로 한다는 것은 이 천수의 성을 사람의 힘으로 개선도 해보고 진보시켜 보려는 것으로 이는 마치 요·순의 지혜를 전하고 팽조(彭祖)의 수명을 가르침과 같아서 실제로는 아무런 효과가 없는 것이다. 그래서 법도를 가진 인군으로서는 이런 허황된 말을 받아주지 않는다.

옛날에 있던 모색(毛嬙)이나 서시(西施)와 같은 미인이 부러워서 입에 침이 마르도록 칭찬한들 조금도 자기의 얼굴에는 그 아름다움이 보태지지 않을 것이다. 그것보다는 빨리 자기 얼굴에 분 바르고 눈썹을 그리고 연지를 찍고 기름을 발라 화장을 곱게 또는 짙게 할 것 같으면 처음보다는 몇 배 아름다워질 것이다.

일반적으로 당대에 아무리 선왕들이 잘하신 인의를 찬미하고 칭찬한들 나의 치도(治道)에는 조금도 보탬이 되지 않을 것이다. 그런 일보다는 실제로 정치에 힘쓰는 것이 더 중요할 것이다. 법도를 가르치고 신상필벌(信賞必罰)을 기할 수 있도록 노력하는 것만이 나라에 대한 분 바르고 연지 찍고 눈썹 그리고 기름을 칠해 짙은 화장 고운 얼굴을 만드는 격이다. 그러므로 명군은 치도를 돕게 하는 신상필벌을 조속히 실행하고 인의의 예찬을 서둘지 않는 것이다.

무당은 사람을 위하여 신전에 갖가지 제물을 진설하고 상하 사방을 향하여 절도 하고 춤도 추면서 천지 오방대신이 감응하여 너의 수명을 천수 만세에 이르게 한다. 그러나 무당이 외치는 천수 만세의 소리는 귓전이 시끄럽게 들리고 있지만 사실 단 하루는 고사하고 반나절의 수명도 연장시켜 주지 못하는 것이다. 이래서 세상 사람들은 무당을 업신여기는 까닭이다. 요즘 유자(儒者)가 인군에게 하는 말이 지금의 정치를 어떻게 하자는 것이 아니고 과거에 선왕들이 한 것처럼 해야 된다는 것이다. 이와 같이 유자들은 현재의 법도를 어떻게 하자는 것이 아니고 선왕 때부터 전해 온 것을 말하고 선왕들의 성공을 칭찬하면서 유자들은 자신들의 말만 들으면 패왕이 될 수 있다고 하니 이는 무당들이 사람을 보고 천수 만세까지 살게 해준다는 격이다. 명군은 이와 같은 허황된 말에는 귀를 기울이지 않고 사실을 들어 쓸데없는 것은 버리고 인의의 허사는 말하지 않으며 학자들의 공언(空言)을 듣지 않는다.

다스림을 말하는 자들이 겨우 인군에게 한다는 말이 민심을 얻어야 한다고 한다. 물론 민심을 얻음으로써 치도(治道)를 할 수가 있다면 이윤(伊尹)이나 관중(管仲)과 같은 현자일지라도 그 치술은 쓸데없고 큰일 작은일 백성에게 물어서 하면 될 것이다. 그러나 백성들의 소견은 머리카락을 오랫동안 깎지도 않고 감아주지 않으면 머리가 충혈이 되어 두부에 종기가 생긴다. 그 종기는 째서 고름을 짜내야 얼른 나을 것이다. 그렇게 하려면 어머니의 혼자 힘으로는 어린애가 보채고 울어서 곁에서 누가 도와줘야 한다. 어린애가 보채고 우는 것은 고통을 참아야 얼른 나을 수 있는 이로움을 모르기 때문이다.

지금 인군이 백성들을 보고서 논을 깊이 갈아라, 뽕나무를 심어라, 종자를 잘 선택하여 심으라고 하는 것은 그것으로 잘살게 만들어주자는 생각이건만 백성들은 그렇게 하는 것을 도리어 귀찮게 여긴다. 형벌을 엄하게 하고 죄인을 무겁게 다스림은 그것으로 도둑을 막고 불량배를 없앨 수 있기 때문이건만 백성들은 도리어 가혹하다고 싫어한다. 돈을 저축하고 양식을 남겨서 창고에 넣으라고 하는 것은 흉년이나 만일의 경우를 대비하기 위해서이건만 백성들은 그것을 비난하여 백성을 볶는다고 도리어 원망을 한다. 군대를 훈련하고 사졸(士卒)을 소집하여 가끔 검열을 하고 교련을 하는 것은 적의 침입을 막기 위해서이건만 백성들은 이것을 너무 가혹하다고 생각한다. 이상 네 가지는 민생을 잘살게 하고 치안을 보장하고 평화를 유지하는 데 절대적인 조건이다. 그러나 백성들은 그때그때의 작은 고통을 참지 못하여 불평을 한다. 이것은 어린애가 종기를 짜낸 뒤의 이익을 알지 못하고 보채는 것과 마찬가지이다. 그래서 성통(聖通)한 인사를 구하여 치도를 하려는 것은 백성의 뜻이라고 하는 것은 대체로 어린애와 같은 생각으로 본받을 것 없기 때문이다.

옛적에 우임금이 9년 홍수를 다스려 집에도 가지 않고 강을 파고 하천을 뚫어 바다로 물을 떨어뜨리는 등 애를 썼건만 백성들은 그 은혜를 고맙게 여기지 않고 깨진 기왓장 자갈을 모아놓고 우임금이 그곳을 지나가면 그것을 던졌다.

정자산(鄭子産)은 정승으로 있으면서 5개년 계획을 세우고 땅을 개간시키고 뽕나무를 심게 하고 도로변에는 유실과목을 장려하였건만 백성들은 도리어 이를 비방하였다. 이와 같이 대우(大禹)는 천하를 이롭게 하고 정자산은 정나라를 안존하게 하려 힘을 썼건만 반대와 비난과 공격을 받았다. 이런 것으로 보아 무식한 백성의 뜻은 쓸 수 없다는 것을 짐작할 수 있다. 그러므로 유능한 사람을 구하여 정치를 하되 나라의 혼란의 원인이 어디에 있는가를 잘 알아야 한다.

제28편 심도(心度)

형벌을 엄하게 함은 백성을 이롭게 하는 데 있는 것이고 백성을 원수로 하는 것이 아니다. 즉, 형벌의 본의는 실제(實際)에 가서는 이를 더할 수 없는 경지를 조성하려는 데 있음을 논한 편이다.

성인(聖人)이 백성을 다스림에 있어 그 근본적으로 꾀하는 것은 백성의 사욕(邪慾)을 막고 민복을 기하려는 데 있을 뿐이다. 그러므로 백성에게 형벌을 주는 것은 미워서가 아니라 사랑의 원리에서 행해지는 것이다. 대체 이것이 제대로 행해지면 백성은 평정으로 돌아가게 될 것이며 상이 잦으면 간사(姦邪)가 생기기 쉽게 된다. 그래서 형벌은 다스림의 시작이 되고 상(賞)은 어지러움의 원인이 되는 것이다. 생각건대 백성이란 본래의 성정(性情)은 어지러움을 좋아하고 법에 친해지는 것은 아니다.

여기에 있어서 명군(明君)은 나라를 다스림에 있어 상을 밝게 하여 백성으로 하여금 공에 힘쓰게 하고 형벌을 엄히 하여 법에 친하게 하는 것이다. 공에 힘쓰게 되면 공사(公事)에 범함이 없을 것이며 법에 친하게 되면 간사가 싹트지 않을 것이다. 그러므로 착하게 백성을 다스리는 자는 간사함이 싹트기 전에 다스리며 군사를 잘 쓰는 자는 평시에 백성을 잘 훈련하여 전시에 백성으로 하여금 명령에 복종하게 한다. 간사함을 금지하여 그 근본을 선행하는 자는 다스려질 것이며 공적인 느낌이 들게 되면 개인적인 욕망은 잠기어 발생하지 않을 것이다. 간사함을 고발하는 자에게 상을 주면 간사함은 발생하지 못할 것이고 법을 밝게 하면 일에 번거로움이 약화될 것이다. 이 네 가지의 술을 얻은 자는 부강하게 할 수 있으며 이를 얻지 못하는 자는 빈약해짐을 면치 못할 것이다. 나라가 부강해지는 근본은 정치를 잘하는 데 있으며 인군이 존귀해지는 근본은 권력을 잘 쓰는 데 있는 것이다. 권력은 명군에게도 어리석은 임금에게도 똑같이 있으나 공을 세워 같지 않음은 그 출발점이 다르기 때문이다. 필경 명군은 권력을 잡아 왕권을 강화하고 정치를 한결같이 하여 잘 다스리기 때문인 것이다.

그러므로 법은 왕의 근본이 되며 형벌은 사랑의 출발인 것이다. 백성이란 본래 노고(勞苦)를 싫어하고 편하게 노는 것을 즐겨하는 것이다. 그 결과로 황태(荒怠, 거칠고 게을러짐)해질 것이며 그로 인하여 불치(不治)를 초래하여 마침내 쇠란(衰亂)에 빠지게 마련인 것이다. 그러므로 상벌이 밝게 천하에 행해지지 않으면 반드시 상하의 정은 막혀서 서로 소통이 되지 않는다. 누구나 큰 공을 세우려고 하면서도 힘을 다하지 않는 것은 큰 공이 반드시 얻어질 것인가를 의심하기 때문이며 법을 새롭게 하여 다스려보려고 하지만 옛 법의 개변(改變)을 주저하게 되는 것은 과연 백성을 잘 다스려 안정시킬 수 있을까를 두려워하기 때문인 것이다.

대체 백성을 다스리는 데는 일정한 상법(常法)이 있는 것이 아니고 오직 다스려짐을 법으로 한 것이다. 그리고 율법은 때와 함께 둥글게 돌아서 구관고례(舊慣古例, 예로부터 내려오는 관례)에 갇히지 않으면 다스려질 것이다. 치도는 세상과 함께 세태인정(世態人情: 그때 현실)에 적합하게 되면 공을 얻을 수 있는 것이다. 여기에 있어서 백성이 순박하여 그 악을 금하고 예의와 염치를 지키면 잘 다스려질 것이며 이를 속박(束縛)하여 형법율칙(刑法律則)으로 하면 순종하게 될 것이다. 그때의 세상은 추이(推移)되어 치법을 바꾸지 않으면 국내는 어지러워질 것이다. 백성을 다스려 적당히 금령을 유지하면 다른 나라로부터 침략을 당하여 나라는 어지러워 쇠약을 면치 못할 것이다. 그러므로 성인(聖人)의 세상을 다스리는 데에는 법은 때와 함께 실행되고 금지령은 치세와 더불어 변해지는 것이다. 힘을 땅에 쓰는 자는 부유해지며 힘을 적(敵)에 쓰는 자는 강해진다. 강하고도 고집(固執)하지 않고 그때그때의 경우에 따라 일을 잘 처리하는 자는 왕이 될 수 있는 것이다. 그러므로 왕도는 힘들여 일하고 공도(公道)를 여는 데 있고 떠도는 유언비어를 막고 사의를 막는다. 그 간사함을 막을 수 있는 자는 반드시 왕이 될 수 있으며 왕의 기술을 밖으로부터가 아니라 내적 실력에 의지하는 것이다. 밖으로부터 어지럽게 하지 않음을 바라면서 정치를 하는 자는 삭약(削弱)해질 것이며 어지럽게 할 수 없는 실력을 믿고서 법을 행하는 자는 흥륭(興隆)해질 것이다.

어진 임금이 나라를 다스림에 있어 혼란을 막을 수 있는 술(術)을 알맞게 써서 공이 있는 자를 상주고 일을 열심히 하는 자에게 벼슬을 주어 간사함이 틈타지 못하게 함으로써 인금의 권위는 무거워지며 그 작위는 존귀해지는 것이다. 이것은 왕이 된 사람의 기본인 것이다. 이에 반하여 국력의 강화를 일삼지 않고 각처로 돌아다니며 개인의 학설을 두루 퍼뜨리는 사학유세(私學遊說)의 추종을 믿는 자는 그 벼슬이 천해질 것이다. 그 벼슬이 천해지면 따라서 인군의 권위가 낮아질 것이며 그것이 낮아지면 반드시 침략을 당하여 국가는 위태로워질 것이다. 필경 나라를 세우고 백성을 다스리는 도는 적국으로 하여금 나를 꾀하지 못하게 하며 능히 사사로움을 막아 간사한 백성으로 하여금 법금을 범하지 못하게 함으로써 오직 자존자강의 왕업을 성취할 수 있을 것이다.

제29편 외저설(外儲設) 右上

인군이 신하를 다스릴 수 있는 길은 세 가지가 있다.

1. 인군의 권세로써 신하를 복종시킬 수 없다면 그 신하를 제거해야 한다. 사광(師曠)의 대답이나 안영(晏嬰)의 말은 행하기 쉬운 권세의 힘을 버리고 행하기 어려운 인(仁)의 길을 갓게 했으니 말하자면 이것은 수레를 버리고 그 인군으로 하여금 짐승과 함께 달리게 한 것으로 환란을 제거할 줄 안다고 할 수 없다. 환란을 제거하려면 자하(子夏)가 춘추(春秋)를 말한 데 있다. 능히 인군이 될 수 있는 세력을 가진 사람은 간사한 싹이 트기에 앞서 재빨리 잘라버리는 것이다. 그러므로 계손(季孫)도 중니(仲尼)를 꾸짖어 세를 막았는데 하물며 인군으로서 이것을 행함에 있어 무엇이 문제가 되겠는가. 그래서 태공망(太公望)은 광일(狂逸)을 죽이고 장획(臧獲)도 천리마인 기(驥)를 타지 않았다. 사공(嗣公)은 이것을 알고 사슴은 소용이 될 수 없다고 하였으며 설공(薛公)도 이 이치를 알고서 이란(二欒)에게 도박을 시켰다. 이들은 동이상반(同異相反), 즉 변화의 이치를 알고 있었다. 그러므로 밝은 인군이 신하를 기르는 것은 마치 까마귀를 길들이는 데 있다고 말했다.

2. 인군은 이해(利害)의 표적으로 되어 많은 사람들이 각기의 욕망을 적중시키려는 과녁과 같다. 맞히려고 하는 자들이 많으므로 함부

로 자기의 심정을 신하들에게 보여주어서는 안 된다. 보여주면 신하는 이것으로써 인군을 미혹한다. 또 인군이 말을 참지 못하고 신하가 인군에게 한 말을 다른 신하에게 누설하면 신하는 말하기를 꺼려하고 인군은 신명함을 잃게 된다. 이 말은 신자(愼子)가 육신(六愼)을 말하고 당이자(唐易子)가 주살을 말한 데 있다. 그리고 그 후환은 국양(國羊)이 청변(請變)하고 선왕(宣王)이 탄식한 데 있다. 정곽군(靖郭君)은 열 개의 귀걸이를 바치고 감무(甘茂)는 서수(犀首)에 구멍을 뚫고 들은 데 분명했다. 당계공(堂谿公)은 술(術)을 알았으므로 옥치(玉卮)를 말하고 소후(昭侯)는 잘되기 위하여 중대한 거사에는 독침(獨寢)을 했다. 명군의 길은 신자(申子)가 독단(獨斷)을 권면한 데 있다.

3. 술(術)이 행해지지 않는 데는 그럴만한 이유가 있다. 그래서 집에 있는 개를 없애지 않으면 술은 시어져서 버리게 된다고 하였다. 나라, 즉 조정에서도 사나운 개가 있고 인군의 좌우에 있는 사람들 중에는 잡으려야 잡을 수 없는 쥐와 같은 사서(社鼠)의 무리가 많다. 인군으로서 요(堯)의 재주(再誅)와 장왕(莊王)이 태자에게 응한 용단이 없다면 박씨(薄氏) 어미가 흔히 채가(蔡哥) 할미에게 결정하게 된다. 그래서 노래를 가르치려면 먼저 배우는 자의 성대를 알아야 한다.

오기(吳起)가 사랑하는 아내를 내쫓은 일이나 문공(文公)이 전힐(顚頡)을 죽인 일들은 인정에 거슬린 법에 의한 것이다. 그러므로 등창을 치유하게 하려면 침으로 째는 지독한 고통을 참아야 한다.

전일(傳一)

상을 주고 칭찬을 해도 따라오지 않고 벌을 주고 책망을 해도 두

려워하지 않는다면 이미 상을 주고 벌을 주어 나무라거나 칭찬으로
서는 할 수 없는 자이므로 그때는 제거하는 도리밖에 없다.

제경공(齊景公)은 진(晋)나라에 갔다. 진평공(晋平公)의 환영을 받아
영빈관에 가서 만찬을 함께할 때 태사(太師)로 있는 사광(師曠)이 자
리를 함께하게 되었다. 경공은 태사에게 "이번 길에 태사는 과인에
게 무엇을 가르쳐주려는가?" 하고 치도(治道)를 물은즉 사광이 대답
했다. "인군께서는 백성에게 은혜를 베푸십시오" 하였다. 어느새 술
도 취했고 자리도 오래되었다. 경공은 또다시 치도를 사광에게 물었
다. 역시 사광은 득민(得民)하십시오 하였다. 밤도 깊어 경공은 평공
에게 사례하고 사처로 돌아가게 되었다. 사광은 경공을 배웅하여 궁
문 밖까지 따랐다. 경공은 수레 안에서 또다시 치도를 물은즉 사광
은 다시 은혜로 백성의 마음을 사라하며 득민을 강조했다. 사처로
돌아와서 자리에 든 경공은 아직도 술은 깨지 않았다. 몽롱한 정신
으로 은혜로 백성을 사라고 세 번씩이나 똑같은 말을 한 사광의 말
을 곰곰이 생각해보았다. 별안간 술이 깨면서 정신이 새로워졌다.

"아, 이제야 알았다. 나에게는 두 동생인 공자미(公子尾), 공자하(公
子夏)가 있어서 공족(公族)의 부귀로 백성을 사고 있다. 장차 나의 지
위를 위태롭게 할 자들은 반드시 공자미와 공자하가 분명하다. 사광
이 나에게 한 말은 다른 뜻이 아니고 이 두 동생과 백성의 마음을
사는 데 다투라는 말이다" 하고 본국으로 돌아가는 길로 국고에 가
득 쌓인 돈을 풀어서 고아나 과부 등 의지할 곳 없는 불쌍한 백성들
에게 흩어 나눠주고 칠십 이상의 늙은이들에게는 매월 녹미(祿米)를
정해주었고 궁녀로서 아직 임금을 모셔보지 못한 여인들은 해방시
켜 적당한 사내와 시집갈 것을 지시했다. 이와 같이 덕과 은혜를 베

풀어 국고에는 남은 돈이 없고 창고에는 곡식이 남아 있지 않았다. 궁중에는 원한의 여인이 없고 민간에는 어려운 백성이 적어졌다. 이렇게 한 지 2년이 되자 공자미와 공자하는 날마다 인기가 떨어져서 마침내 공자하는 초나라로 공자미는 진나라로 각각 나가고 말았다.

제경공은 정승 안자(晏子)를 대동하고 소해(少海), 즉 발해에 나가서 놀게 되었다. 백침대(栢寢臺)에 올라 산천을 굽어보니 때는 석양인데 녹수는 유유히 흐르고 청산은 당당하게 높아서 참으로 산고수려(山高秀麗)한 아름다운 제국 강산이었다. 경공은 안자를 돌아보면서 "내가 간 뒤에는 누가 이 강산을 차지할 것인가?" 물었다. 안자는 "아마 전성씨(田成氏)의 천하가 될 것입니다" 하였다. 안자의 말에 깜작 놀란 경공은 "지금 과인이 갖고 있는 이 나라를 전성씨가 갖게 된다는 말이 웬 말인가" 하고 물었다.

안자가 말하기를 "전성자는 매우 민심을 사고 있습니다. 그는 위로부터 벼슬이나 녹을 받아서 대신들에게 분배해주며 창고를 헤쳐서 쌀을 대여해주면서 자기 손으로 큰 말을 써서 대주고 거둬들일 때는 공량(公量)의 작은 말로 받아들입니다. 그리고 소를 잡으면 자기는 한 광주리도 차지 않게 받고 대부분은 군사들에게 나눠 먹이고 비단을 짜서 자신은 두 필도 갖지 않고 거의 선비들을 입히고 있으며 시장에서 파는 소금이나 생선 등은 값을 잘 조절함으로써 생산지인 해안보다도 비싸지 않으며 산에서 실어내는 재목이나 화목도 원산지인 산골보다도 비싸지 않아 백성들이 즐겁게 생활하고 있습니다. 이것은 정승으로서의 행정을 잘하는 덕으로 알고 백성은 전성자를 좋아하고 있습니다. 이와 같이 전성자는 후하게 은혜를 백성에게 베풀고 있건만 우리 인군께서는 그와는 반대로 무겁게 세금을 거둬들이고 있습니다. 어느 해 큰 흉년이 들어 굶어 죽는 자가 길가에 셀 수 없을 정도로 비참할 때에도 부모나 처자가 서로 손을 잡고 전성씨를 찾아가면 도움을 받지 못한 사람은 한 사람도 없었다고 합니다. 그래서 제나라의 모든 사람은 동요를 지어 노래하기를 '거친 들판에서 쑥을 뜯는 저 할머니, 쑥을 싸가지고 전성자에게 갈지어다' 하였습니다. 시(詩)에도 이르기를 비록 너에게 줄 만한 덕은 갖고 있지 못하지만 같이 노래하고 같이 춤출 수는 있다고 하였습니다. 지금 전성자의 덕에 백성들이 노래하고 춤추고 돌아가는 것이 마치 그렇다고 말할 수 있습니다. 그러므로 장차 제나라를 차지할 사람은 반드시 전성자일 것만 같습니다" 하자 경공은 눈에 눈물이 핑 돌면서 "그렇다면 참으로 슬픈 일이다. 과인의 나라가 장차 전성자의 소유로 되다니 어찌하면 좋으랴?" 백침대의 석양에 탄식의 눈물이 뿌려졌다.

안영은 경공을 위로하면서 말하기를 "너무 걱정 마시기 바랍니다. 만일 이것을 막으시려면 어진 사람을 가까이하시고 불초한 사람을 멀리하시며 번잡하고 어지러운 일을 다스리시며 형벌을 관대히 하시고 가난한 백성과 의지할 곳 없는 고아나 과부 등 불쌍한 사람들을 돌봐주시며 이와 같이 은혜를 행하시고 도와주신다면 백성들은 장차 인군에게 돌아오게 될 것으로 비록 열 사람의 전성씨가 있은들 우리 인군에게 어찌 하오리까" 하였다.

어떤 사람이 경공을 평하기를 인군으로서 마땅히 쓸 수 있는 권세를 쓸 줄 몰랐으며 사광과 안영은 환난을 제거할 줄 모르는 사람이라 하였다. 대체로 사냥하는 사람은 거여(車輿)의 안전과 육마(六馬)의 질족(疾足)을 얻어 왕량(王良)으로 하여금 고삐를 돕게 한다면 몸은 수고치 않고서도 빨리 도망치는 짐승을 잡을 것이다. 그런데 지금 사냥하는 사람이 수레의 이로움이나 육마의 빠름이나 왕량의 기술을 다 버리고 내려서 달려 짐승을 쫓는다면 비록 옛날 누계(樓季)와 같은 날래고 빠른 발을 가졌다 하더라도 능히 짐승을 쫓아서 잡을 수 없을 것이다. 그러나 좋은 말과 튼튼한 수레에 의지하면 아무런 기술을 갖지 않은 마당쇠일지라도 짐승을 쫓을 여유가 있을 것이다. 나라는 인군의 수레이며 권세는 인군의 말인 것이다. 대체 이런 권세에 의지하지 않고 작록을 청하여 대신에게 분배하므로 사람들의 마음을 사고 있는 천애(擅愛)의 신하를 막으려고 하는 것은 인군이 은덕을 베풀어 신하들과 행실을 같이 하므로 백성 얻기를 다투자는 것이다. 마치 수레의 안전과 육마의 빠름을 버리고 내려서 달음질치는 격이다. 그래서 혹자가 말하기를 경공은 세를 쓸 줄 모르는 인군이며 사광과 안자는 환란을 제거할 줄 모르는 신하라 할 수 있다고 말했다.

공자의 제자인 자하(子夏)가 말하기를 춘추기록에 신하로서 인군을 죽이거나 아들로서 아비를 죽인 일이 수십으로 셀 수 있다. 이러한 패륜패역의 무도한 일은 모두 하루아침에 쌓여서 된 일이 아니다. 조금씩 쌓이고 쌓인 악이 폭발한 결과인 것이다. 무릇 간악한 자는 그 행실이 오래가면 쌓여서 힘이 많아지고 능히 인군도 죽이게 되는 것이다. 그러므로 명군은 재빨리 그 악의 싹을 끊어버려야 하는 것이다. 지금 전상(田常)이 패역의 난을 일으키려는 조짐이 점점 나타나고 있다. 안자는 인군으로 하여금 침해하고 능멸하는 신하를 막지 못하고 다만 그 인군으로 하여금 은혜를 행하게 하였으므로 제간공(齊簡公) 때에 그 화(禍)를 받게 된 것이다. 그러므로 자하가 말하기를 권세를 가진 자는 재빨리 간사한 싹을 끊어버린다고 하였다.

계손(季孫)은 노나라의 정승으로 있었고 자로(子路)는 후읍(郈邑)의 원(員)으로 있었다. 그런데 그해 여름에 노나라에서는 민중을 동원하여 긴 제방을 쌓게 되었다. 이때 자로는 자기의 녹미(祿米)에서 음식을 장만해가지고 오부(五父)라는 곳에서 공사를 감독하는 십장들을 모아놓고 대접해주었다. 공자가 이 말을 듣고 자공(子貢)을 시켜 그 음식을 뒤집어엎고 그릇을 파괴해버리라고 하면서 말하기를 "백성은 노군(魯君)이 지배하는 백성인데 너는 어째서 네 마음대로 백성에게 음식을 만들어 먹이느냐?" 하고 꾸짖었다. 자로가 발끈 성을 내면서 팔을 걷어붙이고 말하기를 "선생은 그동안 유(由, 자로의 이름)에게 무엇을 가르쳐주었소? 사람이 사람 노릇을 하려면 어질고 의로운 일을 하라고 하지 않았소? 나는 선생이 가르쳐준 대로 오늘 의로운 일을 해보고 싶어 박봉을 털어 배고파하는 사람들에게 먹여주었소. 선생이 일찍이 말하기를 인(仁)이란 것은 천하 사람과 가진 것을 같이하고 그 이익을 같이 나누고 그 어려움을 함께하는 것이라고 가르쳐주신 것으로 기억하고 있소. 오늘 유는 선생의 가르침을 좀 실천해보려고 그 사람들을 먹여주었는데 무엇이 잘못이란 말이오?" 하고 스승에게 불공한 태도를 취했다. 이 말을 들은 공자는 자로에게 점잖게 말하기를 "유야, 네가 이렇게까지 수양이 부족하고 무식할 줄은 몰랐다. 그래도 어느 정도 사리와 예절을 아는 줄 알았더니 과연 예를 모르는구나. 네가 사람들에게 먹여주었다는 것은 사랑한다는 표시인 것이다. 대체로 천자는 천하를 사랑하고 제후는 경내(境內)를 사랑하고 대부는 관직을 사랑하고 선비는 그 집을 사랑하는 것이 예인 것이다. 그 사랑이 분수를 넘어섬을 침(侵)이라 한다. 지금 노나라 인군의 백성을 네 마음대로 사랑한다는 것은 인군을 침(侵)한 것이다. 어찌 외람된 행동이라 아니할 수 있겠는가?" 공자의 말이 끝나기도 전에 계손의 사자가 와서 꾸짖어 말하기를 "내가 백성을 동원하여 공사를 하고 있건만 선생은 제자를 시켜 인부들에게 음식으로 잔치를 하였다는 것은 장차 나의 백성을 빼앗으려는 것이 아니냐?" 하고 공자를 나무랐다. 이 말을 들은 공자는 면목이 없어서 수레를 타고 노나라를 떠났다. 말하자면 공자의 어짊으로 더구나 계손은 인군도 아니고 신하의 신분으로 인군의 세를 잠시 빌릴 뿐으로 재빨리 악의 싹을 미연에 금지하여 자로로 하여금 사사로운 은혜를 행치 못하게 하였는데 하물며 인군이 이것을 행하게 할 수 있겠는가? 경공은 권세로써 전상(田常)의 침해를 미리 제거했다면 뒷날 신하로서 인군을 빼앗거나 죽이는 중환(重患)은 없었을 것이다.

태공망(太公望)은 동(東)으로써 제(齊)나라의 왕이 되었다. 제의 동해변에는 처사(處士)였던 광일(狂逸)이라고 하는 사람과 그 동생 화사(華士)라는 두 형제가 있었다. 이 두 사람의 주의와 사상은 다음과 같다. 우리는 천자에게 신하가 되지 않으며 제후에게 벗이 되지 않고 오직 밭을 갈아 먹고 우물을 파서 마심으로 남에게 신세질 것이 없다. 따라서 위로 천자가 주는 벼슬에 내 몸이 팔릴 것이 없고 인군들이 주는 녹을 받지 않는다. 말하자면 벼슬하기를 일삼지 않고 애써 일하기에 힘쓴다고 한다. 이때 태공망은 제왕(齊王)이 되어 영구(營丘)에 이르러 사람을 보내 이 두 형제를 불렀다. 그러나 오지 않아서 부득이 관원을 보내 처형했다. 그때 주공단(周公旦)이 노나라에서 이 소식을 듣고 급히 사람을 태공망에게 보내 묻기를 "그대가 제왕이 되어 가자마자 광일과 화사와 같은 이름 높은 처사를 죽였다는 것은 무슨 이유에서인가?" 하였다.

태공망이 주공에게 대답하기를 그 두 사람은 주의와 주장이 매우 불온하므로 죽이지 않을 수가 없었습니다. 천자에게 쓰일 것이 없고 또 인군에게 벼슬을 일삼지 않고 애써 자기 힘으로 살 것을 힘쓴다고 하니 이는 천자에게 신하가 되지 않겠다는 자이다. 또 제후에게 벗이 되지 않는다고 하니 또한 내가 부릴 수 없는 자이다. 밭을 갈아 먹고 우물을 파 마시고 남에게 신세를 지지 않는다 하니 이 또한 내가 상벌로써 권면하거나 금지할 수 없는 자이다. 위로 천자에게 현달(賢達)을 구한 것이 없다고 하면 비록 아는 것이 많아도 나의 소용이 되지 않으며 인군이 주는 녹을 바라지 않는다면 비록 현자라도 나에게 공을 세우지 않을 것이다. 벼슬을 하지 않으면 다룰 수 없고 일을 맡지 않으면 충성하지 않을 것이다. 선왕(先王)들이 신민을 부리는 데 쓴 것은 반드시 작록이 아니면 형벌이었다.

지금 이 네 가지로 족히 부릴 만한 신민이 있지 않다면 나는 누구에게 인군을 할 수 있겠는가? 싸운 공이 없이 현달해지거나 애써 갈지 않고도 이름이 얻어짐은 백성에게 가르칠 수 없는 일이다. 여기에 말이 있어 천리마의 모양을 갖고 있다면 천하에 드문 명마라 할 것이다. 그러나 몰아도 앞으로 나가려 하지 않고 끌어도 뒤로 물러서지 않는다면 쓸모없는 말이니 천한 마당쇠인들 그 발에 부탁하지 않을 것이다. 마당쇠가 천리마의 발에 소원하는 것은 천리마로서 가히 이익을 얻을 수 있고 해를 멀리할 수 있기 때문이다. 그런데 여기에 좋은 말이 있다고 한들 사람에게 쓰이지 않는다면 천한 마당쇠인들 그 발을 쓰려고 하지 않는 것과 마찬가지로 광일과 화사는 자칭 세상에 도움이 되는 현사라고 하였다.

그러나 인군에게는 쓸모없는 인물이었다. 저만이 잘난 체하여 인군에게 쓰이지 않는다면 인군이 신하로 할 수 없는 인간이다. 마치 천리마의 훌륭한 소질은 갖고 있지만 앞으로도 뒤로도 좌로도 우로도 말을 듣지 않으므로 나는 불가불 광일과 화사 두 사람을 죽임으로써 천하에 내가 갖고 있는 권세의 힘을 보여준 것이다 하였다.

태공망이 동해상에 광일, 화사 두 형제의 현사(賢士)가 있다는 말을 듣고 방문했으나 세 번 모두 만나주지 않으므로 괘씸히 여겨 그들의 목을 베었다. 이때 주천자의 숙부 되는 주공단이 노나라에서 소식을 듣고 급히 비마를 띄워 광일, 화사를 죽이지 말라고 하였으나 이미 죽인 뒤였다. 주공단은 매우 언짢아 태공망에게 말하기를 그대는 어째서 이름 있는 이 사람들을 죽였는가? 태공망이 주공단에게 말하기를 이 자들은 서로 짜고 의논하여 천자에게 신하노릇을 하지 않으며 제후에게 벗이 되지 않는다고 하니 나는 이 자들이 법을 어지럽게 하고 교령을 바꾸게 하는 자로 여겨 죽였다. 비유컨대 여기에 천리마의 형용을 한 말이 있다고 하자. 그러나 몰아도 가지 않고 끌어도 오지 않는다면 마당쇠 같은 천한 자일지라도 그 몸을 천리마의 발에 의탁하지 않을 것이다. 광일, 화사는 현자인체 하였지만 쓸모없는 인간으로 법교(法敎)를 세우기 위해서 처형할 수밖에 없었다고 주공에게 말하였다.

위대부 여이(魏大夫 如耳)가 위사군(衛嗣君)을 만나 자기의 포부와 지략을 자랑했다. 위사군은 여이를 매우 좋아했다. 그러나 자기 사람이 될 수 없음을 한탄하였다. 좌우에 있는 신하들이 위사군에게 말하기를 "그렇게도 여이를 훌륭한 인물로 아끼신다면 여이를 우리나라의 정승으로 삼으심이 어떠합니까?" 하였다. 신하들의 말에 위사군이 대답하기를 "여기에 말이 있어 그 형태가 사슴과 같으면 천리마라 하여 천금으로 값을 치지만 십 금의 사슴은 없다. 왜냐하면 말은 사람에게 쓰이지만 사슴은 사람에게 소용이 되지 않기 때문이다. 지금 여이는 만승지국의 정승이다. 밖으로 큰 나라에 뜻이 있고 위(衛)와 같은 작은 나라에는 마음이 없다. 비록 변사(辯辭)와 지략(智略)은 훌륭하지만 과인에게는 쓸모가 없다. 그래서 나는 정승으로 하지 않는 것이다" 하였다.

설공(薛公)은 위소후(魏昭侯)의 정승이다. 위소후의 좌우에 난자(欒子)라 하여 쌍둥이 양호(陽胡), 번기(潘其) 두 사람은 설공이 쓸 수 없어 그것이 마음에 걸렸다. 어느 날 이 자들을 불러 같이 저녁을 하고 사람에게 백금을 나눠주고 그들 쌍둥이와 같이 도박을 시켰다. 판돈이 떨어지자 또다시 이 백금씩 나눠주어 재미있게 놀도록 하였다. 이윽고 시종이 나와서 아뢰기를 "손님이신 장계(張季)가 문전에서 찾고 있습니다" 하고 연락하자 설공은 발끈 성을 내어 가동에게 칼을 주면서 "그 놈이 왜 와서 만나려는 것이냐? 그자는 나를 위하는 자가 아니니 이 칼로 없애버려라" 하였다. 그때 계우(季羽)라고 하는 사람이 이 광경을 보고 설공에게 "제가 듣건대 장계는 매우 공을 위하여 일하려는 마음이 지극하지만 그 천성이 내성적이어서 밖으로 표현을 못 할 뿐인 줄 압니다" 하였다. 설공은 계우의 말에 거짓 놀라는 마음이 역시 있었던가 하마터면 옹졸한 오해에서 좋은 친구를 해칠 뻔했다고 수선을 떨면서 몸소 나가 마중하여 상좌에 앉히고 극진한 대우를 하여 말하기를 "그대는 나를 돕지 않고 있다는 말이 들려서 본의 아닌 행동을 취하려 했으나 알고 보니 그렇지 않다고 하니 내 어찌 그대를 잊을 수 있겠는가?" 하고 이에 창고지기를 불러 쌀

천 석의 출고증과 금고지기를 불러 오백 금의 수표를 마련하라고 하였다.

마부를 불러 말 두 필에 수레 두 채를 준비하라 하고, 내시를 불러 미녀 20명을 선택하라 하더니 이 어마어마한 상품을 장계에게 내주면서 비록 하찮은 물품이지만 받아두라고 하였다. 도박을 하고 있던 난자, 양호, 번기는 어안이 벙벙하여 서로들 소곤거리며 설공을 위하는 자는 이(利)를 보고 설공을 위하지 않는 자는 해를 당하기 마련이니 우린들 누구를 위하고 설공을 위하지 않겠는가? 서로 권면하여 설공에게 오기로 하였다. 이와 같이 설공은 인신으로서 인군의 권세를 빌려 능히 해가 생기지 못하게 하였는데 하물며 이 힘을 인군이 쓸 수 있겠는가?

대체로 까마귀를 길들이는 방법으로는 아래턱을 잘라놓고 사람이 먹이를 먹여 버릇하면 까마귀같이 길들이기 어려운 새도 자연 사람을 따라오게 되는 것이다. 인군이 신하를 기르는 방법도 또한 그런 것이다. 신하가 인군이 주는 녹을 기다릴 수밖에 없이 만들고 인군이 주는 벼슬에 따라오지 않을 수 없게 한다면 인군이 주는 녹과 인군이 주는 벼슬에 어찌 복종하지 않을 수 있겠는가?

전이(傳二)

신불해(申不害)가 말하되 인군이 그 총명함을 밖에 나타내면 신하들이 이에 대비하여 조심하게 될 것이나 그 총명을 나타내지 않으면 신하들이 어리둥절하여 어찌할 바를 모를 것이다. 인군이 그 슬기를 밖에 나타내면 신하들이 자기의 행위를 자랑하여 인군에 아첨하게 될 것이나 인군이 그 슬기를 나타내지 않으면 신하들이 자기의 뜻을 감추고 인군을 어리석게 할 것이다. 인군이 그 무욕함을 밖에 나타내면 신하들이 이를 살펴 청렴결백함을 꾸미게 되나 그 욕심을 밖에 나타내면 신하들이 이를 미끼로 하여 이익을 낚으려 할 것이다. 옛말에 신하의 마음은 쉽게 알 수 없다. 그러나 오직 하나의 알 길은 인군이 허심탄회(虛心坦懷)와 무위(無爲)로써 내 몸을 감추고 나에게 응해오는 행동과 심정을 살필 뿐이라고 하였다.

일설에 신불해가 말하되 너는 말을 조심하라. 사람들이 그 말에서 네 마음을 알 것이며 네 행위를 조심하라. 사람들이 그 행위에서 네 뒤를 밟게 될 것이며 네 슬기로움을 조심하라. 사람들이 너에 대하여 경계할 것이며 네가 지혜 없음을 나타내면 사람들이 너를 꾀하게 될 것이다. 또 네가 지혜 있음을 나타내지 않으면 사람들이 네 마음을 억측하고 사사로움을 행하게 될 것이다. 그러므로 오직 무위만으로 그 마음을 엿볼 수 있을 것이다.

전자방(田子方)은 당이국(唐易鞠)에게 "주살질을 하는 자는 무엇을 조심해야 하는가?" 하고 물었다. 당이국이 대답하기를 "새들은 수백 수천의 눈으로 주살질하는 사람을 보고 있으나 주살질하는 사람은 오직 두 눈만을 가지고 새를 보고 있으니 무엇보다 숨을 곳, 즉 곳간을 탄탄히 하여 새가 주살꾼을 보지 못하도록 해야 할 것"이라고 말하였다. 이 말을 들은 전자방은 당이국에게 "참 좋은 말이다. 그대는 이 이치를 주살에 쓰고 있지만 나는 이 이치를 나라를 다스리는 데 쓰겠다"고 하였다. 정장자(鄭長者)가 이 말을 듣고 말하기를 "전자방은 곳간을 만들려고 하지만 아직 곳간이 무엇인가를 채 알지 못하고 있다. 대체 참다운 곳간은 허무(虛無)로서 밖에 나타나지 않음을 말하는 것"이라고 하였다.

1) 일설에 제선왕이 당이자에게 "주살에는 무엇을 가장 조심해야 하는가?" 묻자 당이자가 대답하기를 "숨을 곳을 가장 조심해야 합니다" 하였다. 왕이 또 묻기를 "어째서 숨을 곳을 조심해야 하는가?" 당이자가 말하기를 "새는 수십 수백의 눈으로 사람을 보고 있지만 사람은 오직 두 눈만으로 새를 보고 있으니 어찌 숨을 곳을 조심하지 않을 수 있겠습니까?" 이 말을 들은 왕이 "인군이 되어 나라를 다스림도 이것과 다를 것이 없다. 지금 인군이 두 눈으로 일국을 보고 있지만 사람들은 수천수만 개의 눈으로 인군을 바라보고 있으니 나는 장차 무엇으로 숨을 곳을 만들면 좋을까?" 하고 탄식하자 당이자가 말하기를 허정무위(虛靜無爲)하여 나를 나타내지 않으심만이 인군으로서 나라를 다스리는 늠(廩)이 될 것이라 하였다.

국양(國羊)이 정나라 인군에게 매우 소중하게 보이나 사실은 그렇지 못하여 정나라 인군이 자기를 싫어하는 것 같아 인군의 마음을 떠보기 위하여 술자리에서 국양이 정군에게 말하기를 신은 가끔 잘못되는 일이 있는 줄 아옵니다. 그럴 때는 임금님께서 신을 호되게 나무래 주시면 불초한 신도 그 잘못을 깨닫고 고쳐지리라고 생각하오니 앞으로는 그렇게 해주시면 신도 다행히 죽을죄에서 벗어날 수 있을 것만 같습니다. 이 말은 평소에 정나라 인군이 말조심 않고서 다른 신하에게 국양이 죽일 놈이라고 하였기 때문에 국양이 듣고 인군에게 이런 말을 하여 그 속내를 떠보게 된 것이다.

정곽군 전영(靖郭君 田嬰)은 제나라 정승이다. 왕후가 죽고서 그 후계인물이 후궁(後宮) 중에 열 사람이나 있어 모두 인군에게 귀염을 받고 있었다. 전영이 과연 어느 인물을 인군이 후비(後妃)로 마음에 두고 있는지 몰라서 아름다운 귀걸이 열 개를 만들어 인군에게 드리고 그중 한 개만은 특별하게 만들었다. 다음 날 그것이 어느 후궁에게 갔는지 알고 왕비로 세울 것을 인군에게 말했다. 전영이 이러한 수단을 쓰게 된 것은 제왕이 상처를 했는데 반드시 후궁 열 사람 중 한 사람을 왕비로 선택할 것은 틀림없다고 생각하나 섣불리 한 사람을 천거했다가 다행히 왕이 들어주면 장차 중히 여기게 되겠지만 만일 그렇지 않으면 도리어 후계(後繼)왕비에게 해가 되리라 생각했다. 그래서 전영은 특별하게 만든 귀걸이가 간 데를 조사해서 그 후궁을 왕비로 삼을 것을 왕에게 전하였다.

감무(甘茂)는 진혜공(秦惠公)의 재상이다. 그런데 혜공은 서수(犀首)란 사람을 좋아했다. 하루는 조용한 곳에서 혜공이 서수에게 앞으로 그대를 정승으로 쓰겠다고 하자 서수는 기뻐서 절하였다. 그런데 감무는 혜공이 거처하는 방에 구멍을 뚫고서 부하를 시켜 왕의 비밀을 조사했던 것이다. 이날도 서수와 혜공이 주고받은 말을 엿듣고서 다음 날 감무가 혜공에게 말하기를 "왕께서는 훌륭한 재상을 얻게 되시어 신도 기쁜 마음으로 축하를 드립니다" 하였다. 이 말을 들은 혜공이 깜작 놀라면서 "과인은 경에게 국사를 맡겼는데 또 정승을 두다니 그게 무슨 말인가?" 감무가 대답하기를 "임금님께서 장차 서수를 정승으로 삼는다고 하신 줄 압니다" 하였다. 혜공이 "그 말을 어디에서 들었는가?" 묻자 감무는 "서수 자신이 신에게 직접 말했습니다" 하자 혜공이 크게 노하여 서수는 비밀을 누설시킨 경술한 자라고 내쫓았다.

일설에 서수는 명장이며 웅변가로 이름이 높았다. 그러나 서수는 양왕(梁王)의 신하이고 진나라 사람이 아니었다. 진왕은 서수와 함께 천하를 다스려보고 싶었다. 그러던 차에 서수를 만나게 되었다. 진왕이 서수에게 과인의 나라로 오라고 하자 서수가 "신은 양왕의 신하로 또한 대우를 받고 있으므로 주국(主國)을 배반하고 떠날 수 없습니다" 하고 거부하였다. 그런데 다음 해에 서수가 양왕에게 죄를 지어 도망하여 진으로 갔다. 진왕은 매우 좋아하면서 그를 우대했다. 그때 진장군에 저리질(樗里疾)이란 사람이 있었다. 진왕의 거동으로 보아 서수가 자기를 대신할까 염려되어 진왕이 거처하는 비밀실에 구멍을 뚫고 엿듣고 있었다.

하루는 진왕이 서수에게 계책을 말하여 "나는 장차 한(韓)에 출병하려고 하는데 어느 때가 적당한가?" 물었다. 서수가 대답하기를 "올가을쯤 출병하는 것이 좋을 것 같습니다." 진왕이 또 말하기를 "앞으로는 국가대사를 경에게 맡겨볼까 하니 아직 발설은 말게" 하였다. 이 말을 들은 서수는 황감하여 일어나서 최상의 경례를 베풀어 실내를 한 바퀴 돌면서 재배하고 "신명을 다하겠습니다" 하였다. 이때 저리질은 이 말을 엿듣고 있었다. 다음 날 저리질은 조정에 퍼뜨리기를 올가을에는 난리가 나서 한나라를 치는 데 대장될 사람은 서수다. 이러한 유언비어가 번지고 퍼져서 국내가 소란하게 되었다. 진왕은 저리질을 불러 유언비어의 출처를 물었다. 저리질은 시침을 떼고 말하기를 "가을에 전쟁이 일어난다고 민심이 너무나 소란하기에 신은 걱정이 되어 유언비어의 출처를 알아본 결과 서수가 유언비어를 조작한 것 같습니다. 서수는 원래가 떠돌아다니는 사람으로서 한때 양왕에게 신임도 받은 듯하나 사람됨이 경솔한 탓으로 그 신임이 오래 못 가고 양왕에게 죄를 지어 도망하여 진으로 온 사람입니다. 와서 보니 산도 서럽고 물도 서럽고 마음이 고독할 수밖에 없습니다. 어떻게 하면 대중에게 인기를 얻을까 하고 생각한 나머지 이런 말이라도 퍼뜨리면 자기의 존재가 드러나고 사람들도 자기에게 모여들어 앞으로 무슨 일을 하는 데 도움이 되지 않을까 하는 얕은 생각에서 한 것 같습니다" 하였다. 진왕은 서수를 불러 그 진상을 조사하려고 하였으나 이미 눈치 챈 서수는 국외로 도망한 뒤였다.

당계공(堂谿公)이 한소후(韓昭侯)에게 말하기를 "여기에 천금 가치를 가진 옥으로 된 귀때그릇, 즉 옥으로 된 잔 옥치(玉巵)가 하나 있다고 합시다. 그러나 그 옥잔이 밑이 빠졌다면 물인들 담을 수 있을까? 소후가 대답하기를 밑이 빠졌다면 물인들 어찌 담을 수 있겠는가? 또 묻기를 여기에 한 푼의 값어치도 안 되는 흙으로 된 질그릇 귀때가 밑이 빠지지 않았다면 술도 담을 수 있을까?" 소후가 대답하기를 "아무리 천한 질그릇일망정 밑이 빠지지 않았다면 술이 아니라 술보다 더 귀한 것도 담을 수 있다" 하였다. 당계공이 말하기를 "그렇습니다. 질그릇은 지극히 천하지만 그래도 새지 않는다면 술도 담을 수 있지만 천금의 옥치는 지극히 귀하지만 샌다면 물도 담을 수 없습니다. 지금 인군으로서 신하들의 말을 듣고 그 말을 이 사람 저 사람에게 퍼뜨리신다면 이것은 밑 빠진 옥치일 것입니다. 비록 훌륭한 성지(聖智)를 갖고 계신들 그것을 쓸 수 없게 되는 것은 새기 때문입니다" 하자 소후는 당계공의 말을 들은 뒤부터는 천하대사를 발표하려고 할 때는 부인도 가까이 오지 못하게 하였다. 왜냐하면 잠꼬대나 꿈속에서 심중의 비밀이 처첩(妻妾)에게 샐까 두려워 그랬던 것이다.

일설에 당계공이 소후에게 "지금 여기에 백옥으로 만든 옥치는 밑이 돌았고 흙으로 만든 와치(瓦巵)는 밑이 돌지 않았다면 인군께서 목이 마르시면 장차 어느 것으로 마시렵니까?" 소후가 와치로 마신다 하자 당계공이 말하길 "그렇습니다. 백옥의 옥치는 아름다우나 인군께서 그것으로 마시지 않는 것은 밑이 돌았기 때문입니다. 소후의 말이 물론 그렇다 하였다. 당계공이 또 말하기를 인군이 되어 신하들의 말을 듣고 누설하실 것 같으면 비유컨대 밑이 빠진 옥치와 다를 것이 없습니다" 하였다. 그 뒤부터는 당계공을 만난 날에는 인군이 반드시 혼자서 잤다. 꿈에라도 말이 처첩에게 샐까 두려웠던 것이다.

신불해(申不害)는 자기 눈으로 보는 것을 명(明)이라 하고 자기 귀로 듣는 것을 총(聰)이라 하고 자기 생각으로 결정함을 독단(獨斷)이라 한다. 능히 독단할 줄 아는 사람이라야 천하에 왕을 할 수 있을 것이다.

전삼(傳三)

송에 술집이 있었다. 술의 분량도 후하고 손님 대접도 친절하고 술맛도 좋다고 높이 써 붙였으나 술은 언제나 팔리지 않아 시어져서 버리게 되었다. 주인은 이상하게 여겨 그 이유를 그 마을의 이장으로 있는 양청(楊倩)에게 물었다. 양청이 말하기를 "너의 집에 있는 개를 없애라" 하였다. 주인은 "개가 있다고 해서 술이 팔리지 않을 이유가 어디 있느냐?" 하니 그렇지가 않다. 어느 날인가 나는 어떤 어린애가 돈을 들고 병을 안고 술을 사려고 왔다가 개가 왕왕 거리면서 물듯이 달려드니까 그 애가 그만 겁이 나서 도망치는 것을 보았다. 이것이 너의 집의 술이 잘 팔리지 않는 까닭일 것이다. 그런데 이런 개가 나라에도 있어서 유능한 인사가 술법을 품고 인군을 찾아오면 왕왕거리고 달려드는 통에 접근을 못 하고 도망가게 된다. 이것이 또한 유능한 사람으로 나라에 쓰이지 않는 이유인 것이다.

제환공이 관중에게 묻기를 "나라를 다스리는 데 가장 걱정되는 것이 무엇이냐?" 관중이 대답하길 "그것은 아마 곳간의 쥐[社鼠(사서)]일 것입니다. 임금께서는 곳간을 짓는 것을 보신 일이 있습니까? 곳간을 짓는 자는 나무를 세우고 나무와 나무 사이를 흙으로 바릅니다. 그러면 쥐란 놈은 어디선가 찾아와서 나무와 흙 사이에 구멍을 뚫고 몸을 감추고 해를 입힙니다. 이놈을 잡으려고 불을 사르면 나무가 탈까 염려되고 이놈을 물로 쫓아내려고 하면 흙이 무너질까 염려가 되어 결국은 쥐를 못 잡고 내버려 두게 됩니다. 지금 임금의 좌우에는 이런 곳간의 쥐 노릇을 하는 자들이 득실거려 그들이 나가서는 이익을 백성에게서 물어오고 조정에 와서는 서로들 짝을 지어 서로 감추고 서로 두둔하면서 인군을 속이고 또 인군의 심정을 살펴서 이것을 밖에 일러줌으로써 자기들의 무게를 제신백관에게 만들어서 뇌물을 받고 인군을 속이고 있습니다. 사법의 관리가 이것을 밝히지 않으면 국법이 해이해지고 이것을 밝히려고 하면 그 피해가 인군에게 미치게 됩니다. 알고도 잡을 수 없는 것이 또한 곳간의 쥐입니다. 그리고 이자들은 권세의 자루를 쥐고 자기를 이롭게 하는 자는 도움을 받을 것이고 자기를 위하지 않는 자는 해를 받을 것을 분명히 사람에게 보여주고 있습니다. 이것은 사나운 개 맹구(猛狗)일 것입니다. 인군의 좌우에는 얄미운 사서가 많고 일을 하는 자들은 거개가 맹구가 되어 있으니 어찌 지능을 가진 선비인들 인군에게 그 술법을 쓰게 할 수 있겠습니까. 이것이 나라를 다스려가는 데 가장 걱정이 됩니다" 하고 관중이 말하였다.

요임금이 천하를 순임금에게 전해주려고 하자 그 아들 곤(鯀)이

요에게 간언해서 하는 말이 그것은 아주 좋지 못한 일입니다. 어찌 천하의 귀중함을 보잘것없는 필부에게 전하는 것은 고금역사에 있지 않습니다. 이에 요는 군사를 동원해 곤을 우산(羽山) 땅에서 죽였다. 그 뒤 공공(共工)이란 신하가 역시 요에 대하여 어찌 천하를 필부인 순에게 넘겨주시냐고 간언하자 역시 요는 듣지 않고서 또한 군사를 동원해 공공을 유주(幽州)에 정배 보냈다. 그런 뒤에는 한 사람도 감히 순임금에게 천하를 전하려는 것을 말리는 자가 없었다. 중니(仲尼)가 이 말을 듣고 요가 순임금의 어짊을 알았다는 것은 별로 크다고 할 수 없으나 말리는 자들을 죽이고 반드시 순임금에게 천하를 주겠다는 그 결단이 어려운 것이다. 말하자면 곤과 공공이 의심하고 간언한 데 미혹되지 않고 자기의 소신을 단행한 것이 확실히 어려운 일인 것이다.

초장왕(楚莊王)이 모문법(茅門法)을 만들어놓고 어떠한 권신(權臣)이나 공친(公親)이나 대신들 할 것 없이 조정으로 들 때 수레나 말이 궁궐의 낙숫물 떨어지는 데까지 밟고 들어온다면 추호의 용서도 없이 사법 관리는 그 수레를 부시고 마부는 형에 처하게 된다고 하였다. 때마침 태자가 입조(入朝)하다가 이 법에 걸렸다. 법관은 사정을 볼 것 없이 수레채장을 끊고 마부를 처벌하였다. 봉변을 당한 태자는 분하기도 하였지만 창피가 막심하여 부왕에게 사법관을 당장 처벌하여 수치를 씻어줄 것을 울면서 호소하였다. 태자의 호소를 듣고서 장왕은 태자에게 말하기를 "나라의 법은 종묘를 지켜주고 사직을 높여주는 근본이 되는 것이다. 그러므로 법을 세우기 위하여 태자라고 해서 특별히 아첨하거나 두려워하지 않고 법대로 시행한 사람은 이른바 사직지신(社稷之臣)이라 할 수 있다. 대체로 법을 범하거나 명령을 좇지 않는 자라면 사직을 높이지 않고 인군을 업신여기는 자이다. 신하로서 인군에 대항하면 인군은 위엄을 잃게 되며 신하가 인군에 항거하면 인군의 지위가 위험해질 것이다. 위엄이 없어지고 지위가 위태해지면 사직을 지킬 수 없을 것이다. 그렇게 되면 나는 장차 자손에게 무엇을 물려줄 수 있겠는가." 태자는 부복하여 깊이 사과하고 태자궁을 피하고 한데서 사흘 밤이나 묵으면서 북면재배하고 사죄를 청하였다.

일설에 초장왕이 급한 일로 태자를 불렀다. 초나라 국법에 여하한 경우 어떠한 신분일지라도 모문(茅門, 띠로 지붕을 인 문) 안에는 수레나 말을 들이지 못하게 되었다. 그런데 그때 공교롭게도 밤에 비가 내려 궁 뜰에 빗물이 고여 태자는 수레에서 내릴 수 없었다. 할 수 없이 그대로 모문을 통과하려고 말을 몰았다. 이것을 본 정리(廷吏)는 태자에게 "수레는 모문에 이르지 못하게 되었는데 이렇게 수레를 몰고 드신다면 이는 위법입니다" 하였다. 태자는 왕께서 급히 부르시어 장마물이 없어지기를 기다릴 수 없다고 변명하였으나 정리는 듣지 않고 도끼를 들어 말을 때려눕히고 그 수레를 부숴버렸다. 이 꼴을 당한 태자는 너무 분하고 부끄러워 왕에게 "궁 뜰에 물이 고였고 땅이 빠져서 부득이 수레를 몰고 모문에 들지 않을 수 없었습니다. 정리는 이것을 위법이라 하고 도끼를 들어 신의 말을 치고 신의 수레를 부쉈습니다. 이런 분한 일이 어디 있습니까? 반드시 엄벌로 처단해주시기를 바랍니다" 하였다. 이 말을 들은 장왕은 매우 만족한 얼굴로 태자를 향하여 말하기를 "앞에는 늙은 인군이 있지만 감히 월권을 하지 않고 뒤에는 태자가 있으나 이에 아첨하지 않음은 자랑할 일이다. 이는 참으로 국법을 지키는 신하인 것이다.

어찌 벌할 수 있겠는가. 도리어 정리의 벼슬을 높여주고 봉녹은 두 급을 올려주고 태자에게는 다시 그런 과오를 범하지 말라"라고 훈계한 뒤 뒷문으로 내보냈다.

위사군(衛嗣君)이 박의(薄疑)에게 말하기를 "경은 우리 위나라가 작다 해서 벼슬을 주어도 받으려고 하지 않으나 과인은 힘으로써 경을 복종케 할 것이다. 그리 알고 우선 상경(上卿)으로 임명하고 전답 만경[萬頃, 경(頃)은 백무(百畝)]을 준다 하였다. 이에 박의는 위사군에게 말하기를 신은 위국이 작다고 해서 주시는 벼슬을 받지 않는 것이 결코 아닙니다. 신에게는 저를 지극히 사랑해주는 어미가 있어서 신을 칭찬해주기를 내 아들은 만승대국의 정승을 해도 넉넉하다고 합니다. 그런데 신의 집에 출입하는 채씨 무당이 있습니다. 신의 어미는 이 무당 할머니를 매우 신임하고 사랑합니다. 집안에 무슨 일이 있으면 반드시 채씨 할머니에게 부탁합니다. 아들인 저를 믿고서 집안일을 맡기면서도 모자간 서로 의논하여 결정한 일도 반드시 채씨 할머니에게 묻고 뒤집어놓기 일쑤입니다. 말하자면 신의 지혜는 족히 만승대국의 정승감이라고 칭찬하고 그 친하기로는 모자지간이지만 그래도 채씨 할머니에게 물어 가끔 일을 그르치는 경우가 많습니다. 하물며 임금님과 신과의 사이는 모자의 친함이 없고 임금님 좌우에는 채씨 할머니 같은 부류의 사람들이 많습니다. 임금님이 채씨 할머니는 대가 중인(重人)입니다. 중인은 사사로움을 잘 행하는 자들입니다. 사사로움을 일삼는 자들은 대개 법 밖의 인물이고 신과 같은 사람은 거의가 법 안에서 일하는 사람입니다. 법 밖의 사람과 법 안의 사람과는 언제나 사이가 좋지 않아서 피차 원수로 여기게 됩니다. 그리고 채씨 할머니의 노릇을 하는 사람은 한두 사람이 아니며 신은 임금을 도와 일을 하려고 해도 하나도 못 하고 물러서게 될 것이 뻔합니다. 그럴 바에야 애당초 발을 들여놓지 않는 것이 좋다고 생각하여 신이 주시는 벼슬을 받지 않는 것입니다" 하였다.

일설에 위사공은 진(晉)나라에 갔었다. 그때 박의를 만나보고 말하기를 "이번 길에 과인은 그대와 함께 돌아가고 싶다 하니 박의의 말이 신에게는 집에 어머니가 계십니다. 집에 가서 어머니하고 상의해서 어머니가 좋다고 하면 따라가겠습니다" 하였다. 위군이 "그러면 내가 먼저 경의 어머니를 보고 청해보겠다" 하고 박의의 어머니를 만나서 아들 박의를 달라고 했다. 어머니의 말이 "박의는 인군의 신하입니다. 인군께서 데리고 가실 의향이 있으면 좋다"라고 하였다. 위군이 박의 어머니의 승낙을 받고 박의에게 경의 어머니는 이미 과인에게 경을 데리고 가도 좋다고 쾌히 허락하였다고 하였다. 이 말을 들은 박의가 집에 가서 어머니에게 위군이 "저를 사랑하는 것과 어머니께서 저를 사랑하시는 것과 비교해볼 때 어느 쪽이 진하다고 생각하십니까?" 묻자 어머니가 "그거야 어찌 내가 너를 사랑하는 것을 따를 수 있겠느냐?" 하였다. 박의가 "그러시면 위군이 저를 훌륭하다고 믿는 것과 어머니께서 저를 믿는 것과 어느 쪽이 더 진합니까?" 하니 "그거야 어찌 내가 너를 믿는 데 따를 수 있겠느냐" 하였다. 박의가 다시 "그렇다고 하시면 어머니께서는 집안일 처리에 있어서 저와 상의해서 결정된 일을 다시 무당 채씨 할머니에게 청하여 뜯어고치셨는데 하물며 위군과 저와는 모자의 친함도 없고 모자의 신임도 없는 반면 위군의 좌우에는 채씨 무당 같은 사람이 한둘이 아닙니다. 위군이 저하고 상의하여 결정한 일을 많은 채씨 무당들이 뒤집어버릴 것이 뻔히 보입니다. 그렇게 되면 저는 위군에게 쓰이지 못하게 될 것입니다. 그래서 저는 위군을 따라가지 않기로 하였습니다"라고 말하였다.

대체로 노래를 가르치는 자는 먼저 배우려고 하는 자에게 소리를 내게 한다. 그 소리가 청음(淸音)이나 미음(微音)에 해당되어야 비로소 가르치게 된다.

일설에 노래를 가르치는 선생은 먼저 율(律)로써 빨리 부르게 하여 오음(五音) 중에 궁음(宮音)에 맞게 하며 천천히 부르게 하여 오음 중에 치음(緻音)에 맞게 한다.

만일 빨리 부르게 하여 궁음에 맞지 않고 천천히 부르게 하여 치음에 맞지 않으면 가르칠 수 없다고 한다.

오기(吳起)는 위국좌씨중(衛國左氏中) 사람이다. 하루는 자기 아내에게 띠감을 짜라고 했으나 폭이 좁아 쓸 수가 없으므로 다시 짜라고 시켰다. 아내는 다시 짠다고 하였다. 그러나 다시 짠 것도 역시 폭이 맞지 않았다. 오기는 화를 내면서 아내를 꾸짖었다. 아내가 대꾸하여 말하기를 "날을 움직일 때에 폭을 말하지 않고 짜낸 뒤에 잘못됐다고 하니 어떻게 고치느냐"라고 말했다. 오기가 아내의 말에 "그렇다면 고칠 수 없다고 말하지 않고 왜 고칠 듯이 대답했느냐? 너는 나의 명령을 듣지 않는 자이니 친정으로 가라" 하고 내쫓았다. 그 아내는 친정에 가서 자기 오빠에게 오기를 진정시켜 달라고 했다. 오빠는 그는 법을 세우려는 자이다. 만승대국에 실천시키기에 앞서 먼저 아내에게 시험해본 것이다. 너는 그 시험에 걸려들었다. 다시 그 집으로 들어갈 생각을 하지 않는 것이 좋을 것이다 하였다. 그 아내는 다시 동생이 위군에게 신임을 받고 있으므로 위군의 힘을 얻어 오기에게 압력을 가했다. 오기가 위나라 임금의 간섭을 받자 그만 위를 떠나 초나라로 가고 말았다.

일설에 오기는 그 아내에게 견본을 보여주면서 이렇게 띠를 짜라고 시켰다. 짜낸 것을 비교해보니 견본과 같지 않았다. 오기가 아내를 나무라 이렇게 짜라고 했는데 웬일이냐 하니 아내는 똑같이 짰는데 무엇이 다르냐고 했다. 오기는 화가 나서 그런 말 하지 말라며 그날 밤 친정으로 쫓아 보냈다. 장인 되는 사람이 오기에게 와서 용서해주라고 청했으나 오기가 말하기를 기(起)의 집에는 한 번 말하면 그대로 시행해야 하며 고치는 법이 없다 하고 장인의 간청을 듣지 않았다.

진문공은 호언(狐偃)에게 말하기를 "과인은 선비를 길러 맛있는 음식은 언제나 집에 넘치고 독 안에 술이나 고기광주리는 곳간에 넘쳐 독 안의 술은 맑아질 새 없고 생고기는 말릴 새 없이 먹어지고 한 마리의 소를 잡아서 모든 사람에게 나눠주고 일 년 내 옷감을 만들어서 모조리 군졸에게 입히고 있다. 이쯤 백성을 사랑하고 은혜를 베풀면 그들도 과인을 위해 힘껏 싸워줄 것이 아닌가?" 이 말에 호언은 그것으로는 부족하다고 하였다. 문공이 또 말하기를 "지세라든지 시장의 영업세라든지 백성들의 부담을 삭감해주며 죄를 지은 자들에게 될 수 있으면 형벌을 가볍게 한다. 이만하면 백성들이 과인을 위해 싸워줄 것 아닌가? 호언이 다시 그것으로는 부족하다"라고 하였다. 문공이 또 말하기를 "백성이 부모상을 당해 물자를 많이 필요로 하는 자들에게 과인이 사람을 보내어 도와주며 또 상중에 죄가 있는 자가 있다면 놓아주고 생활이 어려운 사람들에게 양곡을 내어 도와주고 있다. 이만하면 백성들도 과인을 위해 싸워줄 것 아닌가?" 호언이 또 대답하기를 "아직 부족하다"고 하였다.

이러한 일들은 생산을 도와주는 일이고 싸움이란 죽이는 것입니다. 백성들이 인군을 따르고 있는 것은 생산의 길을 열어주었기 때문입니다. 인군께서 그것을 이용하여 이들에게 생산을 죽이는 전쟁으로 유인한다면 백성은 인군을 떠나게 될 것입니다. 이에 문공은 매우 근심스러운 말로 "그렇다면 어떻게 해야 하는가?" 호언이 말하기를 "백성들로 하여금 싸우게 할 수밖에 없습니다." 문공이 말하기를 "어떻게 해야 싸울 수 있게 한다는 말인가?" 호언의 대답이 신상필벌 그것이면 족히 싸우게 됩니다. 문공이 또 묻기를 "형벌의 극단은 어디까지 가야 하는가? 호언이 말하기를 친척이나 귀인을 피하지 않으며 법은 사랑하는 데까지 행해져야 합니다." 문공이 호언의 말에 매우 만족을 표시하면서 "경의 말을 알아듣겠다" 하고 다음 날 포육(圃陸)에서 백관을 동원시켜 전렵(佃獵), 즉 짐승몰이를 하기로 정하고 영을 내리되 정오를 기하여 다들 모여라. 만일 그 시간에 모이지 않는 자에게는 군법으로 행한다 하였다. 그날이 되어 문공이 가장 사랑하는 전힐(顚頡)이란 자가 약속시간을 어기고 늦게 참가하였다. 관리는 전힐을 처단할 것을 청하였다. 문공은 차마 못 하여 주저하자 관리는 벌써 전힐을 끌어내어 등을 쪼개어 수레에 싣고 돌리면서 온 백성들에게 법이란 이렇게 무섭고 틀림이 없다는 것을 보여주었다. 백성들은 가는 곳마다 두려워하면서 서로 하는 말이 인군께서는 전힐을 그렇게도 사랑하시더니 법 앞에서는 용서를 못 하고 죽이고 말았는데 하물며 우리 같은 보잘것없는 백성들이 법을 범했을 때는 말할 것도 없을 것이다 하면서 법을 무서워하고 명령을 지키는 데 힘썼다. 문공은 백성들이 능히 적과 싸울 수 있는 기질이 길러진 것을 보고 드디어 전쟁을 준비하고 군대를 동원하여 원(原)과 위(衛)

를 쳐서 국경을 동서로 넓혔다. 그리고 오록(五鹿)이란 땅을 차지하고 양(陽)을 치고 괵(虢)을 정복하고 조(曹)를 쳐서 남으로 방정(方鄭)을 포위하고 송군을 퇴각시키고 돌아오는 길에 초나라 군대와 성복(城濮)에서 싸워 이를 크게 파하고 드디어 천하제후를 천토(踐土) 땅에 모아놓고 문공이 맹주가 되어 형옹(衡雍)의 의(義)를 맺게 했다 하여 이것을 천토라는 땅에서 천하제후를 회합시킨 천토회맹(踐土會盟)이라 했다. 한 번에 팔공(八功)을 얻은 것은 딴 데서 온 것이 아니고 오직 호언의 꾀에 의하여 전힐의 등을 빌려 그 형(刑)으로써 백성에게 필벌이란 법정신을 고취시킨 데서 온 것이다.

대체로 등창이란 악종을 고치려면 돌침으로 골수를 찔러야 하는데 참을 수 없이 아프다. 이 이치를 알지 못한다면 능히 사람을 시켜 돌침으로 얼씬도 못 하게 할 것이다. 지금 인군으로서 나라를 다스림에 또한 그렇다. 심한 고통이 있은 뒤에 평안이 온다는 선고후안(先苦後安)의 이치를 모른다면 성인의 지혜를 듣고 나라를 어지럽게 하는 난신(亂臣)을 없애지 못할 것이다. 난신이란 반드시 중인(重人)이다. 중인은 인군이 매우 사랑하는 자이다. 인군이 매우 사랑하는 자를 떼어놓으려는 것은 마치 공손룡(公孫龍)의 견백론(堅白論)에서 견과 백의 두 개의 개념(槪念)을 분리시킬 수 없는 것과 같다. 미천하고 신임도 없는 자로서 인군에게 사랑을 받고 있는 애신(愛臣) 또는 중신(重臣)을 분리시키려는 것은 비유하건대 좌편 넓적다리에 우편 넓적다리를 해체하라고 말하는 것과 같은 것이다. 이는 될 수 없는 일이다. 도리어 인군이 꺼리게 되어 그 몸만 죽고 해를 당하여 그 말은 행해지지 않는다.

제30편 외저설(外儲設) 右下

1. 상벌의 권한은 치자의 특권이다. 만일 이 특권을 혼자서 쓰지 않고 신하들과 함께하게 되면 인군의 위엄이나 명령은 행해지지 않는다. 무엇으로 이것을 증명할 수 있을까. 조부(造父)와 어기(於期)의 예에서 알 수 있다. 그렇지만 별안간 뛰쳐나오는 돼지에 조부의 말이 놀라 날뛰는 바람에 수레가 엎어지고 말았다. 마치 무서운 형벌의 권한을 송나라 임금에게서 빼앗은 자한(子罕)을 일국의 사람들이 다들 무서워 떨고 있었으니 인군의 위엄은 뛰쳐나온 돼지에게 나누어진 격으로 돼지도 또한 놀랐을 것이다. 또 어기는 말을 몰고 어떤 못가를 지날 때 출렁거리는 못물에 말은 마음이 통하여 못으로 달리는 바람에 수레는 엎어지고 말았다. 마치 후덕한 은상(恩賞)의 권한을 제간공(齊簡公)으로부터 빼앗은 전항(田恒)을 일국의 사람들이 다 기뻐 따랐으니 인군의 은혜는 출렁거리는 못물에 나누어진 격으로 못물도 또한 말을 기쁘게 하였다. 이와 같이 얼마 되지 않아 형벌의 권한을 빼앗긴 송군이나 은상의 권한을 빼앗긴 제간공은 각각 시살(弑殺)당하고 말았다. 그렇게 된 중대한 환난은 왕량(王良), 조부(造父)가 수레를 같이 타고 전련(田連), 성규(成竅)가 거문고를 같이 타는 데서 왔다.

2. 나라가 잘되려면 법이 바로 서야 하고 나라가 잘못되는 것은 법을 어기고 아첨이 성행하는 데서 온다. 인군이 이에 밝다면 상주

313

고 벌주는 것을 엄정하게 하는 것이지 사람들에게 어떠한 인정이나 후덕을 주는 것이 아니다. 또 공을 세우면 벼슬을 얻고 죄를 지으면 형벌을 받을 것이다. 신하가 이에 밝으면 자기 할 일을 하는 것이고 인군에게 충성하는 것은 아니다. 이와 같이 인군은 불인(不仁)으로 통하고 신하는 불충(不忠)으로 통한다면 거의 천하에 왕 노릇을 할 수 있다. 진소양왕(秦昭襄王)은 인군으로서 할 일을 알았으므로 오원(五苑)에 가득한 상술이나 채소를 흉년에 개방하지 않았으며 전유(田鮪)는 신하로서 할 일을 알았으므로 나라가 부해지면 따라서 집도 부유해지고 인군이 이롭게 되면 신하도 이롭게 되리라고 그 아들 전장(田章)에게 가르쳤다. 그리고 공의자(公儀子)는 법을 어기고 생선을 받으면 좋아하는 생선도 잃게 된다고 하였다.

3. 밝은 인군이 되려면 외교만을 잘해야 된다고 하면서 외사가 시원치 않으면 패업(霸業)을 이룰 수 없다고 진(秦)에서 온 사신 소대(蘇代)는 제왕(齊王)을 비평했다. 또한 인군은 옛날 일에 통해야 된다 하면서 같이 있는 자들이 적당하지 않으면 하려고 해도 안 된다고 진에서 온 사신 번수(潘壽)가 우왕(禹王)의 뜻을 말했다. 소대는 횡설(橫說)로 연왕(燕王)을 놀렸고 번수는 수설(豎說)로 역시 연왕을 놀렸지만 연왕은 이것을 알지 못하였다.

방오(方吾)는 자신도 알고 사람도 알고 있었으므로 같은 옷을 입은 자와는 수레를 같이 타지 않았으며 같은 족(族)이라고 하는 자와는 집을 같이하지 않았다. 왜냐하면 비슷함을 인연으로 하여 자기를 이용할까 두려운데 하물며 실권을 빌려준다는 것은 있을 수 없는 일이었다.

오장(吳章)도 또한 이것을 알았으므로 거짓도 함부로 말할 수 없는데 하물며 진실을 말할 수 있겠는가? 하였다.

조왕(趙王)은 범의 눈이 싫다고 하므로 명군으로서의 도리는 막히고 말았다.

허명(虛名)마저 빌릴 수 없으니 주나라 행인(周行人)이 위후(衛侯)를 물리친 예와 같은 것이다.

4. 인군은 법을 세워 신하에게 그 직을 힘쓰게 하여 공을 세우는 것이다. 어지러운 관리가 비록 혼란을 피우지만 그래도 지조를 가진 백성이 있다는 말은 듣고 있으나 어지러운 백성을 다스린 관리가 있다는 말은 아직 듣지 못하였다. 그러므로 밝은 인군이 관리를 다스리고 백성을 다스리는 것은 아니다.

나무 밑을 잡아 흔들면 모든 나뭇잎이 다 흔들리며 그물의 벼리를 당기면 일만의 눈이 다 당겨진다. 여기에서 불을 끄는 사람을 말하지 않을 수 없다. 불을 끌 때 지휘하는 관리가 물동이를 들고서 불난 곳으로 달음질치면 겨우 한 사람의 일밖에 못 하지만 채찍을 잡고 사람을 부리면 만인의 힘을 얻을 수 있다. 그러므로 기술이 있는 자를 만나면 조부(造父)가 말을 탄 것 같아서 수레를 밀고 말을 끌어도 말을 가게 할 수 없었던 것을 조부가 대신 부려서 고삐를 잡고 채찍을 손에 들기만 해도 말은 벌써 놀라 달리기 시작한다(형벌에 비유함).

추하(箠鍛)는 물건을 두들겨서 평평하게 만드는 쇠방망이요, 방경(榜檠)은 그 속에 물건을 넣어서 바로잡는 도지개다. 이렇게 하지 않으면 작치(淖齒)가 제(齊)에 쓰여 마침내 민왕(閔王)을 죽였고 이태(李兌)가 조(趙)에 쓰여 드디어 주부(主父)를 굶게 하였다.

5. 범사에 묘리를 알면 그리 힘들이지 않고 성공할 수 있다. 자정자(玆鄭子)는 높은 고개에서 끌채에 걸터앉아 노래를 불렀더니 수레는 고개를 넘어갔다. 그 묘리를 모른 조간주(趙簡主)가 스스로 경중(輕重)의 절차를 정하지 않고 세리(稅吏)의 말만 듣고 세리에게 맡겼으므로 세리만이 살찌게 되었다. 그래서 박의(薄疑)는 이것을 비웃어 조간주에게 국중포(國中飽)라 써 보였고 간주는 기뻐했으나 나라의 창고나 금고는 텅 비었고 백성은 굶고 간사한 관리만 중간에서 부자로 살게 되었다.

제환공은 어느 날 밤에 남루한 옷으로 미복하고 민정을 순시하였다. 한 곳에 닿으니 칠십 늙은이가 부엌에서 밥을 짓고 있었다. 제환공은 돌아와서 관중에게 이러한 빈곤을 어떻게 해야 없앨 수 있을까 물었다. 관중이 대답하기를 나라창고나 금고에 썩는 쌀과 남는 돈이 있고 궁중에 시집을 못 간 원녀(怨女)가 많으면 민간에 굶는 사람이 많고 장가를 못 든 홀아비가 있다 하였다.

그렇지 못한 데서 연능(延陵)은 말을 탔으나 앞으로 나가지 못했다. 그곳을 지나던 조부(造父)는 이것을 보고 말이 불쌍해서 눈물을 흘렸다.

전일(傳一)

조부(造父)는 사두마차(四頭馬車)의 수레를 부려 마음대로 몰아 이곳저곳을 멋지게 달렸다. 조부가 이렇게 말을 마음대로 조종하게 된 것은 고삐와 채찍으로 잘 길들였기 때문이다. 그런데 어떤 곳을 지날 때 난데없이 뛰어나오는 돼지에 말은 놀라 옆으로 뛰어도 조부는 제지를 못 했다. 이것은 평소에 고삐와 채찍으로 길들인 위엄이 없어진 탓일까? 그렇지 않다. 별안간 뛰쳐나오는 돼지에게 고삐와 채찍의 위엄이 빼앗겼고 돼지도 또한 말을 모는 채찍 소리에 놀랐던 탓이다.

왕자어기(王子於期)는 인군을 모시고 다니는 부가(駙駕)가 되어 고삐와 채찍을 쓰지 않고도 하고 싶은 대로 말을 부렸다. 왕자어기가 하고 싶은 대로 말을 부리게 된 것은 평소에 먹이와 물로써 말을 잘 조종했기 때문이다. 그런데 어떤 못가를 지날 때 말이 출렁하게 눈앞에 나타나는 못물을 보고 달리는 바람에 수레는 뒤집히고 말았다. 이것은 평소에 여물과 물로 조종한 은혜가 부족한 탓인가? 그렇지 않고 말이 별안간 못물을 보고 갈증이 더 심했고 못물도 또한 말에게 은혜를 보여주었기 때문이다.

말하자면 조부는 별안간 뛰어나오는 돼지에게 말은 발광했고 왕자 어기는 갑자기 출렁거리는 못물에 수레는 뒤집혔던 것이다.

옛날 왕량(王良)이나 조부(造父)는 당시 말을 잘 부리는 기술자였다. 그러나 왕량이 왼쪽 고삐를 잡고 말을 채찍질하고 조부는 바른쪽 고삐를 잡고 말을 채찍질하면 그 말은 십 리도 못 가서 쓰러지고 말 것이다. 왜냐하면 한 필의 말을 두 사람이 부리기 때문이다.

전련(田連)이나 성규(成竅)는 당시 거문고를 잘 타는 사람이었다. 전련은 윗줄을 타게 하고 성규는 아랫줄을 타게 한다면 그 거문고는 한 곡도 이루지 못할 것이다. 왜냐하면 한 거문고를 두 사람이 타기 때문이다.

대체로 왕량, 조부와 같이 말을 잘 부리는 이름난 명어수라도 고삐를 같이하면 능히 말을 부릴 수 없는데 하물며 인군이 신하와 더불어 권세를 함께한다면 나라를 다스려낼 수 있겠는가? 전련, 성규와 같은 명가수도 한 거문고에 두 사람이 함께 탈 수 없는데 하물며 인군이 그 신하와 더불어 권세를 같이한다면 과연 성공할 수 있겠는가?

일설에 조부는 제왕(齊王)의 곁마로 되었다. 말을 훈련하되 백 일간 물을 적게 주므로 목마른데 참는 훈련을 시켰다. 훈련을 끝마치고 수레를 메어 타고 포지(圃地), 즉 물이 출렁하게 보이는 푸른 못가를 지날 때 목마른 말은 물을 보고서 별안간 갈증이 발작되어 수레를 벗겨 던지고 못으로 달리는 통에 멍에는 부서지고 말았다.

왕자어기는 조간주(趙簡主)의 부마가 되었다. 말을 훈련시킬 때 채찍과 고삐만 잡으면 말은 주인의 뜻을 알고 달렸다. 훈련이 끝나고 조간주를 모시고 천 리 먼 길을 떠나게 되었다. 막 떠나려고 할 때 도랑 속에 엎드려 있던 돼지 한 마리가 어기의 채찍 소리에 놀라서 왈칵 뛰쳐나왔다. 말은 별안간 뛰어나오는 돼지에 겁이 나서 네 굽을 안고 달리는 통에 수레는 깨지고 말았다.

사성자한(司城子罕)이 송나라 임금에게 말하기를 경사에 축하를 하고 공이 있는 자에게 상을 주고 곤궁하고 사정이 딱한 자에게 도와주는 것은 누구나 기뻐하는 일입니다. 이와 같이 사람에게 상을 주는 기쁜 경상사여(慶賞賜與)에 관한 일은 임금께서 친히 하시고 사람을 벌주고 꾸짖고 죽이고 하는 것은 사람들이 다 싫어합니다. 이러한 살육주벌(殺戮誅伐)에 관한 일은 신이 도맡아하겠습니다 하였다. 이 말을 들은 송군은 길한 일은 인군 자신에게 하라 하고 좋지 못한 일은 신하 자신이 한다 하니 참으로 인군을 위하는 듯싶어서 그렇게 하라고 승낙했다. 그 뒤로 자한은 위령(威令)을 내려 조금이라도 잘못이 있거나 자기의 비위에 맞지 않는 사람은 백성이건 대신이건 가릴 것 없이 마구 다루었다. 사람들은 그래도 일국의 주권자가 인군이기에 송군에게 청을 해서 용서를 받으려고 했다. 인군은 자신이 응하지 않고 자한에게 밀어 넘겼다. 그 뒤부터는 대신들은 자한을 두려워하고 백성들은 인군보다 자한을 더 높이 여기게 되었다. 이렇게 한 지 일 년이 되지 않아 자한은 힘이 커져서 드디어 송군을 죽이고 국정을 빼앗았다. 그러므로 자한은 마치 도랑 속에 엎드려 있다가 별안간 뛰쳐나온 돼지가 되어 나라와 인군자리를 차지하게 된 것이다.

제간공(齊簡公)은 인군이 되어 벌을 무겁게 하고 세금을 마구 거둬들이고 부역을 함부로 시키며 죄가 있으면 용서 없이 살육을 행하였다. 그런데 그 신하인 대신 전성항(田成恒)은 자애를 베풀어 백성을 사랑하고 작록(爵祿)을 인군으로부터 받아서 대신들에게 나눠주며 백성들에게 쌀과 돈을 풀어주었다. 마치 인군인 간공은 백성을 목마른 말로 만들어놓고 물을 먹이지 않으며 전성항은 목마른 말에게 보여준 못물이 되었던 것이다.

일설에 조부는 제왕의 곁마 잡이가 되어 말을 훈련시켜 목마르게 함으로써 마음대로 부릴 수 있게 하였다. 백 일간의 훈련을 끝내고 왕과 함께 연못가로 달렸다. 목이 타도록 있던 말이 별안간 출렁거리는 못물을 보자 멍에를 벗어던지고 못물로 뛰어갔다. 뛰어가는 말을 제지 못 한 것은 오랫동안 물을 주지 않고 말을 훈련시켰기 때문이다. 그래서 말이 못물을 보고 사납게 달리자 비록 말을 잘 부리는 조부였지만 능히 제지하지 못했던 것이다. 지금 간공은 법으로써 민중을 혹독하게 다룬 지 오래고 전성항은 덕으로써 민중에 은혜를 베푼 지 오래다. 마치 목이 몹시 타고 있는 민중에게 전성항은 못물을 기울여 보여준 격이 되었다.

일설에 왕자어기는 송나라 임금을 모시고 천 리의 먼 길을 떠나게 되었다. 떠나기에 앞서 천 리 먼 길을 무난히 다녀올 수 있을까 하고 말의 털색이며 입안을 두루 살피고 막 떠나려고 앞으로 말을 몰자 바퀴에 노끈이 닿아 말을 뒤로 물러나게 했더니 이번에는 말 발꿈치에 그 노끈이 감겨버렸다. 채찍을 들어 말을 쳤더니 채찍 소리에 놀란 돼지가 도랑 속에서 별안간 뛰쳐나왔다. 돼지에게 놀란 말은 채찍으로 때려도 앞으로 나가지 않았다. 또 한 번 쳤더니 이번에는 사납게 달려 고삐를 당겨도 머물지 않았다.

일설에 사성자한이 송군에게 말하기를 사람에게 상을 주는 일은 백성들이 좋아하는 것으로 인군께서 친히 하시고 주벌살육은 백성들이 싫어하는 것으로 신이 감당하겠다 하자 송군은 승낙해주었다. 이에 자한은 조금만 잘못이 있어도 백성을 죽이며 대신을 벌했다. 사람들이 인군에게 용서를 부탁하면 인군은 자한에게 상의하라고 하였다. 그리하여 일 년이 채 안 되어 백성들은 죽이고 살리는 권한이 자한에게 있는 줄 알고 온 나라 사람들이 자한에게 돌아갔다. 그러므로 자한은 송군을 겁탈하고 그 정권을 빼앗았다. 이것은 법으로 능히 금지하지 못했기 때문이다. 이리하여 자한은 뛰어나온 돼지가 되고 전성항은 출렁거리는 못물이 되었다.

왕량과 조부가 수레를 같이 타고 한쪽 고삐를 잡고 동구로 나가자 수레는 엎어지고 길을 가지 못하게 되었다. 전련과 성규는 거문고를 같이 뜯고 한쪽 줄을 잡고 흔들자 소리는 흩어지고 말았다.

전이(傳二)

 진소왕(秦昭王)은 병이 들었다. 백성들은 마을마다 소를 잡고 왕을 위하여 제사를 드렸다. 그때 정승 공손술(公孫述)은 이 광경을 보고 소왕에게 성덕(聖德)이 지극하여 백성들이 성심을 모아 빌고 있다고 하였다. 이 말을 들은 소왕은 사실 여부를 알기 위하여 사람을 내보내 사실을 알게 되었고 소를 사서 빈 마을에는 그 벌금으로 갑옷 두 벌씩을 바치게 하고 포고하기를 대체 명령도 하지 않았는데 임의로 과인의 병이 낫기를 빈 자는 과인을 사랑한다는 표시인 것이다. 백성이 과인을 사랑한다면 나도 또한 법을 고쳐 관대한 처리를 해주어야 할 것이다. 이렇게 사랑과 관대한 심정으로 서로 오가게 되면 인정에 끌리어 법은 제대로 행해지지 못할 것이다. 법이 서지 못한다는 것은 결국 난망(亂亡)의 길로 가는 것이다. 차라리 벌금 이갑(二甲)씩 물려 다시는 그런 짓을 못 하게 하는 것만이 치도(治道)를 세우는 것이다 하였다.

 일설에 진양왕이 병이 들어 백성들은 왕의 병이 빨리 낫기를 바라는 마음에서 마을마다 소를 사서 빌었다. 그 뒤 왕의 병이 낫자 이번에는 신복(神福)에 감사하여 또 빌었다. 그때 낭중국알(郞中閻遏)로 있는 공손연(公孫淵)이 지나가다 이 광경을 보고 사람들에게 "요새는 사제(社祭)나 납제(臘祭)를 지낼 때도 아닌데 어째 소를 잡아 제사하느냐"고 물었다. 백성들이 말하기를 "임금님의 병이 얼른 낫게 해주십사 하고 빌어 지금은 신복에 힘입어 병이 나았습니다. 어찌 또 감사한 마음에서 새도(賽禱)를 들이지 않을 수 있겠습니까?" 하였다. 공손연은 기뻐서 왕을 뵈옵고 축하하면서 말하기를 "지극한 성덕은 요·순을 지납니다. 요·순도 병이 들자 백성들이 낫기를 바라는 마음에서 빌었단 말은 듣지 못했습니다. 더구나 병이 나으신 뒤에도 신복에 보답하기 위해 소를 잡아 제사했다는 말은 없습니다. 그런데 지금 임금께서 병이 드시자 백성들이 소를 잡아 빌고 병이 나으시자 또 소를 잡아 보답의 제사를 올리고 있으니 신이 가만히 생각해보니 임금의 높으신 성덕은 요·순과 같이 오래 빛날 것으로 여겨집니다" 하였다.

양왕이 공손연의 말을 듣고 놀라면서 사람을 내보내 어느 어느 마을에서 그런 짓을 했나 알아보게 하고 그 동이나 마을에는 이장이나 동장 또는 통장으로 하여금 갑옷 두 벌씩 벌금으로 바치게 하였다. 공손연은 무안해서 다시는 감히 그것에 대해 말을 할 수 없었다. 그런데 몇 달이 지나서 공손연이 양왕을 모시고 함께 술을 마시게 되었다. 공손연이 이 기회에 자신이 왕에게 당한 부끄러움을 풀고자 양왕에게 말하기를 어의(御意)에 합당치 않은 말씀을 올린 듯하여 황송한 마음이 아직도 풀리지 않고 있습니다. 그러나 신이 곰곰이 생각해보니 성덕이 요·순을 넘는다고 말씀 올린 것은 신이 본 대로 말씀 올린 것이고 감히 아첨한 것은 아닌 줄로 자부(自負)합니다. 요·순도 그때 병이 나시자 백성들이 병 낫기를 빌었다는 기록은 역사에 없는 것 같습니다. 그러하기에 지금 왕께서 병이 나시자 백성들이 소를 사서 빌고 병이 나으시고 병이 나으신 것에 감사하여 또한 소를 잡아 신에게 보답의 제사를 드린다는 것은 참으로 기쁜 일인 줄 압니다. 그것을 왕께서는 어떻게 생각하시고 그 마을의 이장 통장을 꾸짖으시고 벌금으로 이갑(二甲)씩 바치게 하셨는지 신은 아직도 그때 임금께서 취하신 일에 대해서는 풀지 못하고 있었습니다.

이 말을 들은 왕은 빙그레 웃으면서 그대는 그 이치를 잘 모르는

가? 생각해보라. 저 백성들이 과인에게 충성을 다하는 것은 나의 사랑 때문이 아니고 나의 권세 때문인 것이다. 지금이라도 내가 만일 임금의 자리를 떠나서 그들과 서로 주고받을 수 있는 것이 거의 같은 위치에 있다고 생각해보라. 나도 그들을 사랑할 수 없을 것이고 그들도 나를 필요로 하지 않을 것이다. 그러므로 과인은 섣불리 애정을 베풀기보다 차라리 법을 세워 다스리는 것이 옳다고 생각하여 이갑의 벌과로써 사사로운 정을 끊은 것이었다 하였다.

어느 해 진에는 수해와 가뭄으로 큰 흉년이 들었다. 오곡은 물론 소채까지도 얻지 못한 큰 기근이었다. 그래서 진나라 정승 응후(應侯)가 양왕에게 비원을 개방할 것을 청원하였다. 그때 공실의 소유인 오원(五苑)에는 상수리, 밤, 대추 등의 과실과 무, 배추, 산나물 등의 소채도 풍부하였다. 그것을 개방하여 굶주리고 있는 백성들에게 주자고 응후가 말한 것이다. 그러나 응후의 소청을 양왕은 거절하면서 말했다. 우리 국법에는 백성에게 공이 있으면 상을 주고 죄가 있으면 벌을 주게 되어 있다. 그런데 경의 말대로 오원의 소채나 과실을 개방하자는 것은 백성들이 공이 있건 없건 똑같이 상을 주자는 것이다. 대체 백성에게 공이 있고 없는 것을 따지지 않고서 상을 준다는 것은 나라를 어지럽게 하는 길밖에 안 된다. 오원을 개방시켜 나라를 어지럽게 하는 것보다는 차라리 오원의 소채나 과실을 썩혀서 버리는 것이 좋을 것이다 하였다.

일설에는 오원의 과·소·조·율(果·蔬·棗·栗)은 넉넉히 백성의 굶주림을 구원할 수 있으니 개방하자고 응후가 말하자 왕은 그것은 불가하다 하였다. 백성에게 개방시키는 것은 유공무공 상관없이 힘이 있는 자들은 다투어 취하라는 것밖에 안 되며 이것은 난동을 조장하는 셈이다. 살기 위하여 난동하느니 차라리 법을 지켜 죽는 것만 같지 못하다. 경은 개방할 것 없이 내버려두라 하고 왕은 거절하였다.

전유(田鮪)는 그 아들 전장(田章)에게 자신을 이롭게 하려면 먼저 인군을 이롭게 할 것이며 자기 집이 부해지려면 먼저 나라를 부하게 하라. 또 가르치기를 인군이 너에게 벼슬을 주시거든 너는 네게 있는 지식과 지혜를 아낌없이 인군에게 바쳐라. 사람은 자기를 믿고 살아야지 남을 믿고는 못 산다 하였다.

공의자(公儀子)는 노나라 정승이 되었다. 생선을 좋아한다는 말이 전해지자 온 나라 사람들이 다투어 생선을 사서 선사하였다. 그러나 공의자는 들어오는 생선을 모조리 거절하여 되돌려 보냈다. 그의 동생이 공의자에게 "형님은 생선을 즐기면서 선사로 들어오는 생선은 왜 받지 않습니까?" 하고 물었다. 공의자가 대답하기를 "나는 생선을 좋아하기 때문에 선사로 들어오는 생선은 받지 않는다. 생각해보라. 들어오는 생선은 다 고급이다. 내가 집에서 사서 먹는 것보다는 훨씬 맛도 있을 것이다. 그러나 그것은 뇌물이다. 뇌물을 받는다는 것은 벌써 그 사람에게 머리를 숙이는 것이 된다. 머리를 숙이게 되면 그 사람의 일에 대하여 법을 그릇되게 쓰게 될 것이다. 법을 그릇되게 한다면 나는 정승의 자리에서 물러나게 될 것이다. 그렇게 되면 그때는 내가 비록 생선을 좋아한들 사서 먹자니 돈이 없고 벼슬에 있지 않으니 사람들이 나에게 생선을 보낼 리 없다. 그래서 이유 없이 들어오는 생선은 먹지 않는 것이 도리어 내가 먹고 싶은 생선을 오래오래 먹게 되는 것이다" 하였다.

이것은 사람을 믿는 것이 자신을 믿는 것만 같지 못함을 분명히

한 것이다. 남이 나를 위해주기를 바라지 말고 내 몸은 내 스스로 위
해야 한다고 말하였다.

전삼(傳三)

　지자(之子, 원래는 子之이지만 말이 흉하여 之子라고 함)는 연나라
정승으로 국정을 마음대로 주무르고 있었다. 그때 제나라 사신으로
연나라에 온 소대(蘇代)란 자가 있었다. 연왕은 소대에게 "경의 나라
의 인군은 어떤 인군인가? 앞으로 패왕이 될 만한 자격을 갖춘 인군
이신가?" 하고 물었다. 소대가 말하기를 "천만의 말씀입니다. 신이
모시고 있는 제왕은 패왕이 될 만한 자격이 없습니다" 하였다. 연왕
이 "어째서 그런가?" 물으니 소대가 말하기를 "인군이 제후의 우두
머리가 되시려면 밑에 있는 신하를 신임해야 될 줄로 압니다. 옛적
제환공은 패업을 이루기 위해 내정은 포숙(鮑叔)에게 맡기시고 외정
은 관중에게 전임시키시고 환공은 관도 쓸 것 없이 맨머리 바람으로
부인을 데리고 나돌아 다녔습니다. 이렇게 한 것은 대신들을 믿고
있었기 때문입니다. 그런데 지금의 제왕은 대신들을 믿지 않고 스스
로 대소사를 처리하고 계십니다. 그래서 신의 생각에는 도저히 환공
과 같은 패업은 바랄 수 없는 인군으로 여겨집니다" 하였다. 이 말
을 들은 뒤부터 연왕은 더욱 지자를 믿게 되었다. 지자는 소대가 연
왕에게 자기를 잘 말해준 것을 듣고 밤에 사람을 보내어 돈 백일(百
鎰)을 보내주면서 여비에 보태 쓰라 하고 이번 사신으로 온 목적이
무엇이냐 알려달라고 하였다.

　일설에는 소대가 진나라의 사신으로 연나라에 왔다. 무엇보다 현
재 연나라에서 정권의 실세인 지자에게 무엇인가 보탬이 되는 일을

해주지 않으면 이번에 사신으로 온 목적도 얻지 못하고 돌아가게 될 뿐만 아니고 있는 동안 대우라든지 또는 노자나 선물도 나오지 않으리라 소대는 생각하고 연왕에게 뚱딴지같이 제왕(齊王)을 칭찬했다. 소대가 칭찬하는 말을 들은 연왕은 "어쩌면 제왕은 그렇게도 어질고 훌륭한 인물인가? 그렇다면 앞으로 천하에 패왕이 될 수 있지 않은가?" 하였다. 소대는 펄쩍 뛰면서 "천만의 말씀입니다. 어질고 훌륭한 듯 여겨지지만 사실 커다란 결함이 있어서 망해가는 자기 나라도 걷잡을 수 없는데 어찌 천하에 왕 노릇을 할 수 있겠습니까?" 하였다. 소대의 말에 연왕은 눈을 크게 뜨면서 "그것은 또 무슨 말인가? 그 결함이란 대체 무엇을 말하는 것이냐?" 하였다. 소대는 연왕의 물음에 "제왕은 당신이 믿고 있는 신하에게 정권을 맡기지 않고 있습니다" 하였다. 연왕이 "그렇다고 해서 망하기까지야 될 일이 없지 않은가?" 물으니 소대가 말하기를 "그렇지가 않습니다. 믿는 자에게 안심하고 일을 맡겨야만 큰일을 할 수 있습니다. 옛적 제환공은 관중을 사랑해서 중부(仲父)로 인연을 맺고 그로 하여금 내정을 다스리게 하고 외교도 단행하게 하였으므로 온 나라 안은 순복이 되어 천하를 통일하고 제후를 아홉 번이나 불러 모이게 하였던 것입니다. 그러나 지금 제왕은 그렇지가 못하여 당신이 사랑하는 신하에게 일은 맡기면서도 때때로 간섭한다는 것입니다. 그렇게 하고서야 어찌 나라가 어지럽지 않겠습니까?" 하였다. 소대의 말을 듣고 연왕은 자신이 그렇지 않음을 자랑 삼아 말하기를 "과인은 지금 지자를 신임하여 대소사를 일임하고 있으나 아직은 천하에 알려지지 않았을 뿐이다" 하였다. 다음 날 만조백관을 조정에 모아놓고 신하들에게 선언하기를 "앞으로 모든 일은 지자에게 물어서 처리하라고 지자의 명령은 곧 과인의 뜻이니 잘 받들라" 하였다.

번수(潘壽)가 연왕에게 "왕께서는 지자에게 나라를 넘겨주신다고 말씀하시는 것이 좋을 것 같습니다. 예전에 요임금이 훌륭한 인물로 이름이 나게 된 것은 천하를 허유(許由)에게 넘겨주려고 하였기 때문입니다. 그러나 허유는 받지 않고 요임금이 허유에게 넘겨주려고 했다는 아름다운 이름만 있게 되었습니다. 실질적으로 천하를 넘겨준 것은 아닙니다. 지금 왕께서도 나라를 지자에게 넘겨주신다고 하더라도 지자는 반드시 받지 않을 것입니다. 그렇게 되면 왕께서는 지자에게 나라를 넘겨주시려고 했다는 이름만 얻게 되시니 요·순과 같으신 행실만을 가지게 될 것입니다" 하였다. 연왕은 번수의 말대로 나라를 지자에게 넘겨준다고 하였으며 지자는 얼싸 좋다 하고 그대로 받으므로 지자만을 크고 무겁게 만들고 말았다.

일설에 의하면 번수는 은자(隱者)였다. 연왕은 사람을 보내 초빙하였다. 번수가 연왕에게 말하기를 "신이 귀국에 와서 첫째로 느낀 것은 지자의 입장이 옛날 익(益)의 사정과 같이 되지 않을까 염려됩니다" 하자 연왕이 묻기를 "어째서 지자의 사정이 익과 같이 된다는 말인가?" 번수는 대답하기를 "옛날 우왕(禹王)은 죽게 되자 요·순을 본받아 천하를 익에게 넘겨주려고 했으나 우왕의 아들 계(啓)의 사람들은 서로들 모의하여 익을 치고 계를 세웠습니다. 지금 왕께서도 지자를 지극히 신임하시고 계시지만 장차 천하는 지자에게로 넘겨주시게 되기는 어려울 것 같습니다. 왜냐하면 태자의 사람들이 중요한 자리를 차지하고 지자의 사람들은 별로 조정에 있지 않은 것 같기 때문입니다. 왕께서 만일 불행하게도 신하들을 버리게 되시면 지자는 익의 뒤를 밟을 수밖에 없이 되리라고 생각합니다" 하였다. 이 말을 들은 연왕은 그날로 영을 내려 만조백관의 사표를 받고 다시 삼백 석 이상의 관리를 지자 측의 인물로 임명했다. 이로써 지자의 세력은 커지게 되었다.

대체로 인군이 어둡고 어리석으면 사람들은 이를 우롱하여 소대는 제왕을 비난하고 번수는 우왕의 뜻을 말하여 혹은 횡설로 또는 수설로 적당히 조롱한 것이다. 이렇게 인군 또는 중신을 안팎으로 벗겨 먹었던 것이다. 그렇게 될 수밖에 없었던 것은 인군들이 소위 사부(師傅) 또는 친구로 환영하는 자들은 대개가 제후들을 찾아다니는 유세객(遊說客)이나 정상배들이다. 이러한 무리들은 거개가 권문(權門), 중인(重人)들의 집을 출입하는 도당들이며 또 인군들이 이른바 우익(羽翼), 즉 날개로 삼는 자들은 지조나 고절(高節)이 있는 척하고 산속에 숨어 사는 암혈(巖穴)의 사도(士徒)들인 것이다. 이런 자들은 무엇을 하느냐 하면 빼앗고 벗겨 먹는 자료를 지자에게서 얻은 것이다.

오장(吳掌)이 말하기를 "인군은 거짓으로 사람을 미워하거나 사랑해서는 안 된다. 거짓으로 사람을 사랑하면 다시 미워할 수 없게 되고 거짓으로 사람을 미워하면 다시 사랑할 수 없게 된다" 하였다.

일설에 연왕은 나라를 지자에게 넘겨주려고 이것을 번수에게 물어보았다. 번수가 말하기를 "옛날 우왕은 그 신하인 익(益)을 신임하고 장차 천하도 익에게 전해줄 듯이 하고 실제로는 아들인 계(啓)로 하기 위하여 계의 사람으로 많이 등용하였습니다. 그러나 끝에 가서는 계에게 천하를 맡기는 데 좀 부족하다 하고 짐짓 천하를 익에게 전해준다고 하였습니다. 그러나 그때는 이미 세력의 전부가 계에게 있었던 것입니다. 계는 그 도당을 모아 익을 없애고 천하를 빼앗은 것입니다. 이는 우왕은 겉으로는 선전하기를 천하를 익에게 넘겨준다 하고 실제로는 계가 취하게 했던 것입니다. 이것이 우왕으로서요・순에 미치지 못한 점이라고 할 수 있습니다. 지금 왕께서는 지자에게 나라를 전해주시려 하지만 조정 관리들은 태자의 사람이 아닌 사람이 없으니 이는 우왕과 같이 이름만은 지자에게 넘겨주신다하고 실제로는 태자가 스스로 취할 수 있도록 준비해주고 있는 것같습니다." 연왕은 번수가 뒤집는 말에 속아서 삼 백 명 이상의 관리 임명은 전부 지자에게 넘어가 임면여탈의 대권이 그의 손아귀에들어가게 되었다.

방오자(方吾子)가 말했다. "고례(古禮)에 이런 말이 있다. '길을 갈때 자기와 같은 옷을 입은 자와는 수레를 같이 타지 말 것이며 집에있을 때 일가와 집을 같이하지 말라.' 이것은 아리송한 인연으로 나를 이용할까 두려워함이다. 하물며 인군으로서 그 권세를 신하에게빌려주어 세력을 갖게 하는 일을 해서는 안 된다."

오장(吳章)이 한선왕(韓宣王)에게 말하기를 "인군은 거짓으로 사람을 사랑해서는 안 됩니다. 만일 거짓으로 사람을 사랑하게 되면 하루에 두 번 다시 미워할 수 없게 되며 또 거짓으로 사람을 미워해서는 안 됩니다. 만일 거짓으로 사람을 미워하게 되면 하루에 두 번 다시 사랑할 수 없게 됩니다. 이렇게 거짓으로 미워하고 거짓으로 사랑하는 조짐이 보이면 아첨하는 자들은 이를 헐뜯기도 하고 칭찬하기도 합니다. 이렇게 되면 밝은 인군일지라도 그 거짓을 걷을 수 없는데 하물며 진실을 사람에게 빌려줄 수 있겠는가?" 하였다.

조나라 왕(趙王)은 신하를 거느리고 동원에 올랐다. 좌우 신하들이토끼를 범에게 주고 구경했다. 범은 토끼를 보자 눈을 부리부리 흘겨 토끼를 노려보았다. 그때 조나라 왕이 범을 보고 보기 싫은 범의 눈이라고 말하였다. 좌우에 있던 어떤 신하가 조왕의 말에 "평양군 (平陽君)의 눈은 무섭기가 저 범의 눈보다 더 흉합니다. 범이 흘겨본다고 해서 사람에게 해를 주지 않지만 평양군의 눈이 저렇게 흘겨진다면 반드시 죽는 자가 생기게 됩니다" 하였다. 그 다음 날 평양군은 이 말을 듣고 말한 자를 죽였다. 그러나 조왕은 평양군을 나무라지 못했다.

위나라 인군(衛君)은 주천자국(周天子國)에 들어갈 때, 주나라의 행인(行人)이 위군에게 "호가 무엇이냐"고 묻자 위군은 "제후벽강(諸侯辟彊)"이라고 대답했다. 주의 행인은 접수에 퇴자를 놓으면서 벽강이란 천자만이 붙일 수 있는 호(號)이므로 제후는 천자와 같은 호를 쓸수 없다고 했다. 위군은 할 수 없이 제후의 돈(燉)이라고 신청하자 드디어 접수가 되었다. 중니(仲尼)가 이 말을 듣고 먼 장래를 내다보고 위국의 핍박을 금한다. 허명(虛名)일망정 남에게 빌릴 수 없는데 하물며 실사(實事)에 있어서는 말할 것도 없다 하였다.

전사(傳四)

나무를 흔들 경우에 그 잎을 잡아당겨 흔든다면 수고는 많이 하고도 전체는 흔들지 못한다. 그러나 좌우에서 그 나무의 밑동을 잡고 흔들면 그 잎 전체가 흔들리게 될 것이다. 그물을 벌리는 자가 그물코 하나하나를 잡고 펴게 되면 수고는 많지만 고루 펴지는 못할 것이다. 위에서 벼리을 잡고 당기면 그리 힘을 들이지 않고 전체 코는 펴질 것이다. 못가에서 나무를 흔들면 새는 놀라 위로 날고 고기는 두려워 수면 아래로 숨는다. 그러므로 그물을 잘 치는 자가 큰 그물을 당기면 고기는 이미 그물주머니 속으로 들게 된다. 이러한 이치에서 관리는 백성의 본강(本綱)이 된다. 인군이 관리를 다루는 것은 그물의 벼리를 당기는 것이고 백성을 다루는 것은 그물코를 하나하나 펼치는 것과 같으므로 성인(聖人)은 관리를 다스리고 백성을 다스리지 않는다 하였다.

불을 끄려고 하는 자가 관리로 하여금 물통이나 물 항아리를 들게 하고 불난 곳으로 달리게 한다면 겨우 한 사람의 일밖에 못 할 것이다. 채찍을 들고 지휘봉을 잡고 대중을 호령하면 만부(萬夫)의 역할을 하게 될 것이다. 그러므로 성인은 세민(細民)에게 직접 접하지 않고 명군(明君)은 소사(小事)를 몸소 하지 않는다 하였다.

어느 날 조부(造父, 주목왕의 말을 부리던 명인)가 들에서 밭을 매고 있었다. 때마침 어떤 늙은 아비와 젊은 아들 두 사람이 수레를 타고 말을 몰고 지나가고 있었다. 그런데 잘 가던 말이 무엇에 놀랐는지 버티고 가지 않는다. 할 수 없이 아버지와 아들은 수레에서 내려 아들은 말을 끌고 아버지는 수레를 밀었다. 그래도 말은 말을 듣지 않아 할 수 없이 김매는 조부를 보고 좀 부축해달라고 하였다. 조부도 보다 못해 농구를 걷어 싣고 그 부자를 타라하고 고삐를 검사하고 채찍을 잡자 몰기도 전에 말이 달리기 시작했다. 웬일일까? 만일 조부에게 말 다루는 능숙한 기술이 없었다면 비록 땀을 흘리면서 죽도록 애를 써도 말은 말을 듣지 않았을 것이다. 그러나 조부 자신도 말을 타고 겸하여 무거운 농구를 걷어 싣고도 덕을 남에게 베풀게 된 것은 말 다루는 기술에 능했기 때문이다. 마찬가지로 나라는 인군의 수레이고 세력은 인군의 말이고 기술은 고삐와 채찍이다. 기술을 가지고 있으면 몸은 편안하고 마음이 즐거우면서도 쉽게 제왕의 대업을 이룰 수 있게 될 것이다.

추하(椎鍜)는, 즉 망치로 물건을 두들겨 평평하게 하는 도구이며 방경(榜檠)은, 즉 도지개로 곧지 못한 물체를 바로잡는 도구로 쓰인다. 성인(聖人)의 법은 평평하지 않은 것을 고르게 하며 곧지 못한 것을 곧게 하는 것이다.

작치(淖齒)가 제나라에 쓰이자 민왕(閔王)의 힘줄을 뽑아 등잔걸이에 매달았고 이태(李兌)가 조나라에 쓰이자 주군을 굶겨 모래사장에 버렸다. 이 두 인군은 다들 추하와 방경을 제대로 쓰지 못한 데서 몸은 죽고 천하에 웃음거리가 되고 만 것이다.

일설에 제나라에 들어가면 들리는 것이 작치의 이름만 들리고 민왕의 이름은 들리지 않았다. 조나라에 들어가면 이태의 이름뿐이고 조나라 왕의 이름은 들어볼 수가 없다. 그러므로 인군이 된 자가 술법을 잡지 못하면 인군의 위세는 사라지고 신하들이 마음대로 하게 된다.

일설에 전영(田嬰)이 정승으로 있을 때 어떤 사람이 인군에게 말하기를 "일 년간의 행정 결과를 수고롭지만 며칠간 인군께서 직접 감사하시면 관리들의 간사함과 국정의 득실을 알 수 있을 것입니다" 하였다. 왕은 "과인도 그렇게 해볼 의사가 있다"라고 대답하였다. 전영이 이 말을 듣고서 곧 왕에게 국정감사 하기를 청하였다. 그래서 왕도 그렇게 하기로 날짜를 정했다. 전영은 관리에게 국정감사를 받을 문서와 관인을 준비시키고 방대한 회계서류 등을 준비해놓고 왕에게 감사를 청하였다.

그러나 감사의 능력이 없는 왕으로서는 무엇이 무엇인지 국정감사는 이름뿐이고 알 리가 없었다. 준비된 점심식사에 한 잔까지 받은 왕은 피곤한 몸으로 다시 감사를 해서 저녁식사도 때맞춰 할 수 없게 되었다. 전영은 왕에게 다시 말하기를 이 서류는 신하들이 일 년간 쉬지 않고 국정을 성실히 해온 증거입니다. 임금님께서는 오늘 과 같이 이렇게 보아주시면 이 얼마나 군신들을 권면하시는 데 도움 이 되겠습니까? 하니 왕도 그럴 것이라고 수긍하였다. 이윽고 왕은 피곤해서 졸고 있었다. 이 틈을 타서 관리들은 감사를 받은 듯이 문 서를 뜯어고쳤다. 이와 같이 잘못된 것을 발견하고 지적할 만한 기 술이나 능력이 없이 감사검열을 하였기 때문에 도리어 부정이 조성 되어 국정은 혼란하게 되었다.

전오(傳五)

자정자(玆鄭子)는 수레를 끌고 높은 고개로 올라가게 되었다. 그러 나 혼자서는 끌고 올라갈 수가 없어서 자정자는 할 수 없이 수레 멍 에에 걸터앉아 노래를 했다. 그 노래가 참 듣기 좋았다. 앞서가던 사 람은 되돌아와서 듣고 미처 오지 못한 사람은 뛰어와서 들었다. 자 정자는 더욱 신이 나서 노래를 부르는 동안 수레는 어느새 고개 위 까지 올라갔다. 그때 자정자에게 노래라도 하는 기술이 없었다면 땀 을 뻘뻘 흘리면서 수레를 끌었어도 수레는 오히려 올라가지 못했을 것이다. 지금 편안히 수레채장에 걸터앉아서 올라가게 된 것은 그만 큼 기술이 있어서 사람을 매혹시킨 데 있다.

조간주(趙簡主)는 세리(稅吏)를 지방으로 보내게 되었다. 세리가 "세금을 부과하는데 가볍게 매깁니까? 아니면 무겁게 매깁니까?" 하 고 간주에게 물었다. 간주는 "너무 무겁게도 너무 가볍게도 말라. 무 겁게 매기면 이익이 조정에 치우치게 될 것이며 너무 가볍게 매기면 이익이 백성에게만 가게 될 것이다. 알맞게 부과하라"고 지시했다. 이와 같이 간주는 정당한 지시를 하였다. 그러나 간사한 세리는 이미 책정된 세금을 위에도 아래에도 가지 않게 하고 그 중간을 잡아 자신을 살찌게 하였다. 이것을 본 박의(薄疑)가 조간주에게 비꼬는 말로 군지국중포(君之國中飽)라고 써주었다. 이 글에서 '중(中)은' 아래에 붙여서 중포(中飽)라고 읽어서 상중하(上中下)의 중을 의미한 것이다. 그런데 왕은 위에 붙여서 국중(國中)의 의미로 해석하고 온 국민이 잘살게 되었다는 선한 정치를 칭찬해준 것으로 알고 매우 기뻐하면서 "어째서 그렇게 잘살게 되었는가" 물었다. 박의는 기뻐하는 왕에게 말하기를 "임금께서는 너무 좋아하지 마십시오. 지금 국내 사정을 보건대 국고는 텅텅 비어 있고 백성들은 곤궁하고 있으나 중간에 있는 세리만은 사리사욕을 채워 배불리고 있습니다. 그래서 제가 말씀 올린 것은 국중포(國中飽)가 아니고 가운데 배만 불렀다는 중포(中飽)를 의미한 것입니다" 하였다.

제환공은 민정을 살피고자 미복(微服, 사복차림)을 하고 나갔다. 어떤 곳에 연로한 노인이 부엌에서 밥을 짓고 있었다. 환공은 노인에게 "자녀가 없느냐"고 물었다. 그 노인은 "아들이 셋이나 있습니다만 원체 집 꼴이 이러니 장가도 못 들었고 남의 집의 머슴살이로 집에 데리고 있지 못합니다" 하였다. 환공은 매우 불쌍히 생각하여 돌아오는 길로 관중에게 말했다. 관중이 대답했다. "창고나 금고에 썩는 쌀이 있고 남는 재화가 있다거나 궁중에 사랑을 못 받고 세상을 원망하는 여자가 많으면 민간에 아내를 얻지 못하는 사람이 많습니다." 환공은 관중의 말을 듣고 궁녀로서 임금을 아직 모시지 못한 여인들은 적당한 곳을 찾아 출가하라고 지시하고 민간에 영을 내려 사내는 이십이 되면 장가를 가고 여자는 십오에 시집가라고 하였다. 이런 뒤로 원망하는 여인이 없고 홀아비로 사는 사내가 없게 되었다.

연능탁자(延陵卓子)가 청용마(靑龍馬), 흑오마(黑烏馬)에 메인 수레를 타고 호기(浩氣)를 날리면서 나가게 되었다. 그런데 갈고리의 장식은 앞에 있고 쇠사슬로 된 줄은 뒤에 있어서 말이 앞으로 나가려면 갈고리에 걸리고 뒤로 물러서려면 쇠사슬이 거치적거린다. 말은 할 수가 없어서 옆으로 뛰쳐나가 쓰러지고 말았다. 그때 그곳을 지나다가 이 꼴을 본 조부(造父)는 말을 불쌍히 여겨 눈물을 흘리면서 말하기를 "말이 임자를 잘못 만나 이렇게 되었듯이 백성들도 인군을 잘못 만나면 또한 이 말과 같을 것이다. 대체로 상을 주는 것은 백성들을 권면하는 데 뜻이 있으나 도리어 헐뜯게 되는 경우가 없지 않으며 벌은 잘못을 징계하려는 데 그 뜻이 있으나 도리어 칭찬이 보태지는 경우도 없지 않다. 이렇게 되면 백성들은 어찌할 바를 몰라 이 말과 같이 옆으로 뛰쳐나가게 될 것이다. 여기서 성인은 백성을 위하여 울게 되는 것이다" 하였다.

일설에 연능탁자가 창용마(蒼龍馬), 적문마(翟文馬)를 타고 호기 등등하게 나갈 적에 수레 앞에는 쇠갈고리로 장식한 자갈이 메어 있고 뒤에는 쇠사슬로 얽힌 착철(錯鐵)이 있어 말이 앞으로 나가려면 쇠갈고리에 걸리고 뒤로 물러서려면 쇠사슬에 채여 말은 앞으로도 못 나가고 뒤로도 물러설 수 없어 옆으로 뛰쳐나가 쓰러지자 연능은 말에서 내려 칼을 뽑아 말의 다리를 마구 찔렀다. 그때 조부가 그곳을 지나다가 그것을 보고 울면서 종일 먹지도 않고 탄식하면서 말하기를 채찍으로 나가게 하나 쇠갈고리가 방해하고 고삐로 당겨서 뒤로 물리려고 하나 쇠사슬이 걸린다. 말은 할 수 없이 옆으로 뛰쳐나갈 수

밖에 없다. 지금 인군이 그 사람을 청렴결백하다고 등용했지만 신하들과 어울리지 못한다고 물리치게 되며 또 그 사람을 공명정대하다고 칭찬하지만 잘 따르지 않는다고 내보내게 된다. 백성들은 이렇게도 저렇게도 못 하고 중간에 서서 떨고만 있게 된다. 이를 본 성인은 어찌 백성을 위해서 울지 않을 수 있겠는가?

후기

저의 숙부이신 덕암 조덕윤 선생님께서 40년 전에 주역(註譯)하신 원고를 늦게나마 완성본으로 출판하게 되어 조카로서 기쁜 마음 그지없다. 숙부께서는 이미 1965년에 『성악설 한비자』를 출간한 바 있다. 생존해 계실 때 늘 그 책이 너무 난해하게 편저되어 마음에 드시지 않았던 사실을 기억한다. 그러던 차에 당신께서 오랫동안 애지중지하셨던 한비자 원본(6·25전쟁으로 상실됨)을 서울 청계천 고서점에서 우연이라고 말하기에는 너무 기적같이 다시 찾아 주역하셨던 것이다.

숙부께서는 나라를 잃은 일제 식민시기에 조국의 미래를 기약할 수 있는 것은 청년학도의 교육이라 생각하시고 일찍이 고등사범에 입학하시어 당시에 나라를 걱정하셨던 여러 강개지사(慷慨之士)와 뜻을 같이하셨다. 잠시 학교에 계실 때 일본인 교장의 조선인 학생을 비하하는 발언에 책상에 놓인 잉크병을 교장에게 던져 상처를 낸 사건으로 학교를 떠나셨다. 이승만 박사가 대통령에 오르시자 국정에 관여하기도 하셨지만 학문을 사랑하신 숙부께서는 10년 후에 정계를 떠나셨다. 중국의 제자백가 연구에 몰두하시고 특히 한비에 대한 관심은 그 연구에서 알 수 있다. 돌아가시기 3년 전에 완역한 원고를 주시면서 내가 죽은 다음에 이 책이 세상에 나오도록 힘쓰라고 하신 유언이 있었던 때로부터 어언 40년이 흘렀다. 늦게나마

이 책이 출간되어 감개무량하다. 특히 연구에 바쁜데도 읽어주고 또 교정에서부터 모든 과정을 도와준 딸 세형(독일 쾰른대 박사), 아들 준형(홍익대 교수)에게 고맙게 생각한다.

2015년 한남대 명예교수 조남진

338

조덕윤

일제시기 고등사범을 수학하고 미래 조국의 운명을 짊어진 청년학도의 교육에 대한 충정에서 학교에 잠시 재직했다. 하지만 일본인 교장의 조선인 비하 발언에 격분하여 책상의 잉크병을 교장에게 던진 투척사건으로 학교를 떠났다. 해방 이후 언론계에서, 그리고 이승만 박사의 초대 대통령 취임으로 국정에 참여했다.

학문을 사랑하여, 6 · 25 전쟁 때 부산 피란 후에 서울 수복이 되고 국정이 바로 서자 다시 학문의 본향으로 돌아갔다. 전공인 중국 고대철학과 역사연구에 몰두하고, 노자사상과 전국시대의 유일한 형명법술의 이론가인 한비 연구에 혼신의 힘을 다했다.

한비자 강의

초판인쇄 2015년 5월 22일
초판발행 2015년 5월 22일

지은이   조덕윤
펴낸이   채종준
펴낸곳   한국학술정보㈜
주소   경기도 파주시 회동길 230(문발동)
전화   031) 908-3181(대표)
팩스   031) 908-3189
홈페이지   http://ebook.kstudy.com
전자우편   출판사업부 publish@kstudy.com
등록   제일산-115호(2000. 6. 19)

ISBN   978-89-268-6961-1 93910